# 陕西省房地产业发展研究报告

(2019)

西安建筑科技大学丝绸之路住房研究所
陕西省房地产业发展研究中心　　　著
新时代陕西人居环境与美好生活共建共享重点研究基地

中国建筑工业出版社

图书在版编目(CIP)数据

陕西省房地产业发展研究报告. 2019/西安建筑科技大学丝绸之路住房研究所，陕西省房地产业发展研究中心，新时代陕西人居环境与美好生活共建共享重点研究基地著. —北京：中国建筑工业出版社，2020.6
ISBN 978-7-112-25198-8

Ⅰ.①陕… Ⅱ.①西…②陕…③新… Ⅲ.①房地产业-经济发展-研究报告-陕西-2019 Ⅳ.①F299.274.1

中国版本图书馆CIP数据核字(2020)第089642号

责任编辑：高延伟 张 晶 周方圆
责任校对：李欣慰

## 陕西省房地产业发展研究报告(2019)

西安建筑科技大学丝绸之路住房研究所
陕西省房地产业发展研究中心　　　　　　著
新时代陕西人居环境与美好生活共建共享重点研究基地

\*

中国建筑工业出版社出版、发行(北京海淀三里河路9号)
各地新华书店、建筑书店经销
北京科地亚盟排版公司制版
北京建筑工业印刷厂印刷

\*

开本：787×1092毫米 1/16 印张：15½ 字数：358千字
2020年7月第一版 2020年7月第一次印刷
定价：65.00元
ISBN 978-7-112-25198-8
(35964)

**版权所有　翻印必究**
如有印装质量问题，可寄本社退换
(邮政编码100037)

# 《陕西省房地产业发展研究报告（2019）》编委会

主　　任：韩一兵　陕西省住房和城乡建设厅党组书记、厅长
　　　　　刘晓君　西安建筑科技大学校长、党委副书记
　　　　　　　　　陕西省房地产业发展研究中心主任
副 主 任：任　勇　陕西省住房和城乡建设厅副厅长
　　　　　王树声　西安建筑科技大学副校长
成　　员：胡汉利　陕西省住房和城乡建设厅总规划师
　　　　　赵　鹏　陕西省住房和城乡建设厅房地产市场监管处处长
　　　　　曹新利　陕西省住房和城乡建设厅住房改革与发展处处长
　　　　　李玲燕　陕西省房地产业发展研究中心副主任
　　　　　刘　卉　陕西省住房和城乡建设厅房地产市场监管处一级调研员
　　　　　殷赞乐　陕西省住房和城乡建设厅房地产市场监管处副处长
　　　　　康保林　陕西省住房和城乡建设厅房地产市场监管处四级调研员
　　　　　张漫岭　陕西省住房和城乡建设厅住房改革与发展处二级调研员
　　　　　刘　佳　陕西省住房和城乡建设厅房地产市场监管处科员

著作编撰人员：李玲燕　刘晓君　郭晓彤　高园园　郭兴兴　安姜訾
　　　　　　　孙肖洁　吉亚茜　刘　梁　何　娟　高伯洋　梁启刘
　　　　　　　张　晨　范方梅　段蜜蜜　何盛林　陶　进　宇文泽

# 前　言

2019年是决胜全面建成小康社会、实施"十三五"规划承上启下的关键之年，中央经济工作会议在重点工作任务部署中指出，"要坚持房子是用来住的、不是用来炒的定位，全面落实因城施策及稳地价、稳房价、稳预期的长效管理调控机制，促进房地产市场平稳健康发展"，进一步明确了未来我国城镇住房市场发展应深度结合各地经济结构、社会发展、人口转变的实际情况，将房地产市场调控主体从中央顶层决策逐渐调整为城市政府因城施策，落实管理机制促进市场平稳发展。因此，陕西省房地产市场高效调控的关键就在于因城施策、稳控市场。

房地产市场发展与地区社会、经济、人口状况高度相关。社会经济方面，陕西省域各城市经济发展差距较大、发展模式各异，近年来，逐渐形成"关中协同创新、陕北持续转型、陕南绿色循环"的特色发展路线；区域发展结构方面，全省着力推动县域经济发展以县城为重点打造区域性中小城市；人口发展方面，随着"一带一路"倡议的不断推进、关中平原城市群发展的顺利启动、西安国家中心城市建设的逐渐起步，我省各地区在国家重大战略部署中的地位分化、强度差异也使得人口存量结构和人口增量结构出现明显差异。因而，房地产市场运行管理是一个极为复杂的系统工程，在建设、交易、监管等全过程中均存在相互关联的多维风险因素。未来应以"房子是用来住的，不是用来炒的"为定位，以城市建设"高质量发展"为方向，推进陕西房地产业供给侧结构性改革，降低市场风险促进房地产业平稳健康运行，努力实现全体居民住有所居、居有所宜，在新时代推进西部大开发形成新格局的战略下，不断满足人民对美好生活的向往，进一步提升人民群众获得感。

基于此，本系列丛书的第三册以陕西省"一城一策"房地产市场风险研究为主题，通过对房地产市场风险的界定，在系统识别陕西省房地产市场的现有风险的基础上，分城市透析西安市、宝鸡市、咸阳市、铜川市、渭南市、延安市、安康市、汉中市、榆林市、商洛市、杨凌示范区、韩城市的房地产市场风险，并深入剖析陕西省房地产开发企业的失信原因，通过借鉴外省做法，精准提出风险防控对策建议及科学建设陕西省房地产开发企业信用体系政策建议，同时持续追踪陕西省房地产市场动态、深入解析陕西省房地产市场行情，为推动房地产市场平稳健康发展，有效防控房地产领域风险提供借鉴参考。

本书共分四篇：

第一篇：陕西省房地产市场风险研究专题。本篇系统解析了2019年以来陕西省房地产市场的总体发展现状及主要存在问题，并对房地产市场风险的概念进行了界定和指标选择，识别了陕西省房地产市场的现有风险，同时依照"一城一策"的研究思路，针对西安市、宝鸡市、咸阳市、铜川市、渭南市、延安市、安康市、汉中市、榆林市、商洛市、杨凌示范区、韩城市12个地市（区），分12部分深入识别了各地市房地产市场风险，详细剖析了房地产市场存在风险的原因，进而聚集问题和借鉴外省经验提出风险防控的对策建议。

  第二篇：陕西省房地产开发企业信用体系研究专题。本篇依照现状分析、经验借鉴、对策建议、平台建设的思路，深入剖析陕西省房地产开发企业的失信原因，通过借鉴外省做法，精准提出科学建设陕西省房地产开发企业信用体系政策建议，并提出相应平台建设构想。

  第三篇：2019年陕西省房地产市场运行分析。本篇详细剖析2019年陕西省各地市（区）房地产市场的月度、季度、年度的供需情况、现存问题及下一步任务与措施，具体包括2019年1月至2019年11月的各月度陕西省房地产市场供需现状，2019年一季度、2019年上半年、2019年三季度及2019年四季度房地产市场运行分析报告。

  第四篇：2019年陕西省房地产市场资讯报告。本部分详细盘点分析2019年各月度的全国房地产市场重要资讯、陕西省各地市（区）房地产市场重要资讯，涵盖土地、金融、税收、户籍政策、市场调控等重要资讯信息。

  本书是基于陕西省住房和城乡建设厅房地产信息管理系统、国家统计局、陕西省统计局公布的相关数据进行数据挖掘、数据统计与分析后而得，数据权威、资料丰富、统计科学、分析详实，同时通过专业的数据统计分析，对房地产市场运行现状进行科学统计与剖析，对房地产市场风险进行深度研究。作为陕西省住房和城乡住房建设厅咨询项目的部分内容，感谢陕西省住房和城乡建设厅房地产市场监管处给予的巨大支持与帮助，也感谢项目课题组成员长期以来的辛勤耕耘及对本书的重要贡献。本书编委会期待各界领导和朋友能够继续关心我们的发展，并对我们的工作提出宝贵建议。

# 目　录

## 第一篇　陕西省房地产市场风险研究专题

**一、陕西省房地产市场总体发展现状分析** ……………………………… 2
　（一）基本情况 ……………………………………………………………… 2
　（二）现存问题 ……………………………………………………………… 6

**二、陕西省房地产市场风险识别** ………………………………………… 7
　（一）房地产市场风险概念界定与指标选择 …………………………… 7
　（二）陕西省总体房地产市场风险识别 ………………………………… 7
　（三）陕西省各地市房地产市场风险识别 ……………………………… 12

**三、陕西省房地产市场风险原因剖析** …………………………………… 79
　（一）户籍制度相对过于宽松 …………………………………………… 79
　（二）住宅用地有限和土地供应失衡 …………………………………… 79
　（三）金融监管不到位以及融资环境趋紧 ……………………………… 80
　（四）房地产调控政策持续收紧 ………………………………………… 80
　（五）政府监管机制不健全 ……………………………………………… 81

**四、各地房地产风险防控的经验借鉴** …………………………………… 81
　（一）多部门联合辨析房地产市场动态 ………………………………… 81
　（二）全方位落实房价地价联动机制 …………………………………… 81
　（三）多举措稳定房地产开发投资 ……………………………………… 81
　（四）强力度打击房地产违法违规行为 ………………………………… 82
　（五）多模块搭建大数据监管平台 ……………………………………… 82
　（六）多维度探索房地产市场长效机制 ………………………………… 82

**五、陕西省房地产市场风险防控对策建议** ……………………………… 82
　（一）稳地价是根本 ……………………………………………………… 83
　（二）控房价是核心 ……………………………………………………… 83
　（三）稳投资是重点 ……………………………………………………… 83
　（四）强监管是关键 ……………………………………………………… 83
　（五）建系统是手段 ……………………………………………………… 84
　（六）稳政策是长效 ……………………………………………………… 84

## 第二篇　陕西省房地产开发企业信用体系研究专题

**一、陕西省房地产开发企业信用体系建设现状分析** …………………… 86
　（一）政策背景 …………………………………………………………… 86

（二）主要做法 ............................................................... 91
　　（三）现存问题 ............................................................... 92
二、陕西省房地产开发企业失信表现 ............................................. 92
三、陕西省房地产开发企业失信原因分析 ......................................... 93
四、信用信息管理办法经验借鉴 ................................................. 94
五、陕西省房地产开发企业信用信息管理对策建议 ................................ 117
　　（一）建体系是前提 .......................................................... 117
　　（二）定规则是核心 .......................................................... 118
　　（三）强监管是保障 .......................................................... 119
　　（四）抓奖惩是长效 .......................................................... 120
六、陕西省房地产开发企业信息化管理平台构想 .................................. 121
　　（一）房地产开发企业信息化管理平台构建原则 .................................. 121
　　（二）房地产开发企业信息化管理平台模块构想 .................................. 121
　　（三）房地产开发企业信息化管理平台工作流程 .................................. 124
　　（四）房地产开发企业信息化管理平台完善与宣传 ................................ 126
　　（五）房地产开发企业信息化管理平台维护与更新 ................................ 126

## 第三篇　2019 年陕西省房地产市场运行分析

2019 年 1 月陕西省房地产市场运行分析 ........................................... 128
2019 年 2 月陕西省房地产市场运行分析 ........................................... 134
陕西省 2019 年第一季度房地产市场运行分析报告 .................................. 141
2019 年 4 月陕西省房地产市场运行分析 ........................................... 149
2019 年 5 月陕西省房地产市场运行分析 ........................................... 156
陕西省 2019 年上半年房地产市场运行分析报告 .................................... 161
2019 年 7 月陕西省房地产市场运行分析 ........................................... 168
2019 年 8 月陕西省房地产市场运行分析 ........................................... 173
陕西省 2019 年第三季度房地产市场运行分析报告 .................................. 178
2019 年 10 月陕西省房地产市场运行分析 .......................................... 184
2019 年 11 月陕西省房地产市场运行分析 .......................................... 189
陕西省 2019 年房地产市场运行分析报告 ........................................... 194

## 第四篇　2019 年全国及陕西省房地产市场资讯

2019 年 1 月房地产市场动态 ...................................................... 202
2019 年 2 月房地产市场动态 ...................................................... 205
2019 年 3 月房地产市场动态 ...................................................... 207
2019 年 4 月房地产市场动态 ...................................................... 210
2019 年 5 月房地产市场动态 ...................................................... 213

2019年6月房地产市场动态 …………………………………………………… 216
2019年7月房地产市场动态 …………………………………………………… 218
2019年8月房地产市场动态 …………………………………………………… 221
2019年9月房地产市场动态 …………………………………………………… 224
2019年10月房地产市场动态 ………………………………………………… 227
2019年11月房地产市场动态 ………………………………………………… 230
2019年12月房地产市场动态 ………………………………………………… 233

附件1　房地产市场风险概念界定 ……………………………………………… 236
附件2　外省防范化解房地产市场风险的相关措施 …………………………… 237

# 第一篇
# 陕西省房地产市场风险研究专题

## 一、陕西省房地产市场总体发展现状分析

2019年,陕西省房地产市场呈投资增速下降、商品房销售面积上升、销售价格下降、商品住房去化周期增大的运行态势。

### (一) 基本情况

**1. 房地产开发投资增速下降**

截至12月底,全省房地产累计完成开发投资3831.80亿元,较2018年同期增长6.6%,增速比2018年同期下降3.7个百分点,如图1-1-1所示。

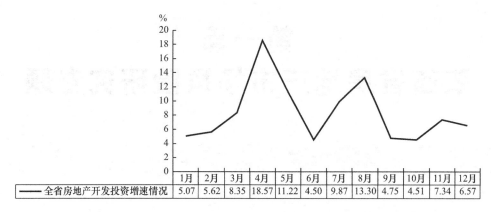

图1-1-1  2019年1—12月全省房地产累计完成开发投资增速情况

按用途来看,截至12月底,房地产累计开发投资总量中,商品住房累计完成开发投资3182.10亿元,较2018年同期增加8.5%,增速比2018年同期减小12.8个百分点,占房地产累计完成开发投资总量的83.04%,占比最大。

按区域来看,房地产开发投资仍呈现较为明显的不均衡状态。截至12月底,西安市房地产累计开发投资1723.68亿元,占全省投资总量的44.98%,较2018年同期下降15.5%,增幅比2018年同期下降9.9个百分点(表1-1-1)。

截至12月底全省各地市累计完成房地产开发投资情况  表1-1-1

| 地区 | 房地产开发投资完成额 | | 增速与2018年同期相比升降百分点 | 占全省比重(%) |
|---|---|---|---|---|
| | 总量(万元) | 同比增速(%) | | |
| 陕西省 | 38317959.6 | 6.6 | −3.75 | — |
| 西安市 | 17236830 | −15.5 | −9.90 | 44.98 |
| 宝鸡市 | 2682594 | 45.11 | 14.41 | 7.00 |
| 咸阳市 | 2131976 | 15.86 | 9.67 | 5.56 |
| 铜川市 | 324875 | 3.19 | 4.12 | 0.85 |
| 渭南市 | 2173537 | 87.17 | 81.01 | 5.67 |
| 延安市 | 1206961 | 7.20 | −28.39 | 3.15 |
| 榆林市 | 1131755 | 27.2 | −13.55 | 2.95 |

续表

| 地区 | 房地产开发投资完成额 | | 增速与2018年同期相比升降百分点 | 占全省比重（％） |
|---|---|---|---|---|
| | 总量（万元） | 同比增速（％） | | |
| 汉中市 | 1325327 | 20.85 | 31.51 | 3.46 |
| 安康市 | 1628053 | 26.1 | －13.12 | 4.25 |
| 商洛市 | 317503 | 0.86 | －41.37 | 0.83 |
| 杨 凌 | 270000 | 39.51 | 29.55 | 0.70 |
| 韩城市 | 151649 | 16.1 | －25.54 | 0.40 |

**2. 施竣工面积同比下降**

截至12月底，全省商品房累计施工面积21874.7万m²，较2018年同期增加14.94％，增幅比2018年同期上升16.6％；商品房累计新开工面积5717.3万m²，较2018年同期增长37.4％，增幅比2018年同期上升28.6个百分点。其中，商品住房累计施工面积18835万m²，较2018年同期增加15.37％，增幅比2018年同期上升20.3个百分点。

截至12月底，全省商品房累计竣工面积3076.4万m²，较2018年同期下降0.86％，增幅比2018年同期上升11.7个百分点。其中，商品住房累计竣工面积2730万m²，较2018年同期减小2.19％，增幅比2018年同期上升12.8个百分点（图1-1-2）。

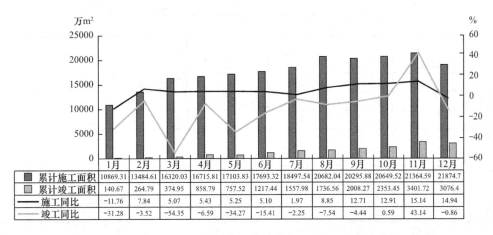

图1-1-2　2019年1—12月全省房地产累计施工、竣工面积及其同比情况

**3. 商品房当月销售面积有所上升**

2019年1—12月全省商品房当月销售面积波动较为明显。其中12月商品房当月销售量最大，为484.05万m²，环比上涨18.1％；2月商品房当月销售量最小，为240.70万m²，环比下降50.17％，如图1-1-3所示。

按用途上来看，截至12月底，全省商品住房累计销售面积为4292.71万m²，较2018年同期增长0.35％，全省二手房累计交易面积为1085.16万m²，较2018年同期下降6.2％。其中，二手住房累计交易面积为998.27万m²，较2018年同期下降6％。

按区域看，截至12月底，全省除西安、铜川、延安、商洛以外，其他城市商品房累计销售面积均同比增长。其中，韩城市较2018年同期增速最大，为增幅提升89.5个百分点。西安市商品房累计销售面积占全省比重最多，占比为43.51%，具体见表1-1-2。

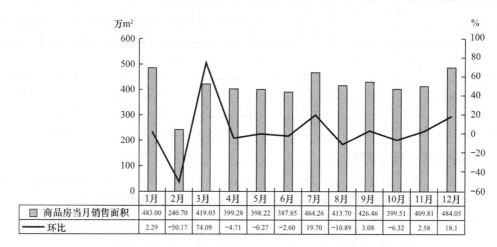

图 1-1-3  2019年1—12月全省商品房当月销售面积及环比情况

截至12月底全省各地市商品房累计销售情况　　　　　　　　　表 1-1-2

| 地区 | 商品房累计销售面积 | | | | 增速与2018年同期相比升降百分点 | 占全省比重（%） |
|---|---|---|---|---|---|---|
| | 总量（万m²） | 增速（%） | 其中商品住房累计销售 | | | |
| | | | 总量（万m²） | 增速（%） | | |
| 陕西省 | 4952.82 | −1.13 | 4292.71 | 0.35 | −17.69 | — |
| 西安市 | 2155.19 | −19.0 | 1685.99 | −20.1 | −42.00 | 43.51 |
| 宝鸡市 | 499.61 | 18.8 | 472.29 | 18.5 | 8.14 | 10.09 |
| 咸阳市 | 535.68 | 26.0 | 505.4 | 26.8 | 27.44 | 10.82 |
| 铜川市 | 63.86 | −13.6 | 51.1 | −21.2 | −29.82 | 1.29 |
| 渭南市 | 457.17 | 23.91 | 429.89 | 24.07 | −14.32 | 9.23 |
| 延安市 | 91.99 | −14.2 | 83.86 | −12.5 | 1.47 | 1.86 |
| 榆林市 | 276.91 | 61.8 | 258.86 | 60.4 | 48.42 | 5.59 |
| 汉中市 | 371.96 | 2.7 | 334.42 | 2.6 | −10.15 | 7.51 |
| 安康市 | 240.85 | 12.82 | 225.22 | 15.0 | 2.11 | 4.86 |
| 商洛市 | 82.51 | −20.69 | 79.46 | −12.18 | −24.56 | 1.67 |
| 杨凌 | 96.6 | 59.8 | 89.52 | 74.1 | 61.46 | 1.95 |
| 韩城市 | 80.53 | 89.5 | 76.7 | 99.9 | 83.63 | 1.63 |

**4. 商品住房销售价格环比下降**

全省全年新建商品住房销售均价为7790元/m²。其中12月，全省新建商品住房销售均价为7340元/m²，较2018年同期下降9.92%，较上月下降3.54%，如图1-1-4所示。12月份，全省二手住房交易均价8363元/m²，较2018年同期上涨23.62%，较上月上升2.24%。

按各地市来看，2019年12月除安康市、延安市、商洛市、宝鸡市、韩城市、杨凌新建住房销售价格环比有所下降，其余城市均环比上涨。从西安市来看，12月商品住房销售均价为11430元/m²，环比上涨2.38%，如表1-1-3所示。

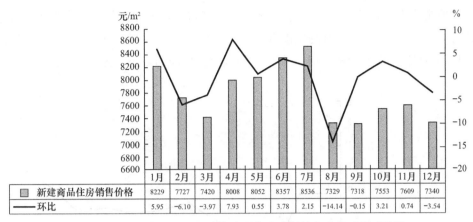

图 1-1-4  2019 年 1—12 月全省商品住房当月销售价格及增速情况

12 月全省各地市新建商品住房平均销售价格及涨幅情况　　　　　表 1-1-3

| 城市 | 价格位次 | 平均价格（元/m²） | 同比涨幅（%） | 环比涨幅（%） |
|---|---|---|---|---|
| 西安市 | 1 | 11430 | −1.8 | 2.38 |
| 安康市 | 2 | 6541 | 50 | −6.88 |
| 渭南市 | 3 | 6240 | 15.94 | 0.58 |
| 汉中市 | 4 | 6046 | 19.99 | 3.13 |
| 榆林市 | 5 | 5673 | 37.82 | 1.0 |
| 延安市 | 6 | 5265 | 15.46 | −3.79 |
| 咸阳市 | 7 | 4902 | 4.08 | 5.79 |
| 铜川市 | 8 | 4770 | 9.63 | 0.58 |
| 商洛市 | 9 | 4641 | 3.68 | −6.29 |
| 宝鸡市 | 10 | 4333 | 0.42 | −4.04 |
| 韩城市 | 11 | 4254 | −21.19 | −3.5 |
| 杨　凌 | 12 | 3749 | −22.58 | −3.65 |

### 5. 商品住房去化周期增大

截至 12 月底，全省商品住房累计可售面积为 3748.5 万 m²，较 2018 年同期增加 11%，如图 1-1-5 所示。全省商品住房去化周期 10.5 个月，较 2019 年 11 月增加 0.4 个月（图 1-1-6）。

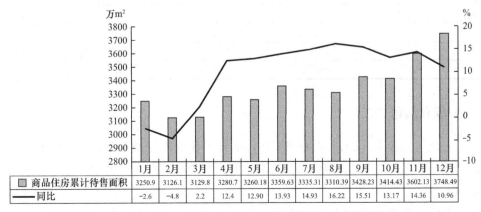

图 1-1-5  2019 年 1—12 月全省商品住房累计可售面积及同比情况

从各地市来看，12月大多数城市去化周期略有增大，但差异较大，全省12个城市中商品住房去化周期大于12个月的城市有宝鸡市、咸阳市、铜川市和延安市，分别为15.1个月、13.6个月、15.1个月、13.9个月；韩城市去化周期最小，为2.3个月。

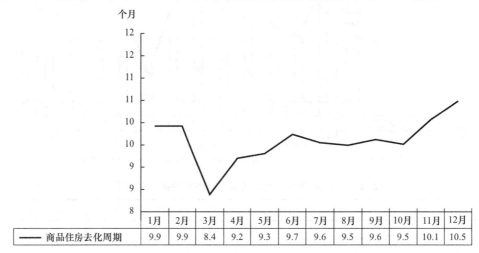

图1-1-6 2019年1—12月全省商品住房去化周期情况

截至12月底全省各地市商品住房累计可售面积及去化周期情况　　表1-1-4

| 地区 | 可售面积 | | 增幅与2018年同期相比升降百分点 | 占全省比重（％） | 去化周期（月） |
|---|---|---|---|---|---|
| | 总量（万 m²） | 同比增速（％） | | | |
| 陕西省 | 3748.5 | 11.0 | 8.99 | — | 10.5 |
| 西安市 | 1231.71 | −14.39 | −14.42 | 32.86 | 8.8 |
| 宝鸡市 | 592.34 | 67.21 | 63.20 | 15.80 | 15.1 |
| 咸阳市 | 572.90 | 28.9 | 15.16 | 15.28 | 13.6 |
| 铜川市 | 64.24 | 7.72 | 18.46 | 1.71 | 15.1 |
| 渭南市 | 400.43 | 27.72 | 13.75 | 10.68 | 11.2 |
| 延安市 | 97.36 | −7.37 | −11.71 | 2.60 | 13.9 |
| 榆林市 | 242.50 | 5.45 | 22.32 | 6.47 | 11.2 |
| 汉中市 | 302.36 | 14.9 | −2.95 | 8.07 | 10.8 |
| 安康市 | 158.94 | 34.1 | 27.33 | 4.24 | 8.5 |
| 商洛市 | 19.80 | 602.13 | 692.26 | 0.53 | 3.0 |
| 杨凌 | 50.92 | 163.70 | 198.86 | 1.36 | 6.8 |
| 韩城市 | 15.00 | −47.62 | −39.97 | 0.40 | 2.3 |

## （二）现存问题

（1）去化压力较大。2019年1—12月，全省去化周期先减后增，3月最低为8.4个月，此后波动上涨，12月达到最大为10.5个月，较2019年11月增加0.4个月。去化压力逐步增大。

（2）房地产开发投资存在下降风险。截至12月底，全省房地产累计完成开发投资

3831.80亿元，较2018年同期增长6.6％，增速比2018年同期下降3.7个百分点。据统计，截至2019年12月5日，该年破产的房地产企业数量达400余家，其中，截至第三季度，万科负债最高为1.39万亿元，绿地第三季度负债率达88％，在上市公司中排名第八。企业存在融资困难的问题，致使投资热情下降。

（3）房地产开发企业存在违规销售行为。省住房和城乡建设厅印发的《关于2019年下半年房地产市场乱象典型案例的通报》中对36家房地产企业的违规行为进行了通报，乱象主要集中在未取得商品房预售许可证擅自销售商品房、未执行销售现场公示制度、延期交房、"一房多卖"、捂盘惜售、恶意炒作，加价销售、违规收取购房诚意金等违法违规行为。

## 二、陕西省房地产市场风险识别

### （一）房地产市场风险概念界定与指标选择

**1. 概念界定**

通过总结归纳诸多房地产业专家对房地产市场风险的定义（具体见附件1），确定房地产市场风险是指政策因素、货币因素、房地产市场价格、供求结构、借款人收入等宏微观因素改变所引起的房地产市值出现负面变化的风险。

**2. 指标选择**

按照省住房和城乡建设厅对各地市下达的房地产市场监测预警指标要求，以下几种情况视为房地产市场存在风险：①当月新建商品住宅销售均价环比涨幅超过5％或环比下降较大；②新建商品住宅去化周期小于6个月或大于18个月；③新建商品住宅销售价格指数环比超过1％；④房地产开发投资和销量的大幅下滑。同时考虑陕西省房地产市场存在住宅和商办库存结构性矛盾突出的风险，将商办累计待售面积超过合理区间也纳入判别市场风险的指标。陕西省房地产市场风险判别指标如图1-2-1所示。

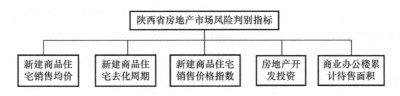

图1-2-1 陕西省房地产市场风险判别指标

### （二）陕西省总体房地产市场风险识别

为坚决贯彻落实"房子是用来住的，不是用来炒的"定位，实现"稳地价、稳房价、稳预期"的目标，立足全省房地产市场发展现状，防范化解当前房地产市场风险，防止房价大起大落，促进房地产市场平稳健康发展，陕西省房地产市场风险识别与预警工作势在必行。基于当前陕西省房地产市场运行状况及发展态势，从价格风险、投资风险、行为风险三个维度识别陕西省可能存在的房地产市场风险。

## 1. 价格风险识别

1) 全省新建商品住宅销售价格波动增长，热点城市上涨明显

据 2016 年以来的数据分析，陕西省新建商品住宅销售价格快速上涨。2019 年 12 月陕西省新建商品住宅销售价格为 7340 元/m²，较 2015 年增长 1998 元/m²，涨幅 37.4%。西安市上涨趋势尤为明显，根据国家统计局公布的《70 个大中城市住宅销售价格变动情况》显示，2016 年 3 月—2019 年 12 月，西安市新建商品住宅销售价格连续 46 个月上涨，平均涨幅 1.1%（图 1-2-2）。其次，榆林市及延安市新建商品住宅销售价格上涨趋势较为明显。2019 年 1—12 月，榆林市从 4987 元/m² 上涨至 6046 元/m²，涨幅 21.24%；延安市从 5304 元/m² 上涨至 6240 元/m²，涨幅 17.65%。新建商品住宅销售价格上涨使刚需购房门槛和压力加大，同时滋生大批炒房投机者。

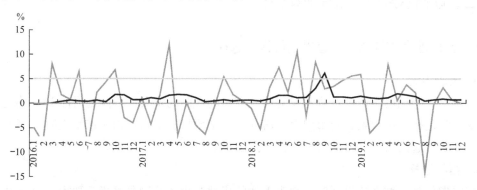

图 1-2-2　2016 年 1 月—2019 年 12 月陕西省与西安市新建商品住宅销售价格环比

2) 全省二手住宅交易价格普遍上涨

据 2019 年数据分析，陕西省二手住宅交易价格普遍上涨。2019 年 1—12 月陕西省二手住宅交易价格由 7170 元/m² 增至 8363 元/m²，涨幅 16.64%。其中，西安市二手住宅交易价格上涨趋势尤为明显，由 9596 元/m² 增至 10742 元/m²，涨幅 11.94%；其次，杨凌由 3364 元/m² 增至 4624 元/m²，涨幅 37.47%。从环比来看，2019 年以来陕西省二手住宅交易价格环比涨幅有所收窄，陕西省由 3 月的 7.3% 降至 12 月的 2.24%，西安市由 3 月的 1.2% 降至 12 月的 −0.6%（图 1-2-3），宝鸡市由 3 月的 18.28% 降至 12 月的 0.12%。但在新建商品住宅价格上涨的驱动下，二手住宅交易价格上涨的压力仍然不可忽视。

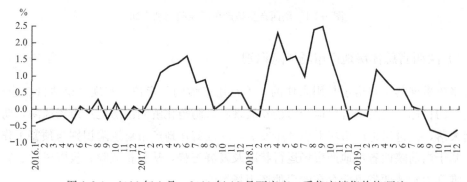

图 1-2-3　2016 年 1 月—2019 年 12 月西安市二手住宅销售价格环比

3) 热点城市普通住宅租金波动上涨

据 2017 年以来的数据分析，西安市普通住宅租金呈波动上涨态势。2019 年 12 月租金为 27.58 元/(月·m²)，较 2017 年 1 月增长 4.92 元/(月·m²)，涨幅 21.71%。从环比来看，2017 年 2—6 月、2017 年 10 月—2018 年 1 月、2018 年 1—10 月波动剧烈，其余月份则呈现小幅波动态势（图 1-2-4）。2019 年 4—7 月西安市普通住宅租金环比进一步扩大，由 -3.68% 攀升至 3.73%（表 1-2-1），2019 年末西安市普通住宅租金环比呈上涨趋势。普通住宅租金环比的明显波动不利于西安市住房租赁市场的培育和发展，更不利于"租购并举"住房制度的建立。

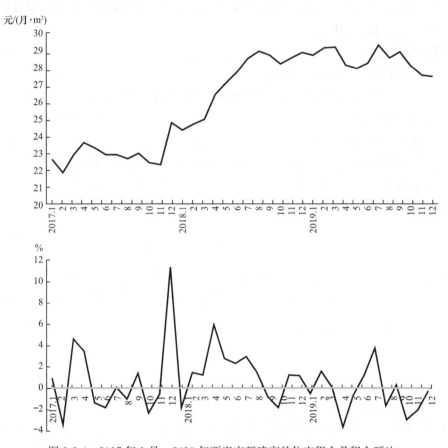

图 1-2-4　2017 年 1 月—2019 年西安市新建商品住宅租金及租金环比

**2017 年 1 月—2019 年 12 月西安市新建商品住宅租金环比**　　表 1-2-1

| 日期 | 租金环比 | 日期 | 租金环比 | 日期 | 租金环比 | 日期 | 租金环比 |
| --- | --- | --- | --- | --- | --- | --- | --- |
| 2017.1 | 0.94% | 2017.10 | -2.35% | 2018.7 | 2.91% | 2019.4 | -3.68% |
| 2017.2 | -3.44% | 2017.11 | -0.58% | 2018.8 | 1.50% | 2019.5 | -0.71% |
| 2017.3 | 4.57% | 2017.12 | 11.28% | 2018.9 | -0.79% | 2019.6 | 1.18% |
| 2017.4 | 3.45% | 2018.1 | -1.85% | 2018.10 | -1.80% | 2019.7 | 3.73% |
| 2017.5 | -1.35% | 2018.2 | 1.43% | 2018.11 | 1.20% | 2019.8 | -1.63% |
| 2017.6 | -1.84% | 2018.3 | 1.21% | 2018.12 | 1.15% | 2019.9 | 0.31% |
| 2017.7 | 0.04% | 2018.4 | 5.87% | 2019.1 | -0.52% | 2019.10 | -2.98% |
| 2017.8 | -1.00% | 2018.5 | 2.75% | 2019.2 | 1.52% | 2019.11 | -2.02% |
| 2017.9 | 1.37% | 2018.6 | 2.28% | 2019.3 | 0.07% | 2019.12 | -0.29% |

**4) 热点城市土地价格居高不下**

2019 年 1—12 月，热点城市部分土地存在高溢价、高地价、高楼面价的"三高"态势。2019 年以来，西安市土地单价普遍超过 1000 万元/亩，甚至超过 2000 万元/亩的水平，如 3 月 21 日高新地产以 2042 万元/亩的土地单价拍得高新区 GX3-35-8 地块；主城区楼面单价已超 6000 元/m²，部分甚至超过 15000 元/m²，如 2 月 27 日西安融创胤达置业有限公司以 16360 元/m² 的楼面单价竞得新城区 XC11-5-371 地块；全市商住用地成交溢价率基本超过 50%，部分甚至已超 100%，如 9 月 3 日深圳市振业股份有限公司以 107% 的溢价率竞得高陵区某地块，刷新区域土地成交价格记录。过高的土地价格将导致房地产企业开发成本激增，促使房价大涨。

**2. 投资风险识别**

1）房地产开发投资波动风险初现

2019 年 1—12 月，陕西省房地产开发投资同比呈倒"V"形波动，与 2018 年同期相比，下降趋势明显（图 1-2-5）。2019 年 8—12 月，全省房地产开发投资同比从 13.3% 降至 6.7%。其中，渭南市尤为明显，由 87.17% 降至 41.27%。据统计，2019 年下半年，陕西省房地产市场投资增速呈波动下降趋势。2019 年 3—7 月，西安市土地公开市场的平均竞拍企业数量由 15～20 家降至 5～7 家。房地产开发投资增速回落明显，对全省房地产市场平稳健康发展造成影响。

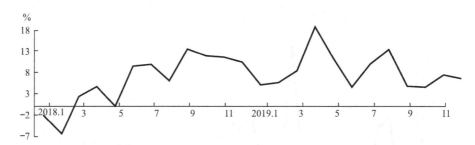

图 1-2-5　2018 年 1 月—2019 年 12 月陕西省房地产累计完成开发投资增速情况

2）销售速度减缓进一步影响投资预期

2019 年下半年，陕西省商品住房销售面积环比呈下滑趋势。2019 年 12 月陕西省商品住房销售面积环比为 14.17%，增速较 7 月下降 5.13 个百分点。其中，铜川市和商洛市下降尤为明显，2019 年 12 月铜川市商品住房销售面积环比为 5.26%，增速较 1 月下降 42.92 个百分点；商洛市商品住房销售面积环比为 -10.81%，增速较 1 月下降 465.1 个百分点（图 1-2-6）。商品住房销售速度减缓致使开发企业投资预期进一步降低，市场下行压力增大。

3）房地产企业资产负债率较高

据金融部门相关数据统计，在陕西省投资开发的上市房企平均资产负债率约 80%。其中，阳光城资产负债率为 83.57%、本土上市房企天地源资产负债率为 86.48%，均超过陕西省房地产企业平均资产负债率水平。短期内房企负债率水平难以显著下行，一旦市场波动加大，企业经营的金融风险将逐渐显现。

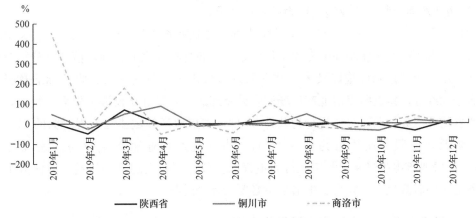

图 1-2-6　2019 年 1—12 月陕西省与部分地市商品住房销售面积环比

**4）房地产企业融资负担加重**

据分析，房地产企业获取资金渠道缩窄，融资负担进一步加重。2019 年 7 月银保监严禁信托公司向不符合"432"条件的项目放款，同时在岸、离岸人民币对美元即期汇率双双破 7，很多房地产企业的境外融资成本已超 10%，境外美元债利息加重使依赖境外融资的房地产企业财务负担加剧。融资渠道收窄导致诸多房地产企业破产。根据人民法院公告网显示，截至 2019 年 11 月，全国本年共 330 家房地产企业破产，房地产企业正在面临费用率提升、负债率升高、短期偿债能力下滑的困境，尤其中小型房企仍将面临一定的盈利和资金压力。融资负担加重及融资成本增加引致房地产企业面临爆雷风险，投资热情下降。

**3. 行为风险分析**

**1）房地产开发企业违规行为严重影响市场秩序**

2019 年下半年，省住房和城乡建设厅共通报房地产开发企业 36 家，其中乱象主要集中在未取得《商品房预售许可证》违规销售、未执行销售现场公示制度、"一房二卖"、违规抵押已售房屋等违法违规行为，其中违规最多的行为是未取得《商品房预售许可证》违规销售。根据近两年房地产市场监管处受理的 140 起群众投诉举报数据统计，陕西省房地产领域乱象行为中，房地产开发企业违法违规行为最突出，近两年共计 77 件，占房地产领域违法违规行为的 55%。2019 年上半年，省住房和城乡建设厅共通报房地产开发企业 50 家，房地产开发企业违法违规行为有禁不止。房地产开发企业违规行为会对房地产市场带来严重负面影响。

**2）房地产经纪机构违规服务行为阻碍存量市场发展**

2019 年下半年，省住房和城乡建设厅共通报房地产经纪机构 9 家，乱象主要集中在违规提供经纪服务、违规发布房源信息、未按规定明码标价等。据近两年房地产市场监管处受理的 140 起群众投诉举报数据统计，陕西省房地产中介机构乱象集中体现在房地产经纪机构和房地产价格评估机构，共计 16 件，占房地产领域违法违规行为的 11.43%。同时，省住房和城乡建设厅点名其他地市存在乱象的经纪机构，例如宝鸡市渭滨区尚美居房产中介服务中心、渭南理想之家房产咨询有限公司、延安宝塔区七里铺喜燕房屋中介服务部、榆林思忆房地产营销策划有限公司等。房地产经纪机构违规行为对二手房交易市场及住房租赁市场的发展造成了恶劣影响。

3）房地产物业服务企业违规行为滋生社会矛盾

2019年下半年，省住房和城乡建设厅共通报物业服务企业20家，乱象主要集中在物业乱收费、挪用或违规使用住宅专项维修资金、不履行物业服务合同、擅自处分物业管理用房或占用共用部位和设施以及未在物业管理区域内公示收费项目、收费标准及服务内容、服务标准等。据近两年房地产市场监管处受理的140起群众投诉举报数据统计，近两年陕西省物业服务企业违法违规行为共计39件，占房地产领域违法违规行为的27.86%。其中，降低物业服务质量行为共计23件，占房地产物业服务企业违法违规行为的58.97%。房地产物业服务企业违规行为不仅严重侵害了业主的合法权益，致使业主与物业服务企业矛盾激化，更容易滋生诸多不必要的社会问题。

### （三）陕西省各地市房地产市场风险识别

**1. 西安市房地产市场风险识别**

1）价格风险指标分析

（1）新建商品住房销售均价

2011年3月—2018年12月，西安市新建商品住房销售均价环比波动明显，其中大部分月份新建商品住房销售均价环比都低于5%，处于合理区间，但2011年5月和2018年6月、8月、12月都大幅度超过5%，风险非常明显，具体如图1-2-7所示。

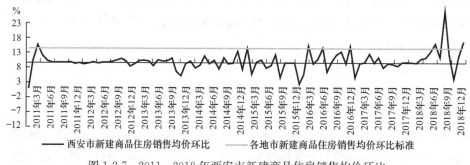

图1-2-7　2011—2018年西安市新建商品住房销售均价环比

2019年1—12月，西安市新建商品住房销售均价环比波动变化，大部分月份的新建商品住房销售均价环比涨幅都低于5%，处于合理区间，但2019年6月新建商品住房销售均价环比明显高于5%，风险明显，预测西安市新建商品住房销售均价会波动，风险较大，具体如图1-2-8所示。

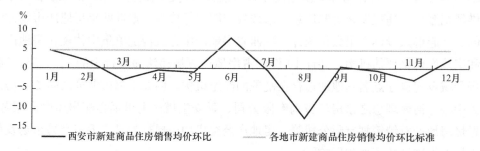

图1-2-8　2019年西安市新建商品住房销售均价环比

(2) 二手住宅交易价格

2016年1月—2018年12月，西安市二手住宅交易价格环比波动明显，其中2018年3月西安市二手住宅交易价格环比最高达到10.30%，2018年9月西安市二手住宅交易价格环比最低为－4.92%。此外，2016年2月、7月、9月、11月、12月，2017年2月、4月、5月、7月、9月，2018年2月、7月、9月、12月西安市二手住宅交易价格环比低于0%，风险较大，具体如图1-2-9所示。

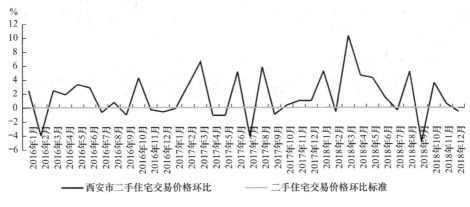

图1-2-9　2016—2018年西安市二手住宅交易价格环比

2019年1—12月，西安市二手住宅交易价格环比波动明显。其中，2019年9月西安市二手住宅交易价格环比最高达到12.3%，2019年10月最低为－9.5%。此外，2019年2月、5月、7月、10月、11月二手住宅交易价格环比低于0%，风险明显，预测西安市二手住宅交易价格会波动，风险较大，具体如图1-2-10所示。

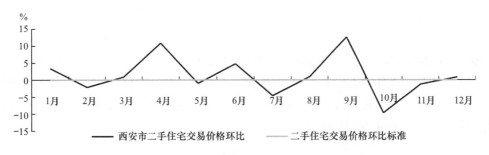

图1-2-10　2019年西安市二手住宅交易价格环比

2) 投资风险指标分析

(1) 房地产开发投资

2011—2018年西安市房地产开发投资波动较为明显，整体呈上涨趋势，其中2018年6月最高为4096261万元，2012年1月最低为30000万元，2017年6月—2018年2月和2018年6月—2018年7月房地产开发投资大幅下降，分别由3991970万元降至73659万元、由4096261万元降至547800万元，风险较大，具体如图1-2-11所示。

2019年1—12月西安市房地产开发投资呈持续上涨趋势，由2019年1月的717000万元增长至 2019 年 12 月的 14666830 万元,根据 2011—2019 年西安市房地产开发投资折线图整体波动情况,预测未来西安市房地产开发投资额有上涨趋势,市场风险较小,具体如图 1-2-12 所示。

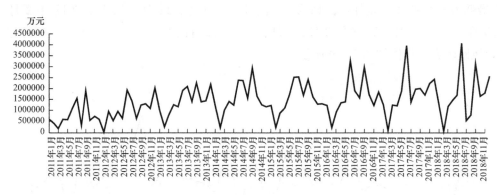

图 1-2-11　2011—2018 年西安市房地产开发投资额

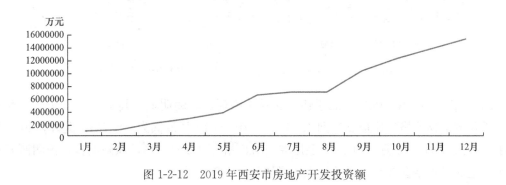

图 1-2-12　2019 年西安市房地产开发投资额

(2) 商品住房销售面积环比

2011—2018 年,西安市商品住房销售面积环比波动明显。其中 2016 年 3 月西安市商品住房销售面积环比最高达到 174.57%,2016 年 2 月西安市商品住房销售面积环比最低为 -117.39%,2013 年 3 月—2014 年 2 月和 2015 年 10 月—2016 年 2 月商品住房销售面积环比大幅下滑,分别从 144.39% 下降至 -37.40%、从 109.71% 下降至 -117.39%,市场风险较大,具体如图 1-2-13 所示。

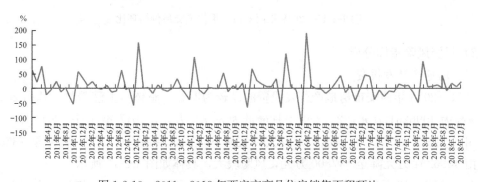

图 1-2-13　2011—2018 年西安市商品住房销售面积环比

2019年1—12月西安市商品住房销售面积环比呈波动变化，其中，2019年2月西安市商品住房销售面积环比最低为－57.98%，2019年3月西安市商品住房销售面积环比最高为67.73%。根据2011—2019年西安市商品住房销售面积环比折线图整体波动情况，商品住房销售速度减缓致使开发企业投资预期进一步降低，市场下行压力增大，具体如图1-2-14所示。

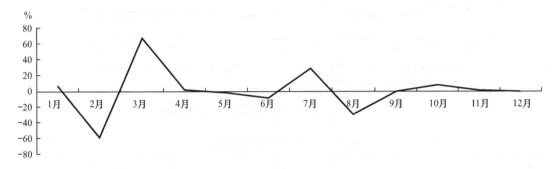

图1-2-14　2019年西安市商品住房销售面积环比

3）库存风险指标分析

（1）新建商品住宅去化周期

2017年1月—2019年1月，西安市新建商品住宅去化周期稍有起伏，从2017年11月开始稍有增大，直至2018年6月开始有下降趋势，但总体上始终处于合理范围之内，具体如图1-2-15所示。

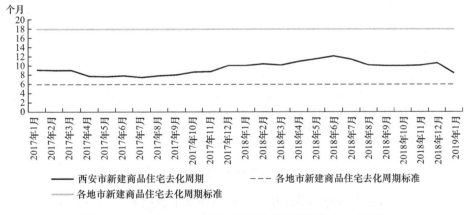

图1-2-15　2017—2019年1月西安市新建商品住宅去化周期

2019年1—12月，西安市新建商品住宅去化周期波动较小，其中，2019年1—7月呈减小趋势，2019年7—12月呈增大趋势，所有月份均处于合理范围之内，预测西安市新建商品住宅去化周期保持平稳，风险不大，具体如图1-2-16所示。

（2）商办累计待售面积

2017年1月—2018年12月西安市商办累计待售面积总体呈上涨趋势，2017年1月、2月一直处于过冷区间，之后呈上升趋势，由2017年3月的2442.33万m²上涨至2018年

11月的3092.26万 m²，此时突破合理区间，进入偏热区间，具体如表1-2-2、图1-2-17所示。

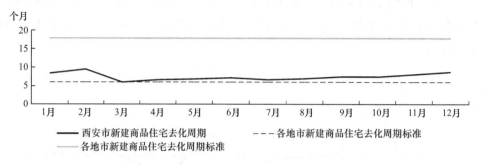

图1-2-16　2019年西安市新建商品住宅去化周期

2017—2018年西安市商办累计待售面积预警区间（单位：万 m²）　　表1-2-2

|  | 数据来源 | 均值 | 标准差 | 过冷区间上限 | 合理区间下限 | 合理区间上限 | 过热区间下限 |
|---|---|---|---|---|---|---|---|
| 西安市 | 2017.1—2018.12 | 2799.60 | 279.74 | 2379.98 | 2519.85 | 3079.34 | 3219.21 |

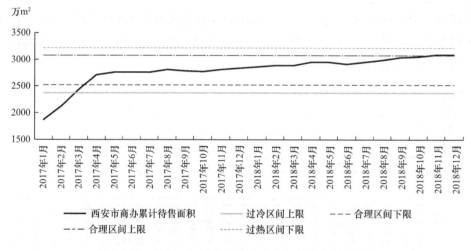

图1-2-17　2017—2018年西安市商办累计待售面积预警

2019年1—12月西安市商办累计待售面积总体呈上涨趋势，2019年1—10月一直处于合理区间，之后呈上升趋势，由2019年10月的2817.14万 m²上涨至2019年12月的2904.75万 m²，此时突破合理区间，进入偏热区间，预计未来西安市商办库存压力仍然巨大，风险较大，具体如表1-2-3、图1-2-18所示。

2019年西安市商办累计待售面积预警区间（单位：万 m²）　　表1-2-3

|  | 数据来源 | 均值 | 标准差 | 过冷区间上限 | 合理区间下限 | 合理区间上限 | 过热区间下限 |
|---|---|---|---|---|---|---|---|
| 西安市 | 2019.1—12 | 2731.87 | 87.79 | 2600.18 | 2644.08 | 2819.67 | 2863.56 |

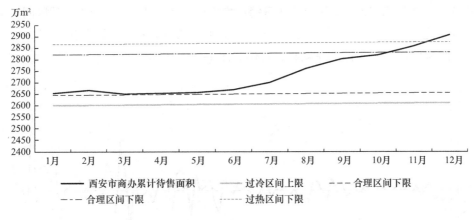

图 1-2-18　2019 年西安市商办累计待售面积预警

4）行为风险分析

（1）房地产开发企业违规行为严重影响市场秩序

2018 年住房城乡建设部发布的《住房城乡建设部公布一批各地查处的违法违规房地产开发企业和中介机构名单》中，西安市共 4 家地产企业违法违规被住房城乡建设部点名，该批企业的违法违规行为涉及哄抬房价、"黑中介"、捂盘惜售、未批先售、虚假宣传等方面；2019 年上半年则有 68 家，违法违规行为有禁不止；2019 年上半年西安市共有 10 家房地产开发企业销售存在违法违规行为被扣分处理。房地产开发企业违规行为侵害了人民群众合法权益，严重扰乱了房地产市场秩序，造成了不良的社会影响。

（2）房地产经纪机构违规服务行为阻碍存量市场发展

据统计，2018 年下半年，西安市共有 58 家房地产经纪机构受到行政处罚。2019 年上半年，西安市住房和城乡建设局对存在严重违规行为和不规范经营行为的 24 家房地产经纪机构再次进行通报，违规的行为主要包括经纪机构为不符合交易条件的保障性住房提供经纪服务、经纪机构擅自对外发布房源信息且通过恶意注销逃避处罚、为禁止交易的房屋提供经纪服务、公司和经纪人员承购自己提供经纪服务的房屋且拒不履行处罚决定等。2019 年下半年，西安百信嘉房地产营销策划有限公司文艺路分公司等 22 家经纪机构存在违规行为，并被记分处理。房地产经纪机构违规行为对二手房交易市场及住房租赁市场的发展造成了恶劣影响。

（3）房地产物业服务企业违规行为滋生社会矛盾

2019 年上半年，省住房和城乡建设厅共通报西安捷诚物业管理有限公司等 13 家物业服务企业，此次乱象行为主要集中于物业乱收费、挪用或违规使用住宅专项维修资金、不履行物业服务合同、业主投诉较多等。这些房地产物业服务企业的违规行为不仅严重侵害了业主的合法权益，致使业主与物业服务企业矛盾激化，更容易滋生诸多不必要的社会问题。

**2. 宝鸡市房地产市场风险识别**

1）价格风险指标分析

（1）新建商品住房销售均价

2011 年 3 月—2018 年 12 月，宝鸡市新建商品住房销售均价环比波动明显，其中，

2011年3月—2014年12月新建商品住房销售均价环比都低于5%，处于合理区间，但是，2015年3月之后，有部分月份均快速超过5%，其中2018年8月最高为32.71%，2015年9月最低为5.84%，风险非常明显，具体如图1-2-19所示。

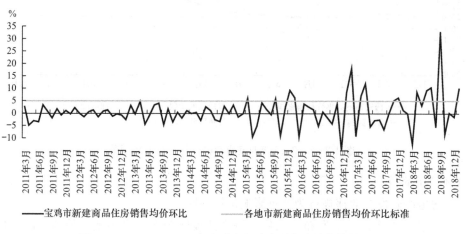

图1-2-19　2011—2018年宝鸡市新建商品住房销售均价环比

2019年1—12月，宝鸡市新建商品住房销售均价环比波动明显，大部分月份的新建商品住房销售均价环比低于5%，处于合理区间，但2019年1月、4月、7月、9月都超过5%，风险明显，预测宝鸡市新建商品住房销售均价会波动，风险较大，具体如图1-2-20所示。

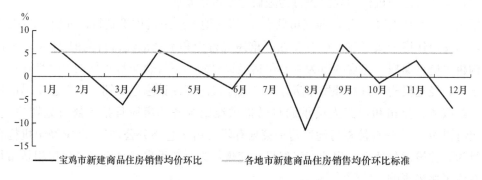

图1-2-20　2019年宝鸡市新建商品住房销售均价环比

（2）二手住宅交易价格

2016年1月—2018年12月，宝鸡市二手住宅交易价格环比波动明显，其中2016年1月、3月、8月、10月，2017年2月、6月、8月，2018年1月、2月、6月、8月、10月、12月宝鸡市二手住宅交易价格环比低于0%，风险较大，具体如图1-2-21所示。

2019年1—12月，宝鸡市二手住宅交易价格环比波动明显，其中2019年3月宝鸡市二手住宅交易价格环比最高达到18.28%，2019年4月最低为-14.81%。此外，2019年2月、4月、8月、10月宝鸡市二手住宅交易价格环比低于0%，风险明显，预测宝鸡市二手住宅交易价格存在波动，风险较大，具体如图1-2-22所示。

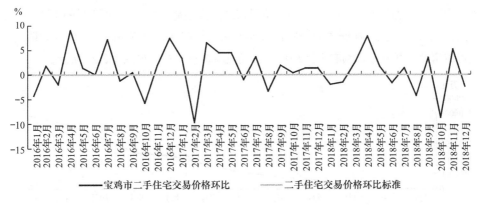

图 1-2-21　2016—2018 年宝鸡市二手住宅交易价格环比

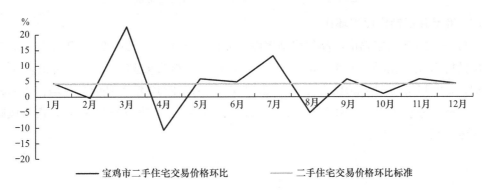

图 1-2-22　2019 年宝鸡市二手住宅交易价格环比

2）投资风险指标分析

(1) 房地产开发投资

2011—2018 年宝鸡市房地产开发投资波动明显，整体呈上涨趋势，其中 2017 年 12 月最高为 525578 万元，2011 年 3 月最低为 1000 万元，2017 年 12 月—2018 年 1 月、2018 年 6—9 月和 2018 年 10—12 月投资额大幅下降，分别从 525578 万元降至 14973 万元、从 351918 万元降至 91665 万元、从 347500 万元降至 143600 万元，风险较大，具体如图 1-2-23 所示。

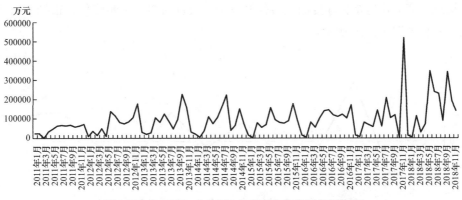

图 1-2-23　2011—2018 年宝鸡市房地产开发投资额

2019年1—12月宝鸡市房地产开发投资呈持续上涨趋势,由2019年1月的17308万元增长至12月的2432445万元,根据2011—2019年宝鸡市房地产开发投资折线图整体波动情况,预测未来宝鸡市房地产开发投资额有上涨趋势,市场风险较小,具体如图1-2-24所示。

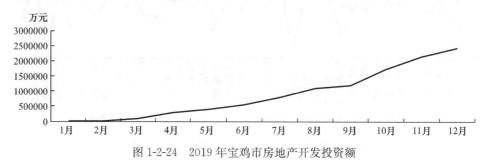

图1-2-24　2019年宝鸡市房地产开发投资额

(2) 商品住房销售面积环比

2011—2018年,宝鸡市商品住房销售面积环比波动明显。其中2014年5月宝鸡市商品住房销售面积环比最高达到534%,2014年2月宝鸡市商品住房销售面积环比最低为-82%,2014年5月—2015年2月和2016年12月—2017年1月商品住房销售面积环比大幅下滑,分别从534%下降至-67.60%,从338.03%下降至-50.67%,市场风险较大,具体如图1-2-25所示。

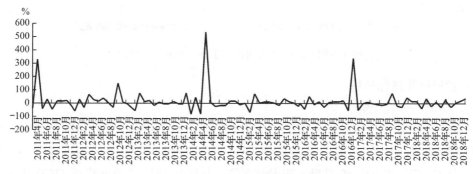

图1-2-25　2011—2018年宝鸡市商品住房销售面积环比

2019年1—12月宝鸡市商品住房销售面积环比呈波动增长趋势变化,由2019年1月的-2.58%增长至12月的37.67%。根据2019年宝鸡市商品住房销售面积环比折线图整体波动情况,商品住房销售速度减缓致使开发企业投资预期进一步降低,市场下行压力逐渐增大,具体如图1-2-26所示。

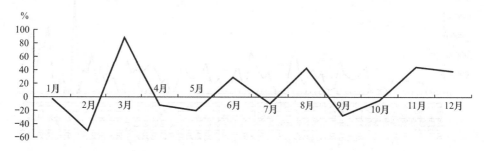

图1-2-26　2019年宝鸡市商品住房销售面积环比

3）库存风险指标分析

（1）新建商品住宅去化周期

2017年1月—2019年1月，宝鸡市新建商品住宅去化周期总体上呈下降趋势，从2018年10月开始稍有增大。其中仅有2017年1月去化周期大于18个月，出现风险，其他月份均处在合理范围之内。预测宝鸡市新建商品住宅去化周期保持平稳，具体如图1-2-27所示。

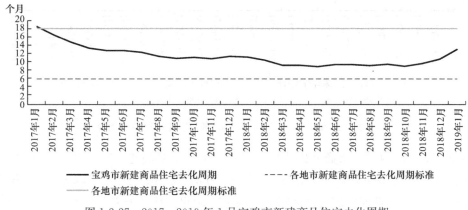

图1-2-27　2017—2019年1月宝鸡市新建商品住宅去化周期

2019年1—12月，宝鸡市新建商品住宅去化周期存在波动，其中2019年1—7月呈增大趋势，2019年7—12月呈减小趋势，且始终保持在合理区间之内，预测宝鸡市新建商品住宅去化周期保持平稳，具体如图1-2-28所示。

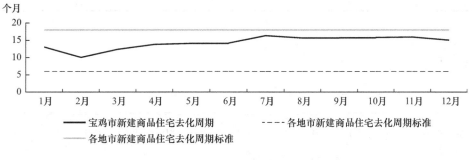

图1-2-28　2019年宝鸡市新建商品住宅去化周期

（2）商办累计待售面积

2017年1月—2018年12月宝鸡市商办累计待售面积总体波动明显，2017年6月率先突破合理区间的上限，进入偏热区间，一直到2017年10月有回落趋势，大部分处于合理区间内，但2018年10月又快速突破合理区间上限，为249.10万 $m^2$，之后开始回落，具体如表1-2-4、图1-2-29所示。

2017—2018年宝鸡市商办累计待售面积预警区间（单位：万 $m^2$）　　表1-2-4

| | 数据来源 | 均值 | 标准差 | 过冷区间上限 | 合理区间下限 | 合理区间上限 | 过热区间下限 |
|---|---|---|---|---|---|---|---|
| 宝鸡市 | 2017.1—2018.12 | 227.69 | 16.58 | 202.83 | 211.11 | 244.27 | 252.55 |

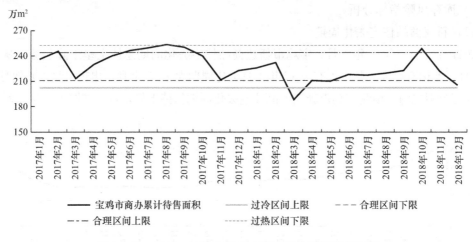

图 1-2-29 2017—2018 年宝鸡市商办累计待售面积预警

2019 年 1—12 月宝鸡市商办累计待售面积总体呈下降趋势，2019 年 1—11 月一直处于合理区间，之后呈下降趋势，由 2019 年 11 月的 242.02 万 $m^2$ 下降至 2019 年 12 月的 $-408.97$ 万 $m^2$，此时突破合理区间，进入过冷区间，预计未来宝鸡市商办库存压力仍然巨大，风险较大，具体如表 1-2-5、图 1-2-30 所示。

**2019 年宝鸡市商办累计待售面积预警区间**（单位：万 $m^2$） 表 1-2-5

| | 数据来源 | 均值 | 标准差 | 过冷区间上限 | 合理区间下限 | 合理区间上限 | 过热区间下限 |
|---|---|---|---|---|---|---|---|
| 宝鸡市 | 2019.1—12 | 227.69 | 16.58 | 202.83 | 211.11 | 244.27 | 252.55 |

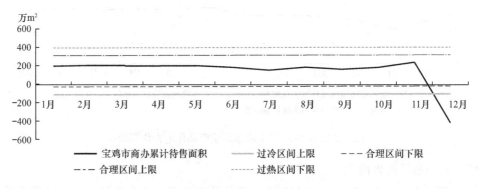

图 1-2-30 2019 年宝鸡市商办累计待售面积预警

4）行为风险分析

（1）房地产开发企业违规行为严重影响市场秩序

2019 年下半年，陕西省住房和城乡建设厅网站发布了《关于 2019 年下半年房地产市场乱象典型案例的通报》中，宝鸡市违规的房地产开发企业共有 5 个，违规的行为主要集中在未取得商品房预售许可证擅自销售商品房、违规收取购房诚意金、非法挪用资金等。房地产开发企业违规行为会对房地产市场带来严重负面影响，应加强宝鸡市房地产市场监管，净化房地产市场环境，对违规行为做出告诫。

(2) 房地产经纪机构违规服务行为阻碍存量市场发展

2015年，宝鸡市71家房地产中介未备案，存在交易风险，目前，宝鸡市房地产中介市场仍然存在着为不符合交易条件的房屋提供经纪服务、赚取房屋租售差价、骗取委托人交易资金、不明码标价、价格欺诈等突出问题。2019年下半年，省住房和城乡建设厅网站发布的《关于2019年下半年房地产市场乱象典型案例的通报》中，宝鸡市违规的共有2个，分别为宝鸡市渭滨区尚美居房产中介服务中心、宝鸡房悟空房地产经纪有限公司。房地产经纪机构违规行为对二手房交易市场及住房租赁市场的发展造成了恶劣影响。

(3) 房地产物业服务企业违规行为滋生社会矛盾

目前，宝鸡市房地产物业服务企业存在乱象行为，多家物业被投诉，例如三迪艾邦物业存在乱收费、小区设施不完善、人车不分离等问题，水木清华小区物业存在乱收取停车费、不及时修理等问题，臻和天下物业存在车位收费不合理、物业服务不到位等问题。房地产物业服务企业乱象纷呈，严重侵害了业主的合法权益，致使业主与物业服务企业矛盾激化，更容易滋生诸多不必要的社会问题。

**3. 咸阳市房地产市场风险识别**

1) 价格风险指标分析

(1) 新建商品住房销售均价

2011年3月—2018年12月，咸阳市新建商品住房销售均价环比波动明显，2014年9月之前新建商品住房销售均价环比大部分低于5%，处于合理区间，但之后部分月份快速超过5%，其中2018年8月最高为30.97%，2016年8月最低为6.12%，风险非常明显，具体如图1-2-31所示。

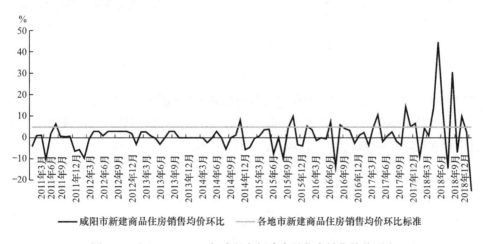

图1-2-31 2011—2018年咸阳市新建商品住房销售均价环比

2019年1—12月，咸阳市新建商品住房销售均价环比波动明显，大部分月份的新建商品住房销售均价环比低于5%，处于合理区间，但2019年1月、4月、7月、9月都超过5%，风险明显，预测咸阳市新建商品住房销售均价会波动，风险较大，具体如图1-2-32所示。

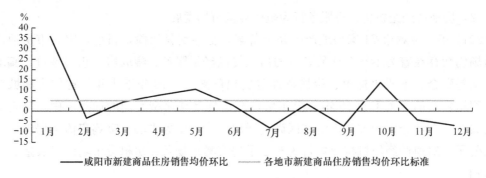

图1-2-32　2019年咸阳市新建商品住房销售均价环比

(2) 二手住宅交易价格

2016年1月—2018年12月，咸阳市二手住宅交易价格环比波动明显，其中2018年6月咸阳市二手住宅交易价格环比最高达到10.42%，2016年7月最低为-12.9%。此外，2016年1月、4月、5月、7月、9月，2017年2月、7月，2018年2月、5月、7—9月、12月咸阳市二手住宅交易价格环比低于0%，风险明显，具体如图1-2-33所示。

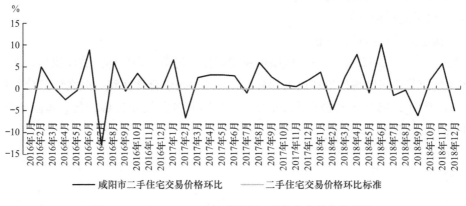

图1-2-33　2016—2018年咸阳市二手住宅交易价格环比

2019年1—12月，咸阳市二手住宅交易价格环比波动明显，其中2019年3月、7月、8月、10—12月咸阳市二手住宅交易价格环比低于0%，风险明显，预测咸阳市二手住宅交易价格存在波动，风险较大，具体如图1-2-34所示。

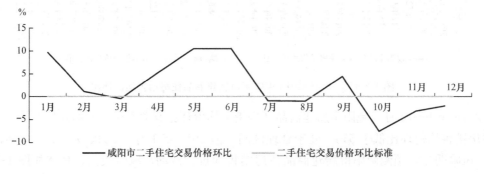

图1-2-34　2019年咸阳市二手住宅交易价格环比

2）投资风险指标分析

（1）房地产开发投资

2011—2018年咸阳市房地产开发投资整体波动上涨，其中2015年6月最高达到357647万元，2011年12月最低为13936万元，2015年6月—2015年9月和2017年10月—2018年1月投资额大幅下滑，分别从357647万元下降至117820万元、从342687万元下降至21393万元，市场风险较大，具体如图1-2-35所示。

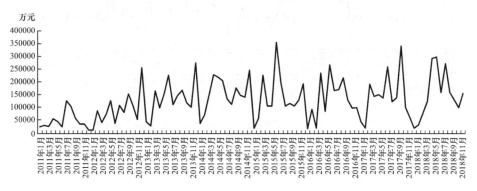

图1-2-35　2011—2018年咸阳市房地产开发投资额

2019年1—12月咸阳市房地产开发投资整体呈波动上涨趋势，由2019年1月的16031万元增长至2019年12月的1958381万元，根据2011—2019年咸阳市房地产开发投资折线图整体波动情况，预测未来咸阳市房地产开发投资额有上涨趋势，市场风险较小，具体如图1-2-36所示。

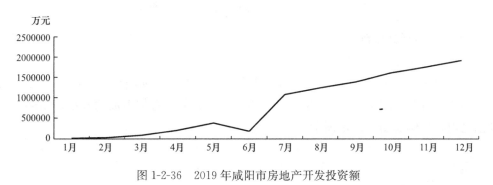

图1-2-36　2019年咸阳市房地产开发投资额

（2）商品住房销售面积环比

2011—2018年，咸阳市商品住房销售面积环比波动明显。其中2016年3月咸阳市商品住房销售面积环比最高达到138.69%，2016年2月咸阳市商品住房销售面积环比最低为-127.45%，2013年1月—2014年2月和2018年3—12月商品住房销售面积环比大幅下滑，分别从107%下降至-51.40%、从105.26%下降至-22.47%，市场风险较大，具体如图1-2-37所示。

2019年1—12月咸阳市商品住房销售面积环比呈波动变化，其中，2019年10月咸阳市商品住房销售面积环比最低为-51.8%，2019年3月咸阳市商品住房销售面积环比最高为

91.3%。根据2019年咸阳市商品住房销售面积环比折线图整体波动情况，商品住房销售速度减缓致使开发企业投资预期进一步降低，市场下行压力逐渐增大，具体如图1-2-38所示。

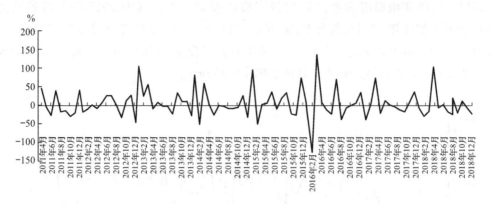

图1-2-37　2011—2018年咸阳市商品住房销售面积环比

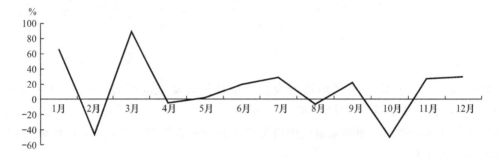

图1-2-38　2019年咸阳市商品住房销售面积环比

3）库存风险指标分析

（1）新建商品住宅去化周期

2017年1月—2019年1月，咸阳市新建商品住宅去化周期波动较小，2017年1月—2018年5月呈下降趋势，从2018年5月开始呈上升趋势，总体上波动较小，始终处于合理范围之内，具体如图1-2-39所示。

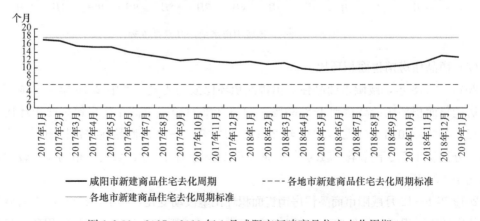

图1-2-39　2017—2019年1月咸阳市新建商品住宅去化周期

2019年1—12月，咸阳市新建商品住宅去化周期波动较小，其中，2019年1—9月呈减小趋势，2019年9—12月呈增大趋势，所有月份均处于合理区间之内，预测咸阳市新建商品住宅去化周期保持平稳，具体如图1-2-40所示。

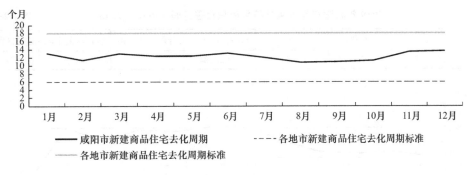

图1-2-40　2019年咸阳市新建商品住宅去化周期

（2）商办累计待售面积

2017年1月—2018年12月咸阳市商办累计待售面积总体波动明显，2017年1月—2018年9月一直处于合理区间内，2018年10月率先突破过冷区间上限，为126.28万m²，风险非常明显，之后开始呈上涨趋势，2018年12月，又突破合理区间上限，处于偏热区间，预计未来咸阳市商办库存压力仍然巨大，风险较大，具体如表1-2-6、图1-2-41所示。

**2017—2018年咸阳市商办累计待售面积预警区间**（单位：万m²）　　表1-2-6

| | 数据来源 | 均值 | 标准差 | 过冷区间上限 | 合理区间下限 | 合理区间上限 | 过热区间下限 |
|---|---|---|---|---|---|---|---|
| 咸阳市 | 2017.1—2018.12 | 230.89 | 25.34 | 192.88 | 205.55 | 256.23 | 268.90 |

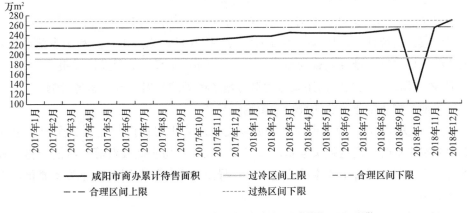

图1-2-41　2017—2018年咸阳市商办累计待售面积预警

2019年1—12月咸阳市商办累计待售面积总体呈波动变化，2019年1—5月一直处于合理区间，但2019年5月突破合理区间上限，此时存在风险，之后呈下降趋势，由2019

年6月的281.65万 m² 下降至2019年12月的261.04万 m²，此时突破合理区间下限，进入过冷区间，预计未来咸阳市商办库存压力仍然巨大，风险较大，具体如表1-2-7、图1-2-42所示。

2019年咸阳市商办累计待售面积预警区间（单位：万 m²）　　表1-2-7

| | 数据来源 | 均值 | 标准差 | 过冷区间上限 | 合理区间下限 | 合理区间上限 | 过热区间下限 |
|---|---|---|---|---|---|---|---|
| 咸阳市 | 2019.1—12 | 227.69 | 16.58 | 202.83 | 211.11 | 244.27 | 252.55 |

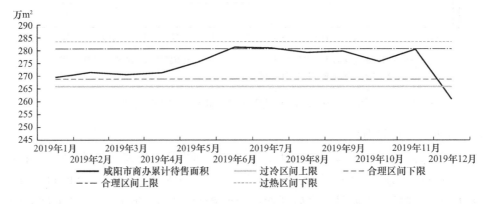

图1-2-42　2019年咸阳市商办累计待售面积预警

4）行为风险分析

（1）房地产开发企业违规行为严重影响市场秩序

2019年8月，咸阳市住房和城乡建设局对全市136个房地产开发项目进行拉网式检查督导，摸排出问题项目16个，其中乱象主要集中在无证预售、逾期交房、捆绑销售、售后包租、捂盘惜售、不支持公积金贷款、违反"一价清"、延期办证等。房地产开发企业违规行为严重影响房地产市场秩序。

（2）房地产经纪机构违规服务行为阻碍存量市场发展

2019年，咸阳市住房和城乡建设局对房屋中介机构进行排查，乱象主要集中在中介机构未经备案。据统计，2019年6月1日—11月30日，咸阳市住房和城乡建设局对168家房地产经纪机构进行排查，查处违规房屋中介机构20家，受理投诉举报26家，取消网签资格72家。房地产经纪机构违规行为对房地产市场的发展造成了恶劣影响。

（3）房地产物业服务企业违规行为影响市场环境

2019年10月31日，咸阳市住房和城乡建设局收集房地产物业服务企业乱象56条，主要集中在装修不时会遭遇强买强卖、侵犯业主权利、物业乱收费等。房地产物业服务企业违规行为不仅严重侵害了业主的合法权益，导致业主与物业服务企业关系僵化，更易影响房地产市场环境。

**4. 铜川市房地产市场风险识别**

1）价格风险指标分析

（1）新建商品住房销售均价

2011年3月—2015年12月，铜川市新建商品住房销售均价环比波动幅度较小，比较平稳。2016年初至2018年末总体波动明显，其中大部分月份新建商品住房销售均价环比都低于5%，处于合理区间，但2016年2月、3月，2017年3月、4月，2018年11月、12月都大幅度超过5%，风险非常明显，具体如图1-2-43所示。

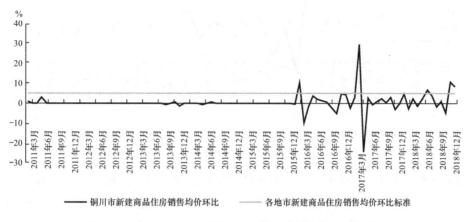

图1-2-43　2011—2018年铜川市新建商品住房销售均价环比

2019年1—12月，铜川市新建商品住房销售均价环比波动变化明显，大部分月份的新建商品住房销售均价环比涨幅都低于5%，处于合理区间，但2019年4月新建商品住房销售均价环比下降幅度较大，且2019年5月新建商品住房销售均价环比明显超过5%，风险明显，之后开始回落，2019年12月又有快速上升趋势，预测铜川市新建商品住房销售均价逐渐增长，风险较大，具体如图1-2-44所示。

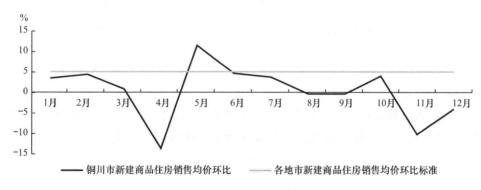

图1-2-44　2019年铜川市新建商品住房销售均价环比

(2) 二手住宅交易价格

2015年1月—2018年12月，铜川市二手住宅交易价格环比波动明显，其中2016年12月铜川市二手住宅交易价格环比最高达到45.45%，2017年1月铜川市二手住宅交易价格环比最低为-28%。此外，2015年3月、5月、6月、7月、10月，2016年1月、2月、3月、5月、7月、9月、11月，2017年1月、2月、3月、6月、9月，2018年2月、5月、7月、8月、10月、12月铜川市二手住宅交易价格环比均低于0%，风险较大，具体如图1-2-45所示。

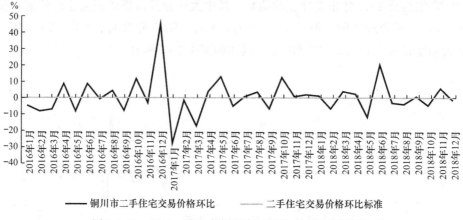

图 1-2-45 2016—2018 年铜川市二手住宅交易价格环比

2019 年 1—12 月,铜川市二手住宅交易价格环比波动明显。其中,2019 年 11 月铜川市二手住宅交易价格环比最高达到 14.47%,2019 年 10 月最低为 -8.52%。此外,2019 年 3 月、6 月、8 月、10 月、12 月二手住宅交易价格环比低于 0%,风险明显,预测铜川市二手住宅交易价格将持续下降,风险较大,具体如图 1-2-46 所示。

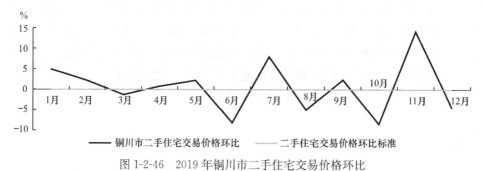

图 1-2-46 2019 年铜川市二手住宅交易价格环比

2) 投资风险指标分析

(1) 房地产开发投资

2011—2018 年铜川市房地产开发投资呈周期性变化,较为平稳,其中 2013 年 12 月最高为 278930 万元,2011 年 1 月最低为 5600 万元,具体如图 1-2-47 所示。

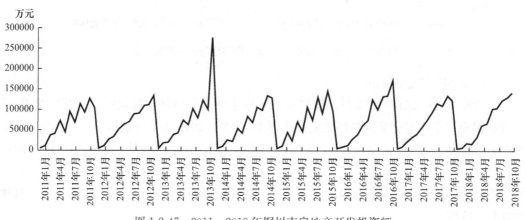

图 1-2-47 2011—2018 年铜川市房地产开发投资额

2019年1—12月铜川市房地产开发投资呈波动上涨趋势,由2019年1月的6300万元增长至2019年12月的199136万元,根据2011—2019年铜川市房地产开发投资折线图整体波动情况,预测未来铜川市房地产开发投资额有上涨趋势,市场风险较小,具体如图1-2-48所示。

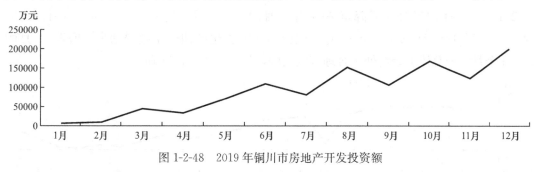

图1-2-48　2019年铜川市房地产开发投资额

（2）商品住房销售面积环比

2011—2018年,铜川市商品住房销售面积环比波动明显。其中2016年3月铜川市商品住房销售面积环比最高达到258.2%,2016年2月铜川市商品住房销售面积环比最低为-77%,市场风险较大,具体如图1-2-49所示。

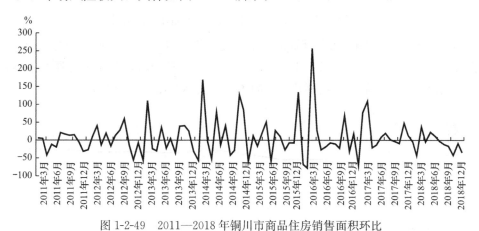

图1-2-49　2011—2018年铜川市商品住房销售面积环比

2019年1—12月铜川市商品住房销售面积环比呈波动变化,其中,2019年10月铜川市商品住房销售面积环比最低为-35.4%,2019年4月铜川市商品住房销售面积环比最高为88.5%。根据2011—2019年铜川市商品住房销售面积环比折线图整体波动情况,商品住房销售速度减缓致使开发企业投资预期进一步降低,市场下行压力增大,具体如图1-2-50所示。

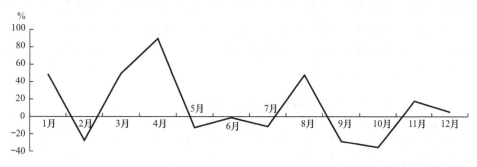

图1-2-50　2019年铜川市商品住房销售面积环比

3）库存风险指标分析

（1）新建商品住宅去化周期

2017—2018年，铜川市新建商品住宅去化周期总体呈下降趋势，2018年底略有回升，从2017年1月的17.24个月降至2018年9月的6.4个月，其中2017年8—10月波动明显，呈"V"形变动，2018年10月新建商品住宅去化周期开始缓慢增加，增至12月的11.04个月，但总体上始终处于合理范围之内，具体如图1-2-51所示。

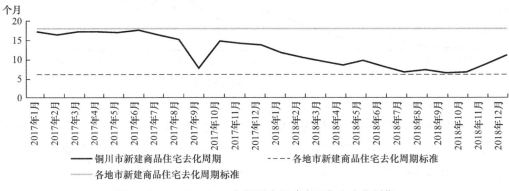

图1-2-51 2017—2018年铜川市新建商品住宅去化周期

2019年1—12月，铜川市新建商品住宅去化周期波动较小，呈增长趋势，由2019年1月的12.11个月增至2019年12月的15.1个月，所有月份均处于合理范围之内，预测铜川市新建商品住宅去化周期保持平稳，风险不大，具体如图1-2-52所示。

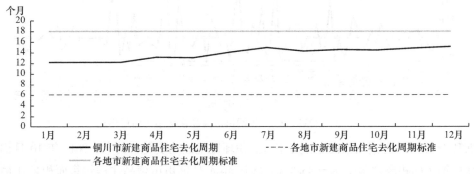

图1-2-52 2019年铜川市新建商品住宅去化周期

（2）商办累计待售面积

2017年1月—2018年12月铜川市商办累计待售面积总体呈上涨趋势，由2017年2月的115.33万$m^2$上涨至2018年8月的127.33万$m^2$，均处于合理区间内，2019年9—12月铜川市商办累计待售面积呈倒"V"形变化，其中10月达到191.76万$m^2$，远高于过热区间，具体如表1-2-8、图1-2-53所示。

2017—2018年铜川市商办累计待售面积预警区间（单位：万$m^2$） 表1-2-8

| | 数据来源 | 均值 | 标准差 | 过冷区间上限 | 合理区间下限 | 合理区间上限 | 过热区间下限 |
|---|---|---|---|---|---|---|---|
| 铜川市 | 2017.1—2018.12 | 125.95 | 14.06 | 104.86 | 111.89 | 140.01 | 147.04 |

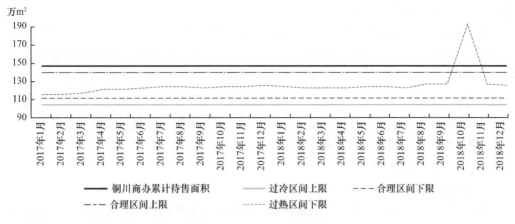

图 1-2-53　2017—2018 年铜川市商办累计待售面积预警

2019 年 1—11 月铜川市商办累计待售面积保持平稳，一直处于合理区间，维持在 122 万 m² 左右，2019 年 12 月铜川市商办累计待售面积出现突变，激增至 787.93 万 m²，突破过热区间下限，进入偏热区间，预计未来铜川市商办库存压力仍然巨大，风险较大，具体如表 1-2-9、图 1-2-54 所示。

**2019 年铜川市商办累计待售面积预警区间**（单位：万 m²）　　　表 1-2-9

| | 数据来源 | 均值 | 标准差 | 过冷区间上限 | 合理区间下限 | 合理区间上限 | 过热区间下限 |
|---|---|---|---|---|---|---|---|
| 铜川市 | 2019.1—12 | 178.05 | 183.89 | −97.78 | −5.84 | 361.94 | 453.89 |

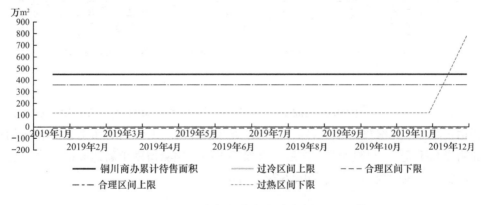

图 1-2-54　2019 年铜川市商办累计待售面积预警

4）行为风险分析

（1）房地产开发企业违规行为严重影响市场秩序

2018 年铜川市住房和城乡建设局对 8 家企业商品房销售信息公示不规范行为进行通报批评，对 3 家违规企业约谈主要负责人并下发《专项检查整改通知书》，责令限期整改；对暂未取得《商品房预售许可证》的泰晤士公馆、英伦小镇、雅居芙蓉里等 7 家开发企业张贴醒目黄色"未取得《商品房预售许可证》不得进行预售"通告。房地产开发企业违规行为会对房地产市场带来严重负面影响，应进一步整顿、规范房地产市场秩序，净化市场环境，保护广大消费者合法权益。

（2）房地产经纪机构违规服务行为阻碍存量市场发展

2019年下半年住房和城乡建设部、国家发展改革委、公安部、市场监管总局、银保监会、中央网信办6部门联合通报曝光整治住房租赁中介机构乱象，铜川市共6起违法违规典型案例，违规行为主要集中在暴力驱逐承租人、恶意克扣押金租金、隐瞒重要房源信息等违法违规行为。房地产经纪机构违规行为对住房租赁市场的发展造成了恶劣影响。

**5. 渭南市房地产市场风险识别**

1）价格风险指标分析

（1）新建商品住房销售均价

2011年3月—2018年12月，渭南市新建商品住房销售均价环比波动明显，其中2016年9月之前比较平稳，均低于5%，处于合理区间，但2016年9月之后波动非常明显，大部分月份都超过5%，其中2018年8月最高为41.16%，2018年7月最低为10.98%，风险非常明显，具体如图1-2-55所示。

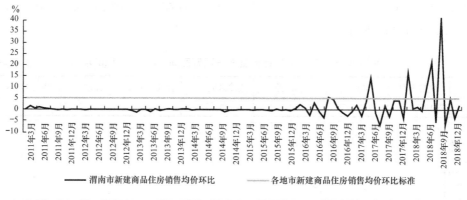

图1-2-55　2011—2018年渭南市新建商品住房销售均价环比

2019年1—12月，渭南市新建商品住房销售均价环比波动明显，大部分月份的新建商品住房销售均价环比涨幅都低于5%，处于合理区间，但2019年4月新建商品住房销售均价环比明显高于5%，风险明显，之后一直保持平衡，预测渭南市新建商品住房销售均价处于平衡状态，风险较小，具体如图1-2-56所示。

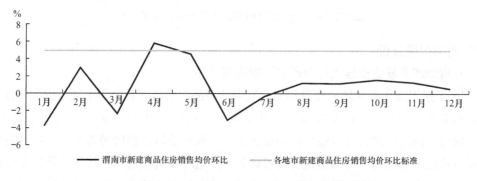

图1-2-56　2019年渭南市新建商品住房销售均价环比

（2）二手住宅交易价格

2016年1月—2018年12月，渭南市二手住宅交易价格环比波动明显，其中2018年3月渭南市二手住宅交易价格环比最高达到22.15%，2016年7月渭南市二手住宅交易价格环比最低为−16.95%。此外，2016年1月、4月、7月、9月、12月，2017年3月、7月、10月，2018年2月、7月、9月、10月渭南市二手住宅交易价格环比低于0%，风险较大，具体如图1-2-57所示。

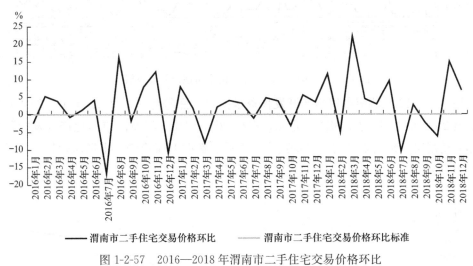

图1-2-57　2016—2018年渭南市二手住宅交易价格环比

2019年1—12月，渭南市二手住宅交易价格环比波动明显。其中，2019年11月渭南市二手住宅交易价格环比最高达到11.6%，2019年1月最低为−8.78%。此外，2019年2月、5月、7月、12月二手住宅交易价格环比低于0%，风险明显，预测渭南市二手住宅交易价格有快速下降趋势，风险较大，具体如图1-2-58所示。

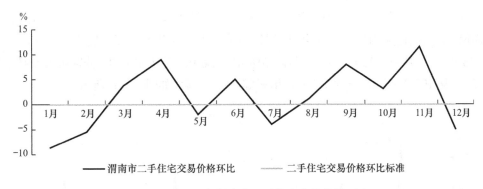

图1-2-58　2019年渭南市二手住宅交易价格环比

2）投资风险指标分析

（1）房地产开发投资

2011—2018年渭南市房地产开发投资波动较为平稳，其中波动最为剧烈且投资额大幅下滑的两个区间为2012年12月—2013年2月和2017年10月、11月，分别从峰值572324万元下降至18917万元、从300881万元下降至22802万元，市场风险较大。根据

2011—2018年渭南市房地产开发投资折线图整体波动情况,预测未来渭南市房地产开发投资额有上涨趋势,市场风险较小,具体如图1-2-59所示。

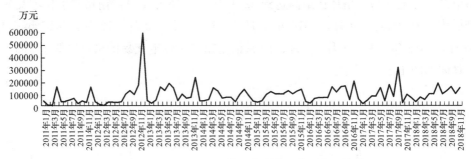

图1-2-59　2011—2018年渭南市房地产开发投资额

2019年1—12月渭南市房地产开发投资呈持续上涨趋势,由2019年1月的46049万元增长至2019年12月的1898354万元,根据2011—2019年渭南市房地产开发投资折线图整体波动情况,预测未来渭南市房地产开发投资额有上涨趋势,市场风险较小,具体如图1-2-60所示。

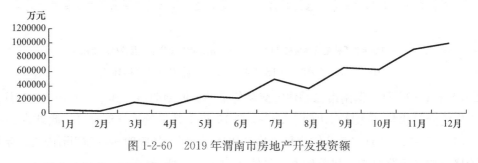

图1-2-60　2019年渭南市房地产开发投资额

(2)商品住房销售面积环比

2011—2018年,渭南市商品住房销售面积环比波动明显。其中2012年2月渭南市商品住房销售面积环比最高达到241%,2016年2月渭南市商品住房销售面积环比最低为-79.35%。此外,2013年3—6月和2018年3月、4月商品住房销售面积环比大幅下滑,分别从122.97%下降至-37%、从155.6%下降至-29.37%,市场风险较大,具体如图1-2-61所示。

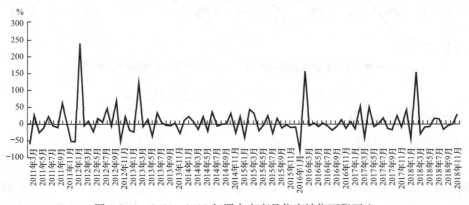

图1-2-61　2011—2018年渭南市商品住房销售面积环比

2019年1—12月渭南市商品住房销售面积环比呈波动变化，其中，2019年2月渭南市商品住房销售面积环比最低为-43.53%，2019年3月渭南市商品住房销售面积环比最高为105.44%。根据2011—2019年渭南市商品住房销售面积环比折线图整体波动情况，商品住房销售速度减缓致使开发企业投资预期进一步降低，市场下行压力增大，具体如图1-2-62所示。

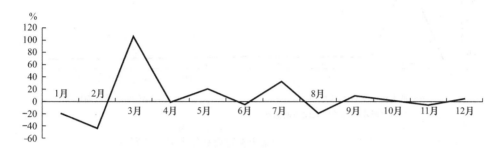

图1-2-62　2019年渭南市商品住房销售面积环比

3）库存风险指标分析

（1）新建商品住宅去化周期

2017年1月—2019年1月，渭南市新建商品住宅去化周期波动幅度较小，总体上呈下降趋势，且始终保持在合理区间之内，具体如图1-2-63所示。

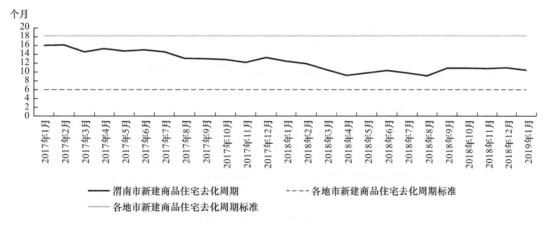

图1-2-63　2017—2019年1月渭南市新建商品住宅去化周期

2019年1—12月，渭南市新建商品住宅去化周期波动较小，其中，2019年2月新建商品住宅去化周期达到最高点109.56个月，随即又在2019年3月降至12.28个月，2019年3月之后均处于合理范围之内，预测渭南市新建商品住宅去化周期保持平稳，具体如图1-2-64所示。

（2）商办累计待售面积

2017年1月—2018年12月渭南市商办累计待售面积总体波动明显，2017年1月—2018年8月一直处于合理区间内，但2018年9月率先突破合理区间上限，预警非常明显，

2018年10月开始回落,但之后一直处于过热区间。预计未来渭南市商办库存压力仍然巨大,风险较大,具体如表1-2-10、图1-2-65所示。

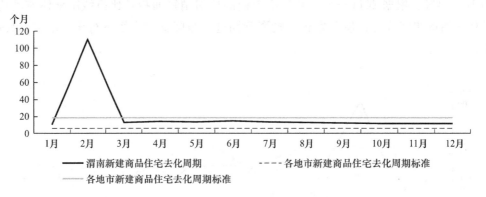

图1-2-64　2019年渭南市新建商品住宅去化周期

渭南市商办累计待售面积预警区间（单位：万 m²）　　　　表1-2-10

| | 数据来源 | 均值 | 标准差 | 过冷区间上限 | 合理区间下限 | 合理区间上限 | 过热区间下限 |
|---|---|---|---|---|---|---|---|
| 渭南市 | 2017.1—2018.12 | 168.69 | 11.84 | 150.94 | 156.86 | 180.53 | 186.45 |

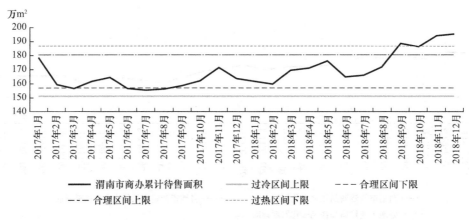

图1-2-65　渭南市商办累计待售面积预警

2019年1—12月渭南市商办累计待售面积总体呈上涨趋势,2019年6月—2019年11月一直处于合理区间,之后呈上升趋势,由2019年11月的224.97万 m² 上涨至2019年12月的228.82万 m²,已经突破合理区间,进入偏热区间,预计未来渭南市商办库存压力仍然巨大,风险较大,具体如表1-2-11、图1-2-66所示。

2019年渭南市商办累计待售面积预警区间（单位：万 m²）　　　表1-2-11

| | 数据来源 | 均值 | 标准差 | 过冷区间上限 | 合理区间下限 | 合理区间上限 | 过热区间下限 |
|---|---|---|---|---|---|---|---|
| 渭南市 | 2019.1—12 | 216.63 | 8.95 | 203.20 | 207.68 | 225.58 | 230.06 |

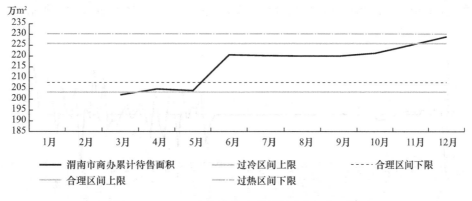

图 1-2-66  2019 年渭南市商办累计待售面积预警

4）行为风险分析

（1）房地产开发企业违规行为严重影响市场秩序

2019年渭南市房地产交易管理所发布，渭南市共有8家房地产开发企业存在违规行为，其中违规行为主要集中在涉及非法融资、"一房二卖"、未办理房产证、延期交房、民间拆接贷款、售出房屋未进行网签等问题。此外，据统计2019年2月渭南市存在24个房地产开发项目手续不全的问题。房地产开发企业违规行为严重影响房地产市场秩序。

（2）房地产经纪机构违规服务行为阻碍存量市场发展

2019年度，据陕西省住房和城乡建设厅统计，渭南市共有2家房地产经纪机构因为违法违规行为被通报，同时被计入全省企业不良信用档案。房地产经纪机构乱象主要集中在违规提供经纪服务、违规发布房源信息、未按规定明码标价等。房地产经纪机构违规行为对房地产市场的发展造成了恶劣影响。

（3）房地产物业服务企业违规行为滋生社会矛盾

2019年度，据陕西省住房和城乡建设厅统计，渭南市共有1家房地产物业服务企业因为违法违规行为被通报，同时被计入全省企业不良信用档案。物业服务企业乱象主要集中在：物业乱收费、挪用或违规使用住宅专项维修资金、不履行物业服务合同、业主投诉较多等。房地产物业服务企业违规行为不仅严重侵害了业主的合法权益，导致业主与物业服务企业关系僵化，更易影响房地产市场环境。

**6. 延安市房地产市场风险识别**

1）价格风险指标分析

（1）新建商品住房销售均价

2011年3月—2018年12月，延安市新建商品住房销售均价环比波动明显，其中2015年6月之前都处于平稳状态，新建商品住房销售均价环比均低于5%，处于合理区间内，但是2015年9月之后波动非常明显，大部分都超过5%，其中2017年7月最高为16.68%，然后2017年8月快速下滑到-0.54%，风险非常明显，具体如图1-2-67所示。

2019年1—12月，延安市新建商品住房销售均价环比波动明显，大部分月份的新建商品住房销售均价环比低于5%，处于合理区间，但2019年3月、8月都超过5%，风险明显，预测延安市新建商品住房销售均价会波动，风险较大，具体如图 1-2-68 所示。

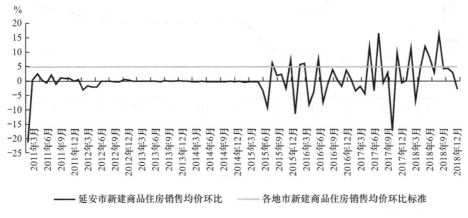

图 1-2-67　2011—2018 年延安市新建商品住房销售均价环比

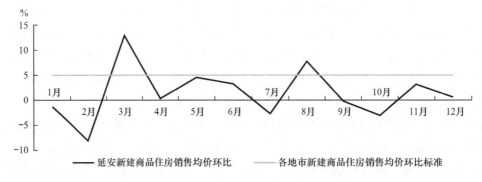

图 1-2-68　2019 年延安市新建商品住房销售均价环比

(2) 二手住宅交易价格

2016 年 1 月—2018 年 12 月，延安市二手住宅交易价格环比波动明显，其中 2016 年 1 月、6 月、8 月、10 月、12 月，2017 年 2 月、4 月、6 月、8 月、11 月，2018 年 2 月、3 月、5 月、7 月、9 月、10 月、12 月延安市二手住宅交易价格环比低于 0%，风险较大，具体如图 1-2-69 所示。

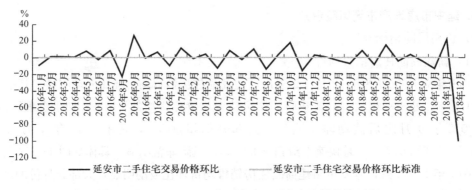

图 1-2-69　2016—2018 年延安市二手住宅交易价格环比

2) 投资风险指标分析

(1) 房地产开发投资

2011—2018年延安市房地产开发投资整体呈波动上涨趋势,其中2018年6月达到峰值330000万元,2018年7月大幅下降至41510万元,2018年9月从285790万元大幅下降至2018年10月的31000万元,房地产开发投资额在这两个区间大幅下滑,市场风险较大,具体如图1-2-70所示。

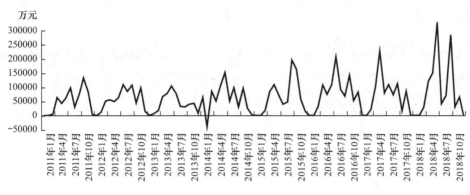

图1-2-70　2011—2018年延安市房地产开发投资额

2019年1—12月延安市房地产开发投资呈持续上涨趋势,由2019年1月的0元增长至2019年12月的1009211万元,根据2011—2019年延安市房地产开发投资折线图整体波动情况,预测未来延安市房地产开发投资额有上涨趋势,市场风险较小,具体如图1-2-71所示。

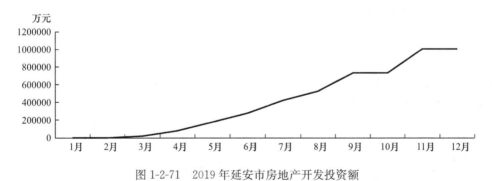

图1-2-71　2019年延安市房地产开发投资额

(2) 商品住房销售面积环比

2011—2018年,延安市商品住房销售面积环比波动明显。其中2011年5月延安市商品住房销售面积环比最高达到665%,2017年1月延安市商品住房销售面积环比最低为－84.9%,2011年5—6月、2013年3—6月、2013年12月—2014年4月、2015年2—6月,2016年12月—2017年1月和2018年4—7月新建商品住房销售面积环比均呈现较大幅度下降,市场风险较大,具体如图1-2-72所示。

2019年1—12月延安市商品住房销售面积环比呈波动变化,2019年3月达到最高点83.9%,但4月又立即回落至－34.4%,且2019年5—9月一直在0附近波动。根据2019

年延安市商品住房销售面积环比折线图整体波动情况，商品住房销售速度减缓致使开发企业投资预期进一步降低，市场下行压力增大，具体如图 1-2-73 所示。

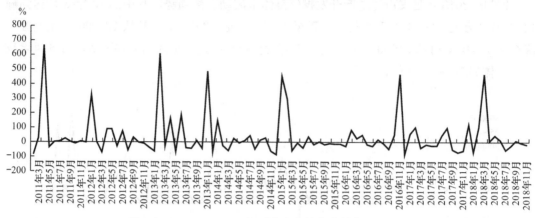

图 1-2-72　2011—2018 年延安市商品住房销售面积环比

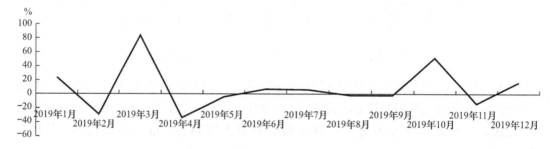

图 1-2-73　2019 年延安市商品住房销售面积环比

3）库存风险指标分析

（1）新建商品住宅去化周期

2017 年 1 月—2019 年 1 月，延安市新建商品住宅去化周期起伏明显，其中，2018 年 3 月最大，超过 18 个月，2018 年 4 月和 5 月也超过 18 个月，风险存在，其余月份处在合理区间，具体如图 1-2-74 所示。

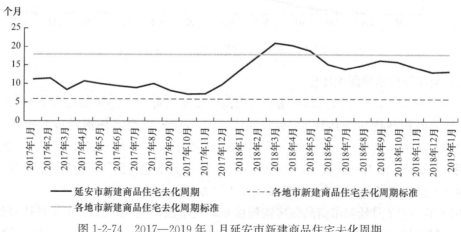

图 1-2-74　2017—2019 年 1 月延安市新建商品住宅去化周期

2019年1—12月，延安市新建商品住宅去化周期波动较小，其中，2019年2月新建商品住宅去化周期达到最高点79.27个月，随即又在2019年3月降至12.33个月，2019年3月之后均处于合理范围之内，预测延安市新建商品住宅去化周期保持平稳，具体如图1-2-75所示。

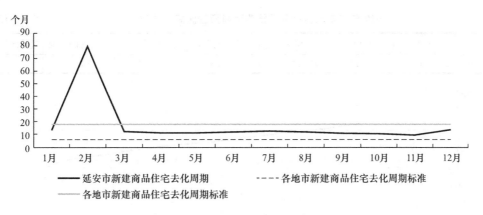

图1-2-75　2019年延安市新建商品住宅去化周期

（2）商办累计待售面积

2017年1月—2018年12月延安市商办累计待售面积波动明显，其中2017年1月、2月和3月突破过冷区间上限，风险明显；随之商办累计待售面积增加，进入合理区间，到2017年10月稍稍超过合理区间上限，之后一直呈下降趋势，预计未来商办累计待售面积有下降趋势，会出现低于合理区间的风险，具体如表1-2-12、图1-2-76所示。

延安市商办累计待售面积预警区间（单位：万 m²）　　　表1-2-12

| | 数据来源 | 均值 | 标准差 | 过冷区间上限 | 合理区间下限 | 合理区间上限 | 过热区间下限 |
|---|---|---|---|---|---|---|---|
| 延安市 | 2017.1—2018.12 | 81.18 | 6.92 | 70.81 | 74.27 | 88.10 | 91.56 |

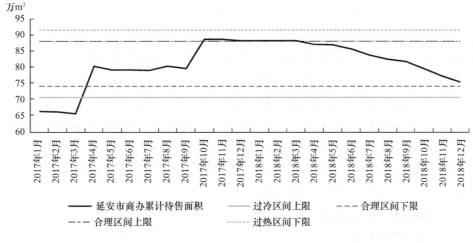

图1-2-76　2017—2018年延安市商办累计待售面积预警

2019年1—12月延安市商办累计待售面积总体呈下降趋势，2019年5—11月一直处于合理区间，之后呈下降趋势，由 2019 年 11 月的 69.22 万 m² 下降至 2019 年 12 月的 67.11 万 m²，此时突破合理区间下限，进入过冷区间，预计未来延安市商办库存压力不大，风险较小，具体如表 1-2-13、图 1-2-77 所示。

2019 年延安市商办累计待售面积预警区间（单位：万 m²）　　　表 1-2-13

|  | 数据来源 | 均值 | 标准差 | 过冷区间上限 | 合理区间下限 | 合理区间上限 | 过热区间下限 |
| --- | --- | --- | --- | --- | --- | --- | --- |
| 延安市 | 2019.1—12 | 71.15 | 1.93 | 68.25 | 69.21 | 73.08 | 74.05 |

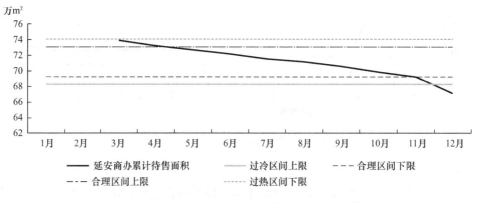

图 1-2-77　2019 年延安市商办累计待售面积预警

4）行为风险分析

（1）房地产开发企业违规行为严重影响市场秩序

2019 年 12 月 2 日，据陕西省住房和城乡建设厅发布，2019 年 11 月 27 日延安市住房和城乡建设局组织召开意见和办法宣贯暨全市房地产开发企业信用信息系统培训会。会议通报了延安市的 8 家存在违法违规行为的房地产开发企业，延安市房地产开发企业违规行为主要集中在无证销售、捂盘惜售和投机炒房等。房地产开发企业违规行为严重影响房地产市场秩序。

（2）房地产经纪机构违规服务行为阻碍存量市场发展

2019 年 12 月，陕西省住房和城乡建设厅通报了延安市的 2 家房地产经纪机构违规服务行为，房地产经纪机构乱象主要集中在违规提供经纪服务、违规发布房源信息、未按规定明码标价等。房地产经纪机构违规行为对房地产市场的发展造成了恶劣影响。

（3）房地产物业服务企业违规行为滋生社会矛盾

2019 年度，据陕西省住房和城乡建设厅统计，延安市共有 3 家房地产物业服务企业因为违法违规行为被通报，同时被计入全省企业不良信用档案。物业服务企业乱象主要集中在物业乱收费、挪用或违规使用住宅专项维修资金、不履行物业服务合同、业主投诉较多等。房地产物业服务企业违规行为不仅严重侵害了业主的合法权益，导致业主与物业服务企业关系僵化，更易影响房地产市场环境。

**7. 安康市房地产市场风险识别**

1）价格风险指标分析

（1）新建商品住房销售均价

2011 年 3 月—2018 年 12 月，安康市新建商品住房销售均价环比波动明显，2016 年 3

月之前新建商品住房销售均价环比平稳波动，均低于 5％，处于合理区间内，之后波动明显，大部分月份均超过 5％，其中 2018 年 5 月最高为 45.09％，2017 年 11 月最低为 5.30％，风险非常明显，具体如图 1-2-78 所示。

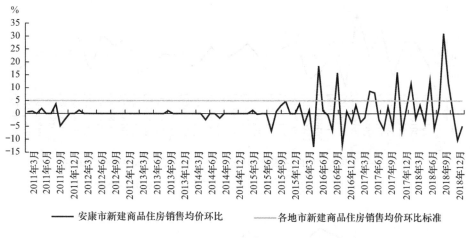

图 1-2-78　2011—2018 年安康市新建商品住房销售均价环比

2019 年 1—12 月，安康市新建商品住房销售均价环比波动变化，其中 1 月、3 月、5 月波动超过合理区间，风险明显，其余月份的新建商品住房销售均价环比涨幅都低于 5％，处于合理区间，预测安康市新建商品住房销售均价会持续下降趋势，风险较大，具体如图 1-2-79 所示。

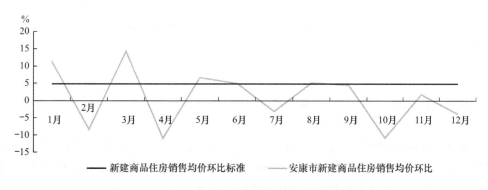

图 1-2-79　2019 年安康市新建商品住房销售均价环比

（2）二手住宅交易价格

2016 年 1 月—2018 年 12 月，安康市二手住宅交易价格环比波动明显，其中 2016 年 8 月安康市二手住宅交易价格环比最高达到 24.28％，2016 年 1 月安康市二手住宅交易价格环比最低为 -28.89％。此外，2016 年 1 月、2 月、5 月、9 月、11 月、12 月，2017 年 4 月、9 月、10 月，2018 年 1 月、2 月、6 月、8 月、11 月、12 月安康市二手住宅交易价格环比低于 0％，风险较大，具体如图 1-2-80 所示。

2019 年 1—12 月，安康市二手住宅交易价格环比波动明显。其中，2019 年 4 月安康市二手住宅交易价格环比最高达到 6.52％，2019 年 7 月最低为 -8.4％。此外，2019 年 1

月、7月、10月、11月、12月二手住宅交易价格环比低于0%，风险明显，预测安康市二手住宅交易价格将有下降趋势，风险较大，具体如图1-2-81所示。

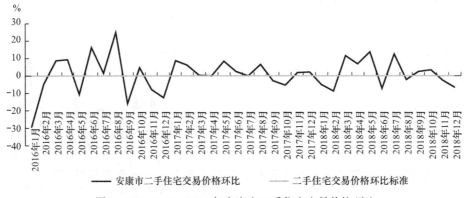

图1-2-80　2016—2018年安康市二手住宅交易价格环比

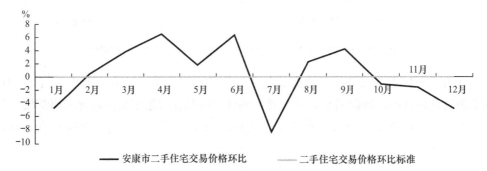

图1-2-81　2019年安康市二手住宅交易价格环比

2) 投资风险指标分析

(1) 房地产开发投资

2011—2018年安康市房地产开发投资波动较为明显，其中2018年12月达到峰值278636万元，2011年4月最低为1342万元，2012年12月—2013年1月和2018年8月、9月投资额大幅下滑，分别从210170万元下降至23609万元、从226393万元下降至38707万元，市场风险较大。根据2011—2018年安康市房地产开发投资折线图整体波动情况，预测未来安康市房地产开发投资额有上涨趋势，市场风险较小，具体如图1-2-82所示。

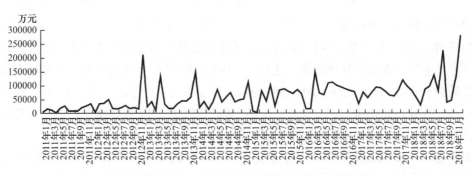

图1-2-82　2011—2018年安康市房地产开发投资额

2019年1—12月安康市房地产开发投资呈持续上涨趋势，由2019年1月的83340万元增长至2019年12月的1394108万元，根据2011—2019年安康市房地产开发投资折线图整体波动情况，预测未来安康市房地产开发投资额有上涨趋势，市场风险较小，具体如图1-2-83所示。

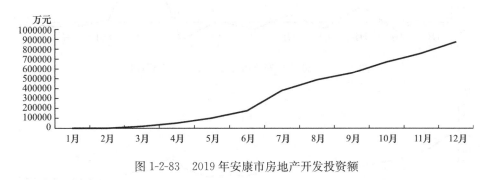

图1-2-83　2019年安康市房地产开发投资额

（2）商品住房销售面积环比

2011—2018年，安康市商品住房销售面积环比波动明显。其中2012年10月安康市商品住房销售面积环比最高达到222.15%，2015年1月安康市商品住房销售面积环比最低为-97.9%，2012年10月—2014年1月和2014年7—12月商品住房销售面积环比大幅下滑，分别从222.15%下降至-79.1%、从141.4%下降至-13%，市场风险较大，具体如图1-2-84所示。

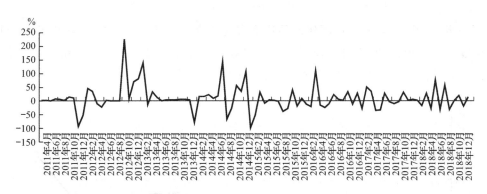

图1-2-84　2011—2018年安康市商品住房销售面积环比

2019年1—12月安康市商品住房销售面积环比呈波动变化，其中，2019年2月安康市商品住房销售面积环比最低为-76%，2019年9月安康市商品住房销售面积环比最高为325%。根据2011—2019年安康市商品住房销售面积环比折线图整体波动情况，商品住房销售速度减缓致使开发企业投资预期进一步降低，市场下行压力增大，具体如图1-2-85所示。

3）库存风险指标分析

（1）新建商品住宅去化周期

2017年1月—2018年12月，安康市新建商品住宅去化周期波动较小，2018年2—4月呈上升趋势，其余月份呈下降趋势，所有月份均处在合理区间，具体如图1-2-86所示。

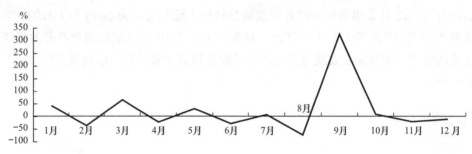

图 1-2-85　2019 年安康市商品住房销售面积环比

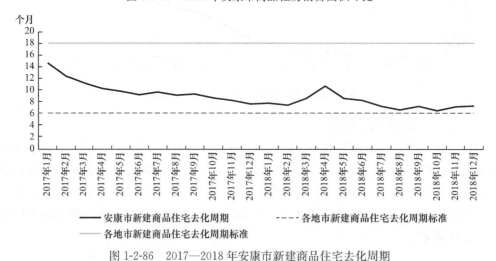

图 1-2-86　2017—2018 年安康市新建商品住宅去化周期

2019 年 1—12 月，安康市新建商品住宅去化周期波动不大。其中，2019 年 1—11 月呈小幅度波动，2019 年 11 月、12 月呈增大趋势，所有月份均处于合理范围之内，预测安康市新建商品住宅去化周期保持平稳，具体如图 1-2-87 所示。

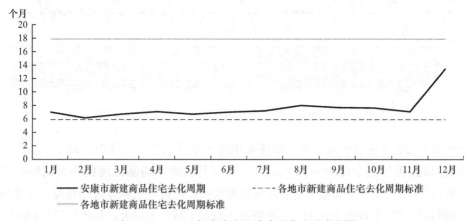

图 1-2-87　2019 年安康市新建商品住宅去化周期

(2) 商办累计待售面积

2017 年 1 月—2018 年 12 月安康市商办累计待售面积波动明显，其中 2017 年 1 月、2 月、3 月突破过冷区间上限，2 月最小为 59.39 万 $m^2$，风险明显。2017 年 4 月处于偏冷区间，存在风险。2018 年 7 月、8 月、11 月和 12 月处于偏热区间，其中 12 月最大为 85.69

万 m², 存在风险。其他月份处于合理区间。预计未来安康市商办累计待售面积会增大，风险明显，具体如表 1-2-14、图 1-2-88 所示。

安康市商办累计待售面积预警区间（单位：万 m²）　　表 1-2-14

| | 数据来源 | 均值 | 标准差 | 过冷区间上限 | 合理区间下限 | 合理区间上限 | 过热区间下限 |
|---|---|---|---|---|---|---|---|
| 安康市 | 2017.1—2018.12 | 75.21 | 7.54 | 63.90 | 67.67 | 82.75 | 86.52 |

图 1-2-88　2017—2018 年安康市商办累计待售面积预警

2019 年 1—12 月安康市商办累计待售面积总体呈上涨趋势，2019 年 1—8 月一直处于合理区间，之后呈上升趋势，由 2019 年 8 月的 109.04 万 m² 上涨至 2019 年 9 月的 135.97 万 m²，突破合理区间。9 月后开始出现下降，直至 2019 年 10 月的 111.62 万 m²，而后在合理区间内平缓波动。预计未来安康市商办库存平稳，风险不大，具体如表 1-2-15、图 1-2-89 所示。

2019 年安康市商办累计待售面积预警区间（单位：万 m²）　　表 1-2-15

| | 数据来源 | 均值 | 标准差 | 过冷区间上限 | 合理区间下限 | 合理区间上限 | 过热区间下限 |
|---|---|---|---|---|---|---|---|
| 安康市 | 2019.1—12 | 103.59 | 13.24 | 83.73 | 90.35 | 116.83 | 123.45 |

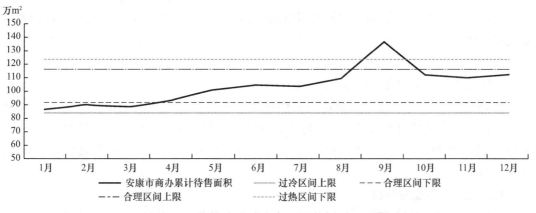

图 1-2-89　2019 年安康市商办累计待售面积预警

4) 行为风险分析

（1）房地产开发企业违规行为严重影响市场秩序

2019年住房和城乡建设部发布《关于中心城市房地产领域侵害群众利益违法违规行为排查情况的通报》中，安康市共11家房地产企业违法违规被住房和城乡建设部点名，该批企业的违法违规行为表现在执行销售现场公示制度不到位、未竣工验收备案违规交房、逾期交房、捂盘惜售、虚假宣传、擅自变更规划、未取得许可擅自销售、开发建设遗留问题导致业主办证难等方面。房地产开发企业违规行为侵害了人民群众合法权益，严重扰乱了房地产市场秩序，造成了不良的社会影响。

（2）房地产经纪机构违规服务行为阻碍存量市场发展

2019年10月，安康市住房和城乡建设局对房屋中介机构进行排查。据统计，安康市住房和城乡建设局对中心城市的36家房地产中介机构进行排查，查处中心城市违规房地产中介机构8家，其违规问题主要表现在经纪人员职业资格不符合从业要求、公示信息不完整、未按规定建立业务台账、违规发布房源信息、签订服务合同和佣金票据不规范等。房地产经纪机构违规行为对二手房交易市场及住房租赁市场的发展造成了恶劣影响。

（3）房地产物业服务企业违规行为滋生社会矛盾

2019年11月，安康市住房和城乡建设局接到12345转来物业投诉39宗，涉及22个小区和17家物业企业，经过对中心城区物业企业的排查，共通报安康市城投昌盛物业服务有限公司和西安瑾瑜物业公司等物业服务企业。此次乱象行为主要集中于物业服务企业服务意识不强、服务水平不高、项目开发建设环节遗留问题多、小区业委会成立不规范、"三供一业"移交的老旧小区物业矛盾突出等。这些房地产物业服务企业的违规行为不仅严重侵害了业主的合法权益，致使业主与物业服务企业矛盾激化，更容易滋生诸多不必要的社会问题，影响房地产市场环境。

**8. 汉中市房地产市场风险识别**

1) 价格风险指标分析

（1）新建商品住房销售均价

2011年3月—2018年12月，汉中市新建商品住房销售均价环比波动明显，2014年1月之前新建商品住房销售均价平稳波动且环比均低于5%，都处于合理区间，之后开始呈波动式变化，其中2015年12月率先超过5%，为6.37%，之后开始回落，但2017年11月又快速突破5%，为26.15%，风险非常明显，预测汉中市新建商品住房销售均价会有快速下降趋势，风险较大，具体如图1-2-90所示。

2019年1—12月，汉中市新建商品住房销售均价环比波动变化，大部分月份的新建商品住房销售均价环比低于5%，处于合理区间，但2019年4月、12月都超过5%，风险明显，预测汉中市新建商品住房销售均价存在上涨趋势，风险较大，具体如图1-2-91所示。

（2）二手住宅交易价格

2016年1月—2018年12月，汉中市二手住宅交易价格环比波动明显，其中2016年1

月、5月、6月、7月、9月、12月，2017年2月、8月、9月、12月，2018年2月、4月、7月、8月、9月、10月、12月汉中市二手住宅交易价格环比低于0%，风险较大，具体如图1-2-92所示。

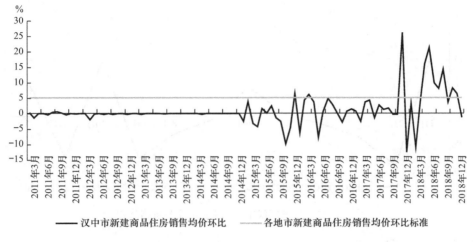

图 1-2-90　2011—2018年汉中市新建商品住房销售均价环比

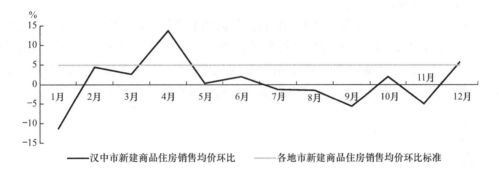

图 1-2-91　2019年汉中市新建商品住房销售均价环比

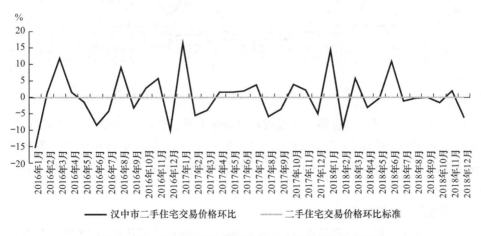

图 1-2-92　2016—2018年汉中市二手住宅交易价格环比

2019年1—12月，汉中市二手住宅交易价格环比波动明显，其中2019年1月汉中市二手住宅交易价格环比最高达到10.87%，2019年2月最低为-8.74%。此外，2019年2月、3月、4月、7月、8月、9月、11月汉中市二手住宅交易价格环比低于0%，风险明显，预测汉中市二手住宅交易价格将有急剧上涨趋势，风险较大，具体如图1-2-93所示。

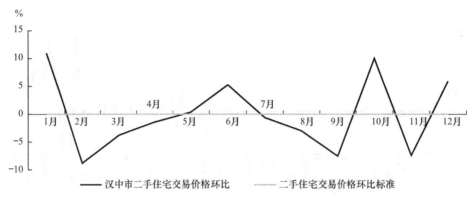

图1-2-93　2019年汉中市二手住宅交易价格环比

2）投资风险指标分析

（1）房地产开发投资

2011—2018年汉中市房地产开发投资整体呈波动上涨趋势，其中2017年5月达到峰值245844万元，2011年1月投资额最低为9077万元，2012年12月—2013年3月和2017年5月、6月房地产开发投资大幅下滑，分别从229079万元下降至42002万元、从245844万元下降至77658万元，市场风险较大，具体如图1-2-94所示。

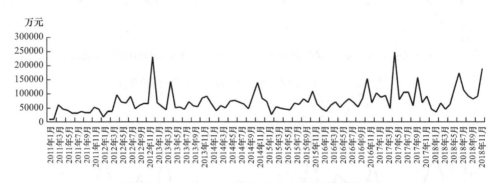

图1-2-94　2011—2018年汉中市房地产开发投资额

2019年1—12月汉中市房地产开发投资呈持续上涨趋势，由2019年1月的126951万元增长至2019年12月的1017395万元，根据2011—2019年汉中市房地产开发投资折线图整体波动情况，预测未来汉中市房地产开发投资额有上涨趋势，市场风险较小，具体如图1-2-95所示。

（2）商品住房销售面积环比

2011—2018年，汉中市商品住房销售面积环比波动明显。其中2012年5月汉中市商品住房销售面积环比最高达到75%，2012年1月汉中市商品住房销售面积环比最低为-40%，2015年6月、7月和2018年3月、4月商品住房销售面积环比大幅下滑，分别从 58.84％下降至－29.11％、从 70.4％下降至－28.1％，市场风险波动较大，具体如图 1-2-96 所示。

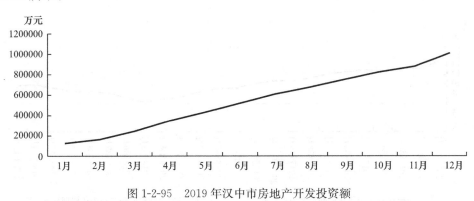

图 1-2-95　2019 年汉中市房地产开发投资额

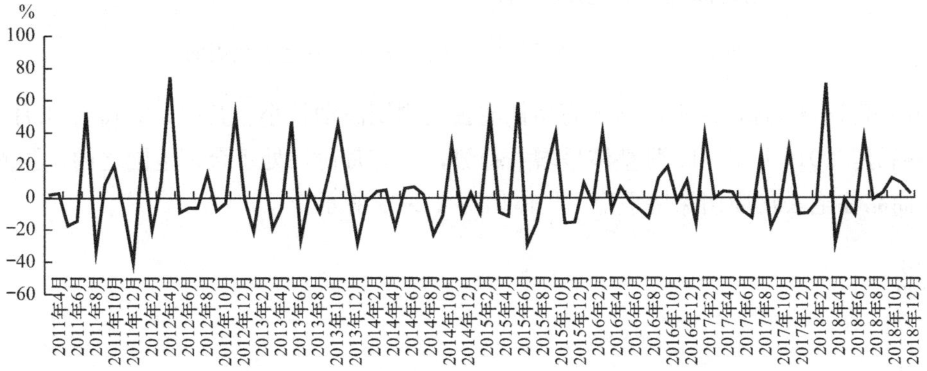

图 1-2-96　2011—2018 年汉中市商品住房销售面积环比

2019 年 1—12 月汉中市商品住房销售面积环比呈波动增长趋势变化，由 2019 年 1 月的－6.2％增长至 2019 年 12 月的 78.5％。根据 2019 年汉中市商品住房销售面积环比折线图整体波动情况，商品住房销售面积环比存在突然增大风险，具体如图 1-2-97 所示。

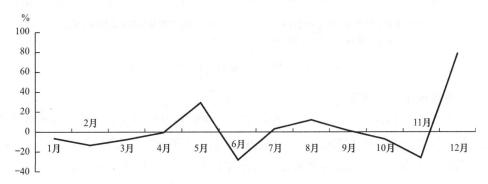

图 1-2-97　2019 年汉中市商品住房销售面积环比

3）库存风险指标分析

（1）新建商品住宅去化周期

2017—2018 年，汉中市新建商品住宅去化周期呈波动变化，其中 2017 年 1 月—2018

年5月呈减小趋势，2018年5—12月呈增大趋势，所有月份均处于合理范围之内，具体如图1-2-98所示。

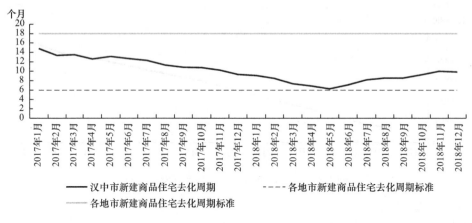

图1-2-98　2017—2018年汉中市新建商品住宅去化周期

2019年1—12月，汉中市新建商品住宅去化周期波动较小，其中，2019年1月、2月呈减小趋势，2019年2—12月整体呈增大趋势，所有月份均处于合理范围之内，预测汉中市新建商品住宅去化周期保持平稳，具体如图1-2-99所示。

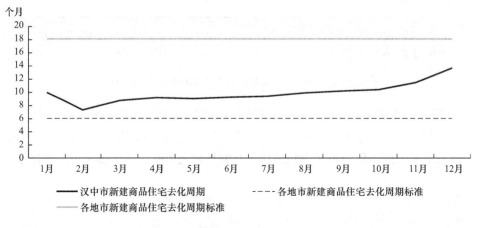

图1-2-99　2019年汉中市新建商品住宅去化周期

（2）商办累计待售面积

2017年1月—2018年12月汉中市商办累计待售面积总体上比较平稳，基本处于合理区间之内，但2018年10月情况异常，突然突破过热区间下限，为2017年1月—2018年12月期间的最大值，当月风险异常明显，具体如表1-2-16、图1-2-100所示。

汉中市商办累计待售面积预警区间（单位：万 m²）　　表1-2-16

| | 数据来源 | 均值 | 标准差 | 过冷区间上限 | 合理区间下限 | 合理区间上限 | 过热区间下限 |
|---|---|---|---|---|---|---|---|
| 汉中市 | 2017.1—2018.12 | 169.32 | 35.73 | 115.72 | 133.59 | 205.05 | 222.92 |

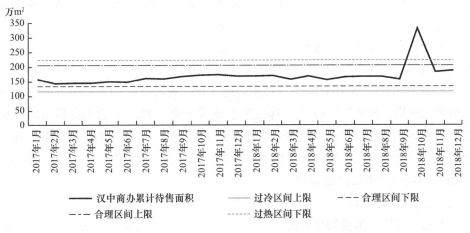

图 1-2-100　2017—2018 年汉中市商办累计待售面积预警

2019 年 1—12 月汉中市商办累计待售面积总体呈波动上涨趋势，2019 年 1—7 月一直处于合理区间，之后呈下降趋势，由 2019 年 7 月的 216.94 万 $m^2$ 下降至 2019 年 8 月的 148.50 万 $m^2$，此时突破合理区间，进入过冷区间，从 8 月开始呈持续上涨趋势，至 2019 年 12 月的 294 万 $m^2$，其中在 2019 年 12 月中旬左右突破合理区间，进入过热区间，预计未来汉中市商办库存压力较小，风险较小，具体如表 1-2-17、图 1-2-101 所示。

汉中市商办累计待售面积预警区间（单位：万 $m^2$）　　　　表 1-2-17

|  | 数据来源 | 均值 | 标准差 | 过冷区间上限 | 合理区间下限 | 合理区间上限 | 过热区间下限 |
|---|---|---|---|---|---|---|---|
| 汉中市 | 2019.1—12 | 215.80 | 31.98 | 167.82 | 183.81 | 247.78 | 263.77 |

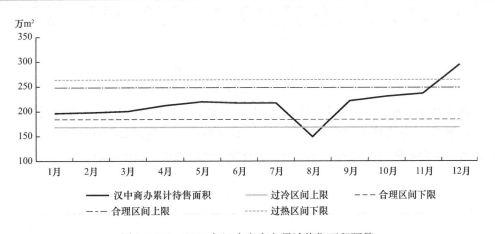

图 1-2-101　2019 年汉中市商办累计待售面积预警

4）行为风险分析

（1）房地产经纪机构违规服务行为阻碍存量市场发展

2011 年汉中市住房和城乡建设局现场发现房地产经纪机构违规服务行为是 12 个，违规的行为主要包括经纪机构为不符合交易条件的保障性住房提供经纪服务、经纪机构擅自对外发布房源信息且通过恶意注销逃避处罚、为禁止交易的房屋提供经纪服务、公司和经纪人员承购自己提供经纪服务的房屋且拒不履行处罚决定等。房地产经纪机构违规行为对二手房交易市场及住房租赁市场的发展造成了恶劣影响。

（2）房地产物业服务企业违规行为滋生社会矛盾

截至 2019 年 12 月，汉中市住建领域累计收到有效线索 70 条，其中涉黑涉恶线索 4 条、乱象线索 66 条，涉及安全生产、物业管理、开发商经营行为等多个方面。另外专业技术人员职业资格"挂证"1041 人、违法违规建筑企业 1 家、17 家不良信用的房地产开发企业。这些房地产物业服务企业的违规行为不仅严重侵害了业主的合法权益，致使业主与物业服务企业矛盾激化，更容易滋生诸多不必要的社会问题，影响房地产市场环境。

### 9. 榆林市房地产市场风险识别

1）价格风险指标分析

（1）新建商品住房销售均价环比

2011 年 3 月—2018 年 12 月，榆林市新建商品住房销售均价环比波动明显，2015 年新建商品住房销售均价环比基本处于平稳状态，均低于 5%，之后开始波动明显，有部分月份超过 5%，其中 2018 年 1 月最高为 20.54%，2015 年 5 月最低为 5.65%，风险非常明显，具体如图 1-2-102 所示。

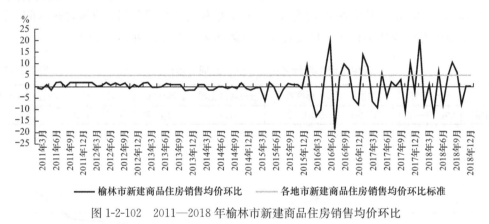

图 1-2-102　2011—2018 年榆林市新建商品住房销售均价环比

2019 年以来，榆林市商品住房销售均价环比先上升后下降，持续平稳过后在波动中上涨，其中 2019 年 3 月出现峰值为 2.98%，但未超过销售住房均价环比标准 5%，预测榆林市商品住房销售均价未来不会出现太大起伏，风险较小，具体如图 1-2-103 所示。

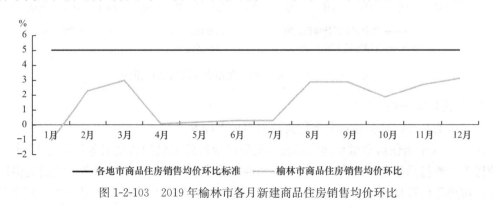

图 1-2-103　2019 年榆林市各月新建商品住房销售均价环比

（2）二手住宅交易价格环比

2016年1月—2018年12月，榆林市二手住宅交易价格环比波动明显，其中2018年6月榆林市二手住宅交易价格环比最高达到28.19%，2018年3月榆林市二手住宅交易价格环比最低为-12.79%。此外，2016年2月、4月、7月、9月、11月，2017年1月、4月、5月、7月、9月、11月，2018年1月、2月、6月、8月、11月、12月榆林市二手住宅交易价格环比低于0%，风险较大，具体如图1-2-104所示。

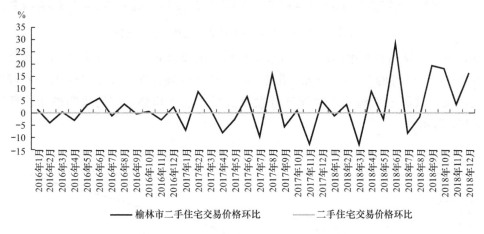

图1-2-104　2016—2018年榆林市二手住宅交易价格环比

2019年1—5月，榆林市二手住宅交易价格环比波动明显。其中，2019年4月榆林市二手住宅交易价格环比最高达到37.98%。并且榆林市2019年5月、7月、8月、9月、12月均无二手住房交易，预测榆林市二手住宅交易价格会持续波动，风险较大，具体如图1-2-105所示。

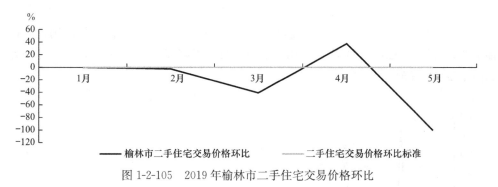

图1-2-105　2019年榆林市二手住宅交易价格环比

2）投资风险指标分析

（1）房地产开发投资

2011—2018年榆林市房地产开发投资波动明显，其中2013年7月达到峰值177042万元，2018年10—12月投资额大幅下滑，从145000万元下降至57401万元，市场风险较大。根据2011—2018年榆林市房地产开发投资折线图整体波动情况，预测未来榆林市房地产开发投资额有下降趋势，市场存在一定风险，具体如图1-2-106所示。

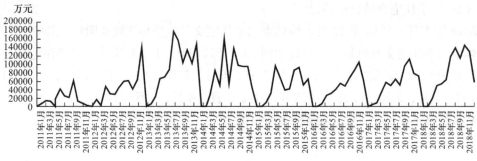

图 1-2-106　2011—2018 年榆林市房地产开发投资额

2019 年 1—12 月榆林市房地产开发投资呈持续上涨趋势，由 2019 年 1 月的无投资额增长至 2019 年 12 月的 892535 万元，根据 2011—2019 年榆林市房地产开发投资折线图整体波动情况，预测未来榆林市房地产开发投资额有上涨趋势，市场风险较小，具体如图 1-2-107 所示。

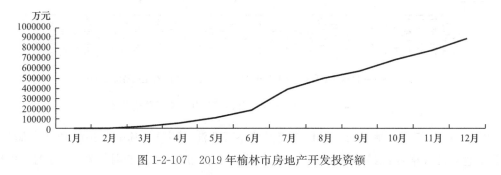

图 1-2-107　2019 年榆林市房地产开发投资额

(2) 商品住房销售面积环比

2011—2018 年，榆林市商品住房销售面积环比波动明显。其中 2013 年 3 月榆林市商品住房销售面积环比最高达到 541%，2012 年 1 月榆林市商品住房销售面积环比最低为 −72%。2012 年 3 月—2013 年 2 月和 2013 年 3 月—2015 年 6 月商品住房销售面积环比大幅下滑，分别从 536.8% 下降至 −67%、从 541% 下降至 −41.7%，市场风险较大，具体如图 1-2-108 所示。

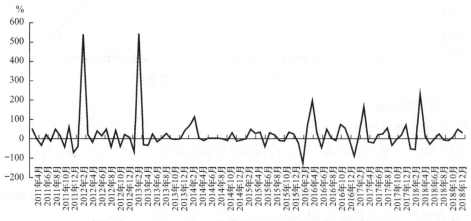

图 1-2-108　2011—2018 年榆林市商品住房销售面积环比

2019年1—12月榆林市商品住房销售面积环比呈波动变化。其中，2019年3月榆林市商品住房销售面积环比最高为128.9%，2019年11月榆林市商品住房销售面积环比最低为−48.6%。根据2011—2019年榆林市商品住房销售面积环比折线图整体波动情况，商品住房销售速度减缓致使开发企业投资预期进一步降低，市场下行压力增大，具体如图1-2-109所示。

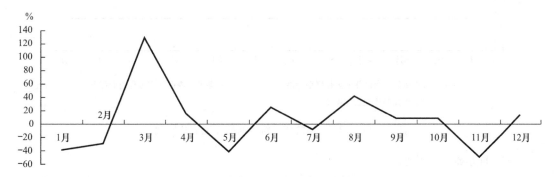

图1-2-109　2019年榆林市房地产商品住房销售面积环比

3）库存风险指标分析

（1）商品住宅去化周期

2017年1月—2019年1月，榆林市新建商品住宅去化周期波动较小，但绝大多数月份均超过18个月，风险较大，仅有2018年7月、12月和2019年1月小于18个月，但仍接近18个月，总体上风险明显，具体如图1-2-110所示。

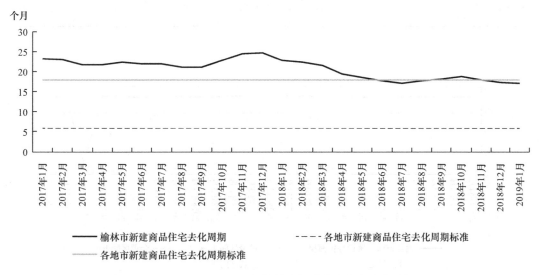

图1-2-110　2017—2019年榆林市新建商品住宅去化周期

2019年1—12月，榆林市新建商品住宅去化周期波动较大。其中，2019年1—12月去化周期在波动中减小，且2019年2月新建商品住宅去化周期超出合理范围，为18.43个月，其余各月均处在合理范围之内，预测榆林市新建商品住宅去化周期保持平稳，风险不大，具体如图 1-2-111 所示。

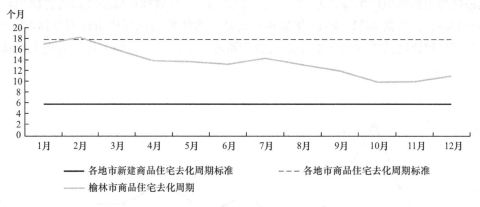

图 1-2-111　2019 年榆林市新建商品住宅去化周期

（2）商办累计待售面积

2017 年 1 月—2018 年 12 月榆林市商办累计待售面积总体较平稳，基本处于合理区间之内，但 2018 年 10 月情况异常，突然突破过冷区间上限，为 2017 年 1 月—2018 年 12 月期间的最小值，当月风险异常明显，预计未来榆林市商办累计待售面积较为平稳，风险不大，具体如表 1-2-18、图 1-2-112 所示。

榆林市商办累计待售面积预警区间（单位：万 $m^2$）　表 1-2-18

| | 数据来源 | 均值 | 标准差 | 过冷区间上限 | 合理区间下限 | 合理区间上限 | 过热区间下限 |
|---|---|---|---|---|---|---|---|
| 榆林市 | 2017.1—2018.12 | 324.57 | 30.88 | 278.24 | 293.68 | 355.45 | 370.89 |

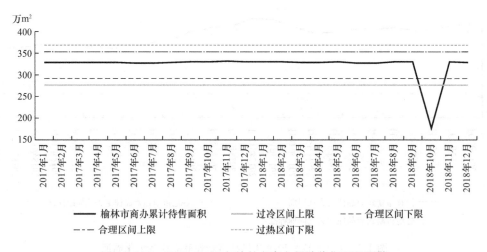

图 1-2-112　2017—2018 年榆林市商办累计待售面积预警

2019 年 1—12 月榆林市商办累计待售面呈现先上升后下降的状态，2019 年 1—11 月一直处于合理区间，之后呈现陡然下降的状态，由 2019 年 11 月的 34.82 万 $m^2$ 下跌至 2019 年 12 月的 297.11 万 $m^2$，此时突破合理区间，跌破到过热区间下限，预计未来榆林市商办库存压力仍然巨大,风险较大,具体如表 1-2-19、图 1-2-113 所示。

榆林市商办累计待售面积预警区间（单位：万 m²）　　　　表 1-2-19

| | 数据来源 | 均值 | 标准差 | 过冷区间上限 | 合理区间下限 | 合理区间上限 | 过热区间下限 |
|---|---|---|---|---|---|---|---|
| 榆林市 | 2019.1—12 | 335.10 | 12.88 | 315.78 | 322.22 | 347.98 | 354.42 |

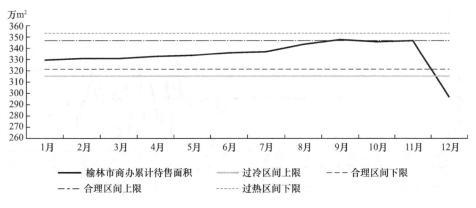

图 1-2-113　2019 年榆林市商办累计待售面积预警

4）行为风险分析

（1）房地产开发企业违规行为严重影响市场秩序

2019 年下半年,陕西省住房和城乡建设厅网站发布了《关于 2019 年下半年房地产市场乱象典型案例的通报》中,榆林市违规的房地产开发企业共有 3 个,违规的行为主要集中在捂盘惜售、"一房多卖"、违规收取商品房定金等。房地产开发企业违规行为会对房地产市场带来严重负面影响,应加强榆林市房地产市场监管,净化房地产市场环境,对违规行为做出告诫。

（2）房地产经纪机构违规服务行为阻碍存量市场发展

2019 年,榆林思忆房地产营销策划有限公司和榆林市九龙房地产代理有限公司均被省住房和城乡建设厅点名通报,违规行为主要包括经纪机构为不符合交易条件的保障性住房提供经纪服务、为禁止交易的房屋提供经纪服务等。房地产经纪机构违规行为对二手房交易市场及住房租赁市场的发展造成了恶劣影响。

（3）房地产物业服务企业违规行为滋生社会矛盾

2019 年下半年,省住房和城乡建设厅共通报榆林市民泰物业管理有限公司等 3 家物业服务企业。此次乱象行为主要集中于物业限售水电、未按规定缴存住宅专项维修资金等。这些房地产物业服务企业的违规行为不仅严重侵害了业主的合法权益,致使业主与物业服务企业矛盾激化,更容易滋生诸多不必要的社会问题。

**10. 商洛市房地产市场风险识别**

1）价格风险指标分析

（1）新建商品住房销售均价

2011 年 3 月—2018 年 12 月,商洛市新建商品住房销售均价环比波动明显,2015 年 3

月之前新建商品住房销售均价环比均低于5%，处于合理区间内，但之后波动明显，出现明显下滑，由2015年4月的0%下降到2015年5月的－13.20%，之后又有部分月份新建商品住房销售均价环比涨幅快速超过5%，风险非常明显，具体如图1-2-114所示。

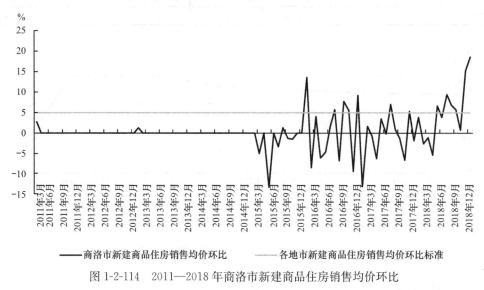

图1-2-114　2011—2018年商洛市新建商品住房销售均价环比

2019年1—12月，商洛市新建商品住房销售均价环比波动变化，大部分月份新建商品住房销售均价环比涨幅都低于5%，处于合理区间。2019年4月新建商品住房销售均价环比为12.9%。从2019年各月来看，预测商洛市新建商品住房销售均价会持续波动，但环比涨幅大于5%的风险较小，具体如图1-2-115所示。

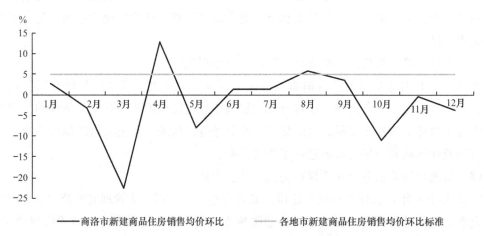

图1-2-115　2019年商洛市新建商品住房销售均价环比

（2）二手住宅交易价格

2016年1月—2018年12月，商洛市二手住宅交易价格环比涨幅波动变化，由2016年1月的33.50%波动下降至2017年5月的－100%，之后波动上升至2018年3月的50.58%，2018年下半年二手住宅交易价格环比整体低于0%，2018年7月和11月达到－100%，具体如图1-2-116所示。

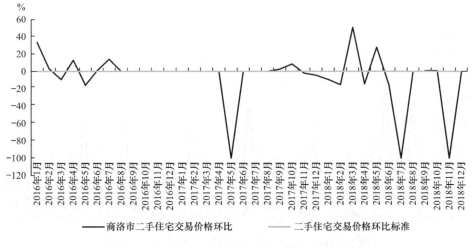

图 1-2-116　2016—2018 年商洛市二手住宅交易价格环比

2019 年 1—12 月，商洛市二手住宅交易价格环比涨幅有所增大。2019 年 1—9 月整体处于 0% 附近波动较小，9—12 月由 0.3% 波动上涨至 23.6%，波动较大，预测未来将有继续增长趋势，市场风险较大，具体如图 1-2-117 所示。

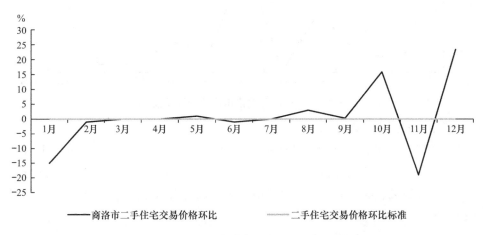

图 1-2-117　2019 年商洛市二手住宅交易价格环比

2）投资风险指标分析

(1) 房地产开发投资

2011—2018 年商洛市房地产开发投资明显波动，有下降趋势，其中 2011 年 12 月达到峰值 230190 万元，2011 年 12 月—2012 年 1 月、2014 年 6—7 月和 2018 年 6—9 月房地产开发投资均大幅下滑，分别从 230190 万元下降至 5000 万元、从 165028 万元下降至 4551 万元、从 139000 万元下降至 2050 万元，市场风险较大，具体如图 1-2-118 所示。

2019 年 1—12 月，商洛市房地产开发投资呈倒"V"形波动变化。由 2019 年 1 月的 25000 万元波动增长至 2019 年 6 月的 98710 万元，2019 年下半年呈波动下降趋势，2019 年 12 月达到 27075 万元，预测未来商洛市房地产开发投资有缓慢上涨趋势，具体如

图 1-2-119 所示。

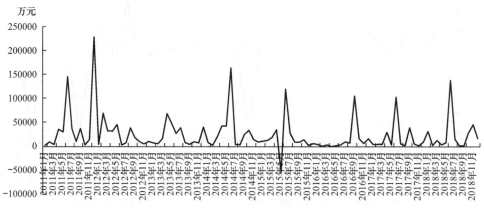

图 1-2-118　2011—2018 年商洛市房地产开发投资额

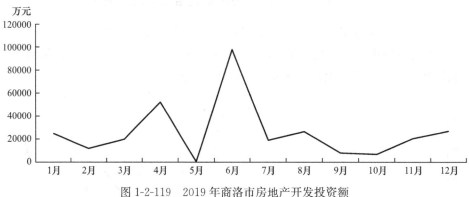

图 1-2-119　2019 年商洛市房地产开发投资额

（2）商品住房销售面积环比

2011—2018 年，商洛市新建商品住房销售面积环比波动明显。2015 年 4 月商洛市新建商品住房销售面积环比最高达到 644%，2017 年 4 月，2018 年 3 月、10 月分别达到 280.18%、450.24%、606.61%，环比涨幅较大，商品住房销售面积极不稳定，具体如图 1-2-120 所示。

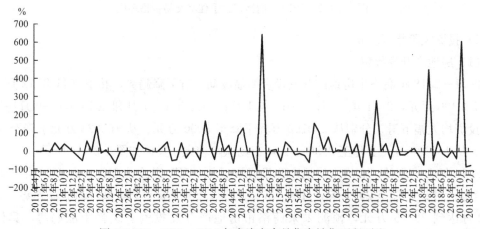

图 1-2-120　2011—2018 年商洛市商品住房销售面积环比

2019 年 1—12 月商洛市新建商品住房销售面积环比呈下降趋势，且波动幅度放缓。2019 年 12 月商洛市新建商品住房销售面积环比为 −10.81%，增速较 1 月下降 465.1 个百分点。预测未来商洛市新建商品住房销售面积环比增长较小，商品住房销售速度减缓致使开发企业投资预期进一步降低，市场下行压力增大，具体如图 1-2-121 所示。

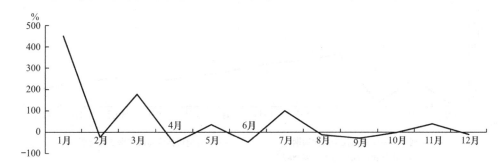

图 1-2-121　2019 年商洛市商品住房销售面积环比

3）库存风险指标分析

（1）新建商品住宅去化周期

2017 年 1 月—2019 年 1 月，商洛市新建商品住宅去化周期总体上呈下降趋势，但从 2017 年 5 月开始，去化周期均小于 6 个月，风险明显，具体如图 1-2-122 所示。

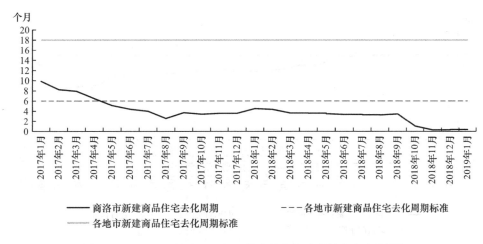

图 1-2-122　2017 年—2019 年 1 月商洛市新建商品住宅去化周期

2019 年 1—12 月，商洛市新建商品住房去化周期整体较小，除 2019 年 4—6 月去化周期在 7 个月左右，其他月份都在 6 个月以下，最低达到 0.46 个月。预测未来商洛市新建商品住房去化周期持续小于 6 个月，商品住房去化过快，或将存在供小于求的风险，具体如图 1-2-123 所示。

（2）商办累计待售面积

2017 年 1 月—2018 年 12 月商洛市商办累计待售面积总体呈下降趋势，其中 2017 年 1—5 月商办累计待售面积稳定在 23.82 万 m²，维持在合理区间之内，之后持续下降，

2018年9月突破合理区间上限，2018年11月开始突破过冷区间上限，2018年12月达到最小值4.31万 m²，具体如表1-2-20、图1-2-124所示。

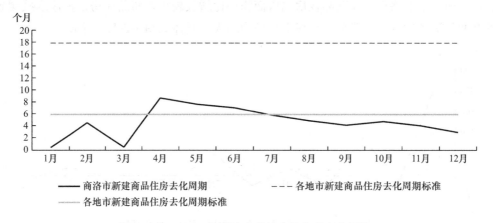

图1-2-123　2019年商洛市新建商品住宅去化周期

**商洛市商办累计待售面积预警区间**（单位：万 m²）　　　　　表1-2-20

| | 数据来源 | 均值 | 标准差 | 过冷区间上限 | 合理区间下限 | 合理区间上限 | 过热区间下限 |
|---|---|---|---|---|---|---|---|
| 商洛市 | 2017.1—2018.12 | 19.14 | 4.50 | 12.39 | 14.64 | 23.64 | 25.89 |

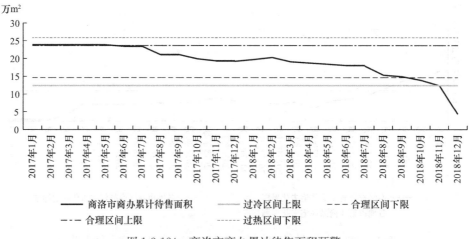

图1-2-124　商洛市商办累计待售面积预警

2019年1—12月，商洛市商办累计待售面积呈波动下降趋势，由2019年3月的3.12万 m² 波动下降至12月的1.46万 m²。于11月突破合理区间下限和过冷区间上限，预测未来商洛市商办累计待售面积会持续降低，市场存在供小于求风险，具体如表1-2-21和图1-2-125所示。

**2019年商洛市商办累计待售面积预警区间**（单位：万 m²）　　表1-2-21

| | 数据来源 | 均值 | 标准差 | 过冷区间上限 | 合理区间下限 | 合理区间上限 | 过热区间下限 |
|---|---|---|---|---|---|---|---|
| 商洛市 | 2019.1—12 | 2.61 | 0.58 | 1.74 | 2.03 | 3.19 | 3.48 |

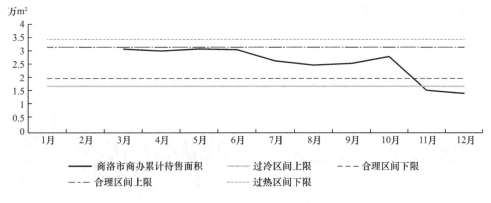

图 1-2-125  2019 年商洛市商办累计待售面积预警

4）行为风险分析

（1）房地产开发企业违规行为严重影响市场秩序

2019 年 8 月 9 日，陕西省住房和城乡建设厅通报了 50 家房地产开发商违法违规情况，商洛市的陕西惠达房地产开发有限公司等三家房地产开发企业被通报，并记入全省企业不良信用档案。违规行为主要集中在未取得《商品房预售许可证》违规销售、未执行销售现场公示制度、延期交房、"一房二卖"、违规抵押已售房屋等。2020 年 1 月 20 日，陕西省住房和城乡建设厅通报了 7 家房地产企业资质申报弄虚作假行为，位于商洛市的陕西霖昌房地产开发有限公司被通报批评。房地产开发企业违规行为会对房地产市场带来严重负面影响。

（2）房地产物业服务企业违规行为滋生社会矛盾

2019 年下半年，陕西省住房和城乡建设厅网站发布的《关于 2019 年下半年房地产市场乱象典型案例的通报》中，13 家物业服务企业违法违规行为被通报，乱象主要集中在：物业乱收费、挪用或违规使用住宅专项维修资金、不履行物业服务合同、业主投诉较多等。涉及商洛的物业服务企业为商洛江畔假日广场物业有限公司。房地产物业服务企业违规行为不仅严重侵害了业主的合法权益，致使业主与物业服务企业矛盾激化，更容易滋生诸多不必要的社会问题。

（3）房地产企业资质不高，分布不平衡

虽然近年来商洛市房地产业规模越来越大，但与外地房地产企业相比，房地产企业实力还是较弱，房地产开发企业等级资质偏低，资质均在 2 级以下；房地产企业分布不均，大部分集中在商州区。房地产企业资质偏低、实力较弱、管理经营水平、技术水平较低制约房地产市场健康平稳发展。

**11. 杨凌房地产市场风险识别**

1）价格风险指标分析

（1）新建商品住房销售均价环比

2011 年 3 月—2018 年 12 月，杨凌新建商品住房销售均价环比波动明显，2015 年 3 月之前新建商品住房销售均价环比基本低于 5%，之后波动非常明显，部分月份快速超过了

5%，其中2018年11月最高为22.97%，2016年9—11月出现明显下滑现象，风险非常明显，具体如图1-2-126所示。

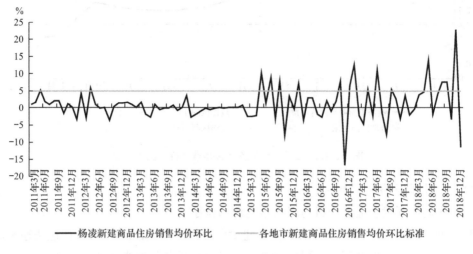

图1-2-126　2011—2018年杨凌新建商品住房销售均价环比

2019年1—12月，杨凌新建商品住房销售均价波动变化，大部分月份的新建商品住房销售均价环比涨幅都低于5%，处于合理区间，但2019年1月新建商品住房销售均价环比明显高于5%，风险明显，预测杨凌新建商品住房销售均价会波动，风险较大，具体如图1-2-127所示。

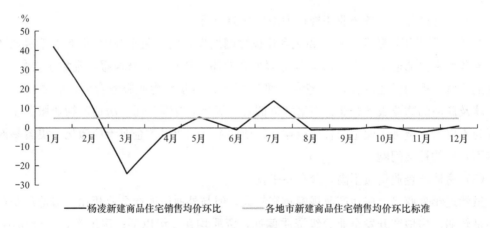

图1-2-127　2019年杨凌新建商品住房销售均价环比

（2）二手住宅交易价格

2016年1月—2017年7月，杨凌二手住宅交易价格波动不明显，趋于稳定；2017年8月—2018年12月，杨凌二手住宅交易价格波动明显，其中2018年5月杨凌二手住宅交易价格环比最高达到17.47%。此外2016年3月、4月、5月，2017年10月、11月、12月，2018年3月、6月、8月、10月、12月杨凌二手住宅交易价格环比低于0%，风险较大，具体如图1-2-128所示。

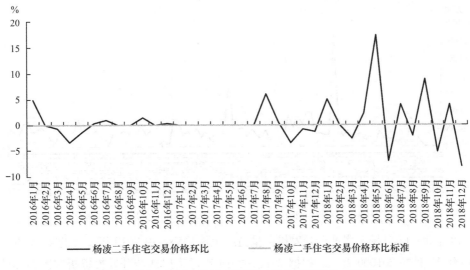

图 1-2-128　2016—2018 年杨凌二手住宅交易价格环比

2019 年 1—12 月，杨凌二手住宅交易价格环比波动明显。其中，2019 年 1 月，杨凌二手住宅交易价格环比最高达到 10%，2019 年 3 月最低为 -5.12%。此外，2019 年 11 月二手住宅交易价格环比低于 0%，预测杨凌二手住宅交易价格会波动，风险较大，具体如图 1-2-129 所示。

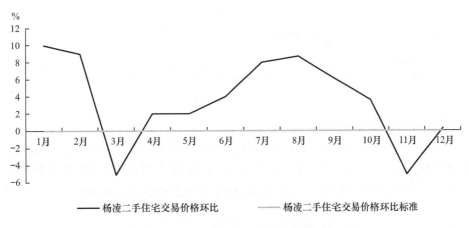

图 1-2-129　2019 年杨凌二手住宅交易价格环比

2）投资风险指标分析

(1) 房地产开发投资

2011—2018 年杨凌房地产开发投资波动较为平稳，其中 2012 年 12 月投资额最大为 127391 万元，2011 年 3 月最小为 500 万元，投资额大幅下滑的两个区间为 2012 年 12 月—2013 年 2 月和 2014 年 11 月—2015 年 2 月，分别从 127391 万元下降至 13626 万元、从 70886 万元下降至 3625 万元，市场风险较大。根据 2011—2018 年杨凌房地产开发投资折线图整体波动情况，预测未来杨凌房地产开发投资额有下降趋势，市场存在一定的风险，具体如图 1-2-130 所示。

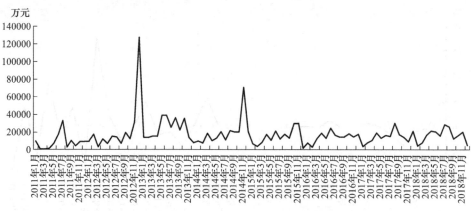

图 1-2-130　2011—2018 年杨凌房地产开发投资额

2019 年 1—12 月杨凌房地产开发投资呈持续上涨趋势，由 2019 年 1 月的 4500 万元增长至 2019 年 12 月的 201000 万元，根据 2011—2019 年杨凌房地产开发投资折线图整体波动情况，预测未来杨凌房地产开发投资额有上涨趋势，市场风险较小，具体如图 1-2-131 所示。

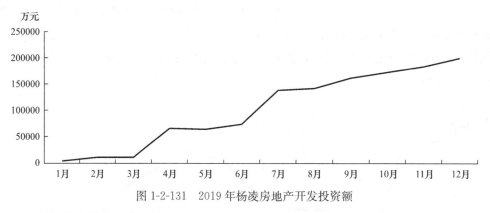

图 1-2-131　2019 年杨凌房地产开发投资额

（2）商品住房销售面积环比

2011—2018 年，杨凌商品住房销售面积环比波动明显。其中 2012 年 2 月杨凌商品住房销售面积环比最高达到 477.79％，2012 年 1 月杨凌商品住房销售面积环比最低为－80.72％。杨凌商品住房销售面积环比波动大，市场风险较大，具体如图 1-2-132 所示。

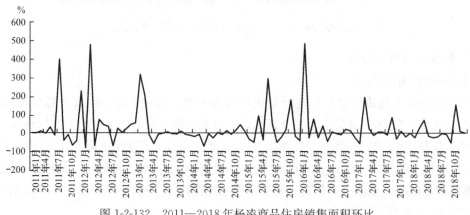

图 1-2-132　2011—2018 年杨凌商品住房销售面积环比

2019年1—12月，杨凌商品住房销售面积环比呈波动变化，其中，2019年2月杨凌商品住房销售面积环比最低为−49.24%，2019年3月杨凌商品住房销售面积环比最高为89.58%。根据2011—2019年杨凌商品住房销售面积环比折线图整体波动情况，预测商品住房销售速度减缓致使开发企业投资预期进一步降低，市场下行压力增大，具体如图1-2-133所示。

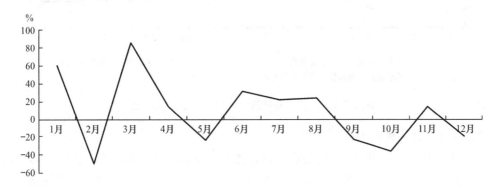

图1-2-133　2019年杨凌商品住房销售面积环比

3）库存风险指标分析

（1）商品住宅去化周期

2017年1月—2019年1月，杨凌新建商品住宅去化周期波动变化，2017年1—12月处于合理范围，2018年1月—2019年1月，去化周期均小于6个月，风险明显，具体如图1-2-134所示。

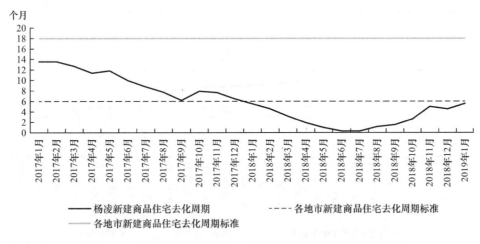

图1-2-134　2017年—2019年1月杨凌新建商品住宅去化周期

2019年1—3月，杨凌新建商品住宅去化周期波动较大，其中，2019年2月去化周期高达28.26个月。2019年4—12月，去化周期处于平稳状态。其中，2019年4—6月呈增大趋势，2019年6—12月呈减小趋势，预测杨凌新建商品住宅去化周期保持平稳，具体如图1-2-135所示。

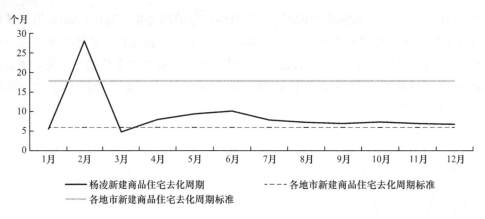

图 1-2-135 2019 年杨凌新建商品住宅去化周期

(2) 商办累计待售面积

2017年1月—2018年12月杨凌商办累计待售面积总体呈下降趋势,其中2017年1—3月商办累计待售面积维持在合理区间上限之上,2018年7—9月呈"V"形波动,2018年8月商办累计待售面积突破过冷区间上限,2017年1月商办累计待售面积最大为28.66万 $m^2$。预计未来杨凌商办库存保持在合理区间之内,市场风险较小,具体如表1-2-22、图1-2-136所示。

杨凌商办累计待售面积预警区间(单位:万 $m^2$)　　　　表 1-2-22

| | 数据来源 | 均值 | 标准差 | 过冷区间上限 | 合理区间下限 | 合理区间上限 | 过热区间下限 |
|---|---|---|---|---|---|---|---|
| 杨凌 | 2017.1—2018.12 | 22.10 | 5.96 | 13.16 | 16.14 | 28.06 | 31.04 |

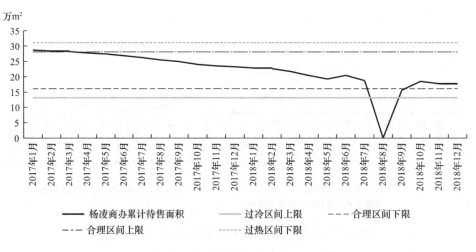

图 1-2-136 杨凌商办累计待售面积预警

2019年1—12月,杨凌商办待售面积波动不大,2019年3—12月均处于合理区间之内,其中,2019年1—3月,呈现"V"形波动,2019年2月商办累计待售面积突破过冷区间上限,2019年1月,商办累计待售面积最大为25.56万 $m^2$,预计未来杨凌商办库存保持在合理区间之内，市场风险较小，具体如表 1-2-23、图 1-2-137 所示。

杨凌商办累计待售面积预警区间（单位：万 m²）　　　　　表 1-2-23

| | 数据来源 | 均值 | 标准差 | 过冷区间上限 | 合理区间下限 | 合理区间上限 | 过热区间下限 |
|---|---|---|---|---|---|---|---|
| 杨凌 | 2019.1—12 | 23.45 | 0.94 | 22.04 | 22.51 | 24.39 | 24.86 |

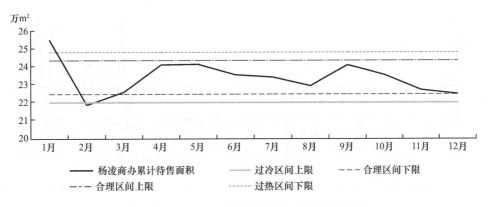

图 1-2-137　2019 年杨凌商办累计待售面积预警

4）行为风险分析

（1）房地产开发企业违规行为严重影响市场秩序

2019 年上半年，杨凌示范区住房和城乡建局网站发布的《关于 2019 年上半年房地产市场乱象查处情况的通报》中，杨凌违规的房地产开发企业共有 50 个，房地产开发企业乱象主要集中在未取得《商品房预售许可证》违规销售、未执行销售现场公示制度、未竣工验收备案违规交房、延期交房、"一房二卖"、违规抵押已售房屋等违法违规行为。房地产开发企业违规行为会对房地产市场带来严重负面影响，应加强杨凌房地产市场监管，净化房地产市场环境，对违规行为做出告诫。

（2）房地产经纪机构违规服务行为阻碍存量市场发展

2019 年上半年，杨凌示范区住房和城乡建设局网站发布了《关于 2019 年上半年房地产市场乱象查处情况的通报》中，杨凌违规的房地产经纪机构共有 23 个，如陕西宝徕房地产经纪有限公司、西安诚德房地产信息咨询服务有限公司等。房地产经纪机构违规行为对二手房交易市场及住房租赁市场的发展造成了恶劣影响。

（3）房地产物业服务企业违规行为滋生社会矛盾

目前，杨凌房地产物业服务企业存在乱象行为，多家物业被投诉。杨凌共有 13 家物业服务企业被点名，如西安捷诚物业管理有限公司、西安丽源物业管理有限公司等。房地产物业服务企业违规行为严重侵害了业主的合法权益，致使业主与物业服务企业矛盾激化，更容易滋生诸多不必要的社会问题。

**12. 韩城市房地产市场风险识别**

1）价格风险指标分析

（1）新建商品住房销售均价

2011 年 3 月—2018 年 12 月，韩城市新建商品住房销售均价环比波动明显，2016 年 3

月之前平稳波动且新建商品住房销售均价环比均低于5%，处于合理区间内，之后开始波动明显，大部分月份均超过5%，其中2017年2月最高为28.83%，2018年4月最低为6.87%，具体如图1-2-138所示。

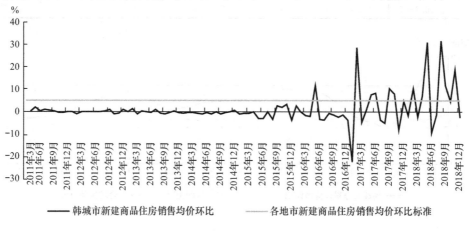

图1-2-138　2011—2018年韩城市新建商品住房销售均价环比

2019年1—12月，韩城市新建商品住房销售均价环比波动放缓，大部分月份的新建商品住房销售均价环比涨幅都低于5%，处于合理区间，2019年2月环比涨幅较大，达到24.1%。预测未来韩城市新建商品住房销售均价环比波动不大，风险较小，具体如图1-2-139所示。

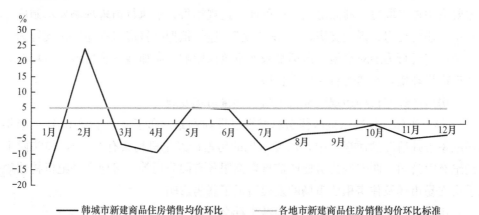

图1-2-139　2019年韩城市新建商品住房销售均价环比

（2）二手住宅交易价格

2016年1—12月，韩城市二手住宅交易价格环比涨幅较大，2018年9月韩城市二手住宅交易价格环比最高达到20.67%，2016年6月、8月，2017年4月、10月，2018年9月、10月涨幅均在10%以上，具体如图1-2-140所示。

2019年1—12月，韩城市二手住宅交易价格环比涨幅较小，相较于2018年有所收窄。2019年8月最高为6.86%，比2018年9月下降13.81个百分点。预测未来韩城市二手住宅交易价格环比涨幅较小，风险较小，具体如图1-2-141所示。

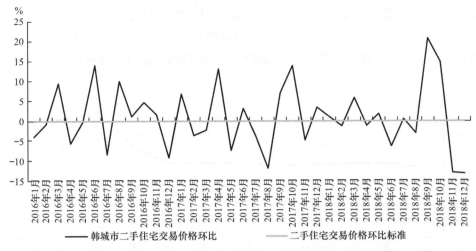

图 1-2-140　2016—2018 年韩城市二手住宅交易价格环比

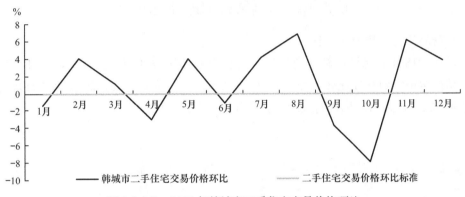

图 1-2-141　2019 年韩城市二手住宅交易价格环比

2）投资风险指标分析

（1）房地产开发投资

2011—2018 年韩城市房地产开发投资波动较为明显，其中 2016 年 3 月达到峰值 47522 万元，2014 年 11 月最低为 660 万元，2016 年 3—7 月和 2017 年 5—6 月投资额大幅下滑，分别从 47522 万元下降至 2818 万元、从 22202 万元下降至 1800 万元，具体如图 1-2-142 所示。

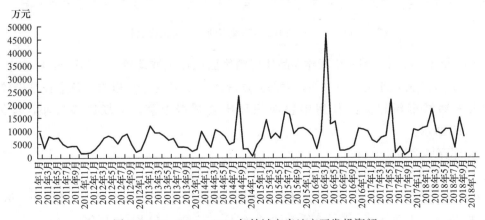

图 1-2-142　2011—2018 年韩城市房地产开发投资额

2019年1—12月，韩城市房地产开发投资呈缓慢增长趋势，其中1—8月涨幅较小，由9362万元缓慢增长至10070万元，8—10月涨幅较大，由10070万元增长至17000万元。预测未来韩城市房地产开发投资会稳步增长，市场风险较小，具体如图1-2-143所示。

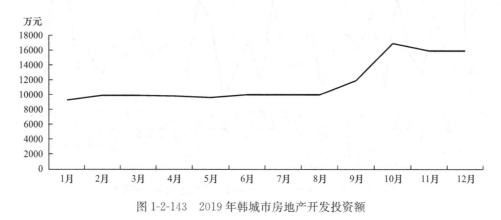

图1-2-143　2019年韩城市房地产开发投资额

（2）商品住房销售面积环比

2011—2018年，韩城市新建商品住房销售面积环比波动明显。其中，2011—2013年新建商品住房销售面积环比较为稳定，2014—2017年间波动较大，2016年6月环比涨幅最高达到234%，之后涨幅稍有放缓，具体如图1-2-144所示。

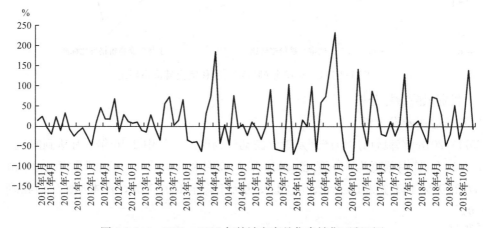

图1-2-144　2011—2018年韩城市商品住房销售面积环比

2019年1—12月，韩城市新建商品住房销售面积环比波动较小，2019年8月达到最大为30.8%，1月最小为－41.8%，大部分月份环比涨幅在20%以内，负增长月份较少。预测未来韩城市新建商品住房销售面积环比会缓慢上涨，市场风险较小，具体如图1-2-145所示。

3）库存风险指标分析

（1）新建商品住宅去化周期

2017年1月—2019年1月，韩城市新建商品住宅去化周期风险较小，除2017年5—10月去化周期小于6个月，最低达3.1个月，其余月份均处于合理区间，具体如

图 1-2-146 所示。

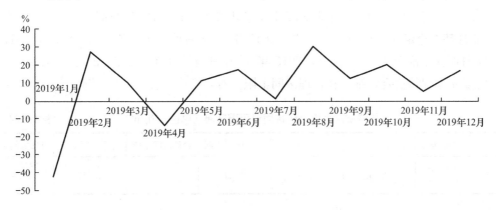

图 1-2-145　2019 年韩城市商品住房销售面积环比

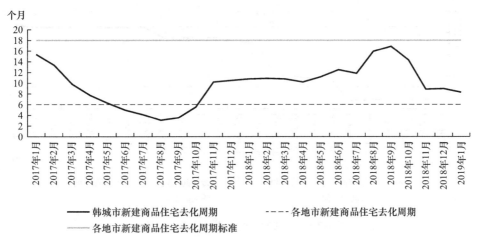

图 1-2-146　2017 年—2019 年 1 月韩城市新建商品住宅去化周期

2019 年 1—12 月，韩城市新建商品住宅去化周期呈下降趋势，由 1 月的 8.33 个月持续下降至 12 月的 2.3 个月。预测未来韩城市新建商品住宅去化周期会持续小于 6 个月，或将出现供小于求的风险，具体如图 1-2-147 所示。

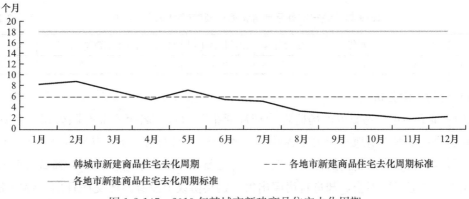

图 1-2-147　2019 年韩城市新建商品住宅去化周期

**（2）商办累计待售面积**

2017年1月—2018年12月韩城市商办累计待售面积总体呈阶梯形上涨，其中2017年1—6月基本稳定在1.60万 $m^2$ 左右，2017年7—8月明显上涨至5.56万 $m^2$，2017年10—11月明显上涨至12.32万 $m^2$，2018年4—6月持续从13.12万 $m^2$ 上涨至15.00万 $m^2$，之后基本保持稳定，维持在合理区间上限左右，具体如表1-2-24、图1-2-148所示。

**韩城市商办累计待售面积预警区间**（单位：万 $m^2$）　　　表1-2-24

| | 数据来源 | 均值 | 标准差 | 过冷区间上限 | 合理区间下限 | 合理区间上限 | 过热区间下限 |
|---|---|---|---|---|---|---|---|
| 韩城市 | 2017.1—2018.12 | 9.60 | 5.57 | 1.24 | 4.03 | 15.17 | 17.95 |

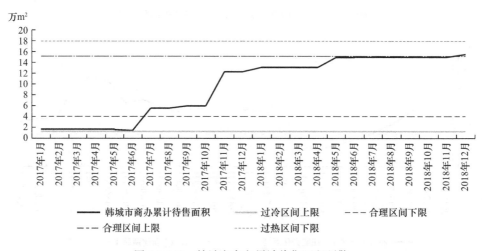

图1-2-148　韩城市商办累计待售面积预警

2019年1—12月，韩城市商办累计待售面积波动较大，由3月的15.92万 $m^2$ 波动下降至12月的8.84万 $m^2$，分别于11月、12月突破合理区间下限和过冷区间上限。预测未来韩城市商办累计待售面积波动较大，商办市场供小于求的风险不可忽视，具体如表1-2-25、图1-2-149所示。

**2019年韩城市商办累计待售面积预警区间**（单位：万 $m^2$）　　　表1-2-25

| | 数据来源 | 均值 | 标准差 | 过冷区间上限 | 合理区间下限 | 合理区间上限 | 过热区间下限 |
|---|---|---|---|---|---|---|---|
| 韩城市 | 2019.1—12 | 16.5 | 3.89 | 10.665 | 12.61 | 20.39 | 22.335 |

**4）行为风险分析**

2019年下半年，韩城市市场监督管理局通报陕西百竹名宇实业有限公司行政处罚决定，其公司在未取得房地产相关工程竣工验收合格证明的情况下，从事房地产营销宣传；并通过彩页宣传和店面营销的方式，发布"智慧新城"房源信息；此外，韩城市西峙南路翰林苑项目"五证"不全，却进行房屋出售，购买协议上没有具体交房日期；韩城市亿晨置业有限公司就"亿晨国际商业广场"工程，破坏乙方施工设备、恶意拖欠乙方账款。房地产开发企业违规行为将给房地产市场带来严重负面影响，应加强韩城市房地产市场监管，净化房地产市场环境，对违规行为做出告诫。

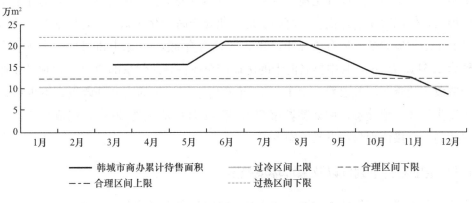

图1-2-149　2019年韩城市商办累计待售面积预警

## 三、陕西省房地产市场风险原因剖析

深层次剖析房地产市场风险背后的原因能够有效控制风险的发生，基于房地产业"长期看人口，中期看土地，短期看金融"的特性，总结其深层次原因包括：

### （一）户籍制度相对过于宽松

城镇化建设和房地产业发展之间相互作用，相互促进。快速的城镇化建设带动房地产业的需求增加，而房地产业的蓬勃又积极推动城镇化水平的提高。城镇化建设使越来越多的人口由农村向城镇集中，直接导致住房刚需增加。但过快的城镇化使得房地产市场发展过热，房产投资和投机行为增多，其直接表现为市场刚需供给不足，造成农民工、外来人口买房难。该问题严重阻碍了城镇化进程，进而又反作用于房地产业的发展。

户籍制度放开的初衷在于争夺人才，增加城市活力，但同时也变相降低购房门槛，刺激购房需求，严重影响住房增量市场的供需稳定。例如西安市的落户政策两年7次升级调整，宽松程度已居全国前列，造成西安市常住人口大幅度增加，外加房屋建设周期长、土地供应有限等现实因素，导致租赁住房的供给不能满足外来人才"住有所居，居有所宜"的居住需求，进而引发房地产价格风险。

### （二）住宅用地有限和土地供应失衡

建设用地用途包括工矿仓储、商服、基础设施、住宅用地四种，一般来说，住宅用地应占城市所有土地的25%左右。但从我国情况来看，每年供应的建设用地中，住宅用地占比低于该标准。2006—2016年住宅用地占比平均为20%，并且该比例2013年以来持续下滑，2016年占比仅为14.1%。住宅用地的有限性决定了地价对房价的重要影响，一般地，地价通常占房价30%左右。过高的住宅用地成本导致房地产企业建造成本激增，拿地投资谨慎，进而造成住房价格上涨过快和开发投资下滑的风险。

此外，土地供应失衡也会引起房地产去化周期过长和开发投资下滑的风险，主要体现在以下两点：一是住房、商办土地供应失衡，以养老公寓、长租公寓为代表的住宅土地需求缺口很大，但以写字楼为代表的商办土地长期处于高库存状态。二是房地产企业囤地行为引发的土地供应失衡。据有关统计，截至2017年年底，60家上市房地产企业总土地储备规模为226145万㎡，其中排名前十的房地产企业占到总储量的60%，房地产企业的囤地行为造成土地资源闲置浪费。由于2017年政府推行严厉的去杠杆政策，不少房地产企业开始逐步释放土地储备，例如韩城市2018年11月供应土地20余宗仅成交3宗，土地流拍率较高，直接体现为开发投资额下降。

### （三）金融监管不到位以及融资环境趋紧

房地产业的资本密集性决定了它与金融业之间具有极强的共生依存关系，金融业为房地产业的发展提供资金支持，房地产业的高回报率也为金融业带来可观利润。因此，很多金融机构盲目追求市场回报，未按照统一的财务指标和测算标准，对房地产企业资信、经营状况进行综合评价和信用等级确定；或是对企业贷款后期的监管不到位，未组织定期或不定期检查，造成资金过度流向房地产业，各类违规融资情况发生。金融机构监管不到位不仅会使房地产业自身产生金融风险，而且金融机构的管理风险也会转嫁于房地产业，为房地产市场产生风险埋下隐患。

此外，融资环境也很大程度上影响房地产企业的开发投资力度。2018年以来，陕西省各银行均实行压缩开发贷政策，其中西安市民生银行实行"开发贷谨慎介入、住宅贷款积极支持、商业贷款适度支持"政策，中国工商银行实行"开发贷稳健经营、个人贷款积极支持"政策；汉中市个别银行甚至暂停开发贷业务。融资环境逐步收紧，尤其是金融机构更加倾向于将有限的金融资源投向龙头房企，例如韩城市中国建设银行贷款业务准入名单仅有5家龙头房企，中国农业银行仅对绿地和恒大开展开发贷业务。趋紧的融资环境要求企业必须要加强运营能力以及开拓新的融资渠道，否则极易出现融资风险。

### （四）房地产调控政策持续收紧

房地产业的发展与房地产调控政策密切相关。自2005年出台"国八条"以来，总体上房地产调控政策可划分为"松紧交替、松短紧长"的六个阶段。其中历次的房地产收紧调控政策均包含"限购限贷"举措，限购在于限制房屋需求，限贷在于限制房屋供给。尤其是自2016年"9·30新政"以来的一系列调控，限购、限贷、限售、限商等成为热点城市的首要调控措施，调控效果也立竿见影，热点城市房地产成交面积连续下滑。截至2018年12月，全国范围房地产调控政策高达438次，并且2018年是房地产调控政策较密集的年份。持续的调控政策让市场出现明显降温，市场土地流拍不断增加，住房库存增多，房地产企业回款难度增加，融资成本上升。调控政策的持续作用对于限制房地产价格、消化库存、开发投资均有较大影响。

## （五）政府监管机制不健全

政府对房地产市场的监管有助于打击房地产企业违法违规现象和失信行为，维护房地产业平稳健康发展。但现阶段房地产市场仍频频发生发布虚假房源信息和广告、捂盘惜售或者变相囤积房源、以捆绑搭售或者附加条件等限定方式，迫使购房人接受商品或者服务价格、未取得商品房预售许可证，擅自预售商品房等违法违规行为。虽然政府严厉打击，但是部分企业知法违法、屡查屡犯的情况仍旧存在，究其原因，在于政府监管机制不健全、部门联动不紧密、多种举措不并行，导致房地产市场秩序不规范，存在较大的市场风险。

此外，政府对房地产自媒体的监管力度也会对房地产市场产生较大影响。部分房地产自媒体无视事实，缺乏责任感，对于信息把控不严，以偏概全，恣意炒作，导致出现消费者恐慌，引起楼市不稳波动。例如某些自媒体发布的"中央取消房产证70年权限""个税抵扣房贷""40年产权公寓到期后房子或被收回"等层出不穷的谣言和假新闻让消费者不堪其扰，甚至因误导而做出错误的选择。

## 四、各地房地产风险防控的经验借鉴

经过走访调研，广东省、浙江省、上海市、苏州市、武汉市在房地产市场风险预警中的经验做法对我省具有以下启示：

### （一）多部门联合辨析房地产市场动态

落实多部门联动，加强房地产市场分析和研判是防范化解房地产市场风险的基础保障。一是在房地产市场分析研判中，各地市均建立房产市场调控联席会议制度，由房管部门牵头，发改、金融、财税、土地等多个部门联合高校、协会等第三方机构每月定期召开研讨会议。二是根据联席会议情况及书面统计报表，各部门联合起草房地产市场运行月度报告，报告内容不仅涉及房产市场交易情况，还包括土地、金融和税收等相关指标的运行态势。

### （二）全方位落实房价地价联动机制

落实"房价地价联动机制"，坚持"一城一价，一区一价，一板块一价"是稳定房地产市场预期的重要抓手。一是在土地出让前，依据周边房价核定土地出让起始价和合理溢价率，以防止土地价格的不合理上涨。二是严格设定房价合理波动区间，任何超出合理区间或急剧上涨、急剧下跌的异常情况均要进行预警，以便决策层分析原因。预警点包括：一手房楼盘价格波动预警、一手房板块价格波动预警、一手房自定义区域价格波动预警、二手房小区租售价格波动预警、二手房板块租售价格波动预警、二手房自定义区域价格波动预警等。

### （三）多举措稳定房地产开发投资

稳投资是促进房地产市场平稳健康发展、预防市场大起又大落的压舱石。一是各地结合实际，持续深化房地产领域"放管服"改革，实现简政放权、放管结合、优化服务。二是加快推进房地产项目建设，促进各类住房供应总量平衡、结构优化。三是整顿规范房地产市场秩序，规范开发、销售、中介等行为，坚决查处、打击捂盘惜售等扰乱市场行为，营造良好消费环境。四是通过房地产项目的品质提升以激活房地产市场的投资动力，如加快装配式住宅项目和成品住房建设、推广绿色生态城区建设等。

### （四）强力度打击房地产违法违规行为

践行四个"最严"，加大房地产领域违法违规监督执法力度是强化风险管控和隐患整治的强大后盾。四个"最严"即为"最严谨的标准、最严格的监管、最严厉的处罚、最严肃的问责"，以四个"最严"为原则全面排查房地产领域违法违规现象。一是对拒不整改的房地产开发企业、房地产经纪机构和物业服务企业，除依法从重处罚外，要责令停业整顿或吊销资质。二是对违规违法行为严重的地市，要进行约谈。三是对不开展自查、存在重大隐患的案例，除媒体曝光外，要联合有关部门在金融信贷、招标投标、资质许可等方面实施有效惩戒。

### （五）多模块搭建大数据监管平台

搭建"多模块监测，多指标分析，全过程监管"的"两多一全"平台是确保房地产市场风险实时可控的关键手段。上海、苏州等地的房地产市场大数据平台动态监测分为价格波动监测、政策调控监测和交易行为监测三大模块，监测与预警效果良好。其中，价格波动监测主要指标有：一手房价格监测、二手房价格波动、房屋租赁价格波动等；政策调控监测主要指标有：一手房限购行为、限购与房贷匹配、房贷资格、房贷成数、单位购房情况等；交易行为监测主要指标有：新建商品房"一房一价"执行情况、批量购房情况、虚假交易手段分析、存量房违规交易等行为。

### （六）多维度探索房地产市场长效机制

打好土地、金融、税收、投资等房地产调控政策组合拳是保障房地产市场健康发展的长效机制。一是各地因城施策，夯实城市政府主体责任，出台"常规政策＋松绑政策＋规范政策"相结合的房地产市场调控政策体系，积极探索保障房地产市场健康发展的长效政策。常规政策是指土地供应、住房保障、信贷等政策；松绑政策是指调整限购限售等政策，如广州调整商服限售；规范政策是指规范房地产市场交易秩序的政策。二是各地综合住房和人口变动情况、商办楼与消费变动情况，分析房地产供需平衡关联因素，研究住房消费与投资之间、房地产与经济增长之间、存量房与增量房之间的相互关系，探索建立符合地方实际、适应市场规律的房地产平稳健康发展长效机制。

## 五、陕西省房地产市场风险防控对策建议

基于"房住不炒"的定位，为进一步加强我省房地产市场价格风险、投资风险、行为风险等风险防控工作，提高房地产业风险防控能力及化解水平，促进房地产市场平稳健康

发展，结合我省实际情况，提出以下对策建议：

### （一）稳地价是根本

一是做好土地供应计划，保障土地供需均衡，稳妥化解局部性、结构性存量风险。科学编制年度住宅、商业和办公用地供应计划，保持合理、稳定的用地供应规模，并以去化周期为基准，适时调整土地供应计划，遏制增量、积极处置存量，防止因土地供应量大幅波动而引发房价大起大落的问题。二是加强房地产购地监管力度及闲置土地处置力度。严格落实企业购地只能用自有资金的规定，加强住房用地购地资金来源审查，严控购地加杠杆行为，对超出合同约定动工开发日期满1年未动工开发的，依法从高征收土地闲置费，并责令限期开工、竣工；满2年未动工开发的，无偿收回土地使用权。三是建立房价地价联动机制，防止地价推涨房价。根据房价控制目标，限定不同区域最高房价管控目标，在土地出让环节公布项目房价控制限额，鼓励采取"限房价、竞地价"等方式出让土地，引导企业理性竞买土地。

### （二）控房价是核心

一是从供给端严格管控房地产领域融资渠道，并加强税收征管。对负债率偏高、大量购置土地、具有市场炒作行为的房地产企业进行融资限制，降低房地产市场风险。充分运用税收等经济手段调节房地产市场，加大对高档商品住房建设和投资性、投机性购房等房地产交易行为的调控力度。二是从需求端加大差别化信贷政策执行力度和个人住房贷款审慎管理。按照重点支持首套房自住需求，坚决抑制投机炒房的原则，及时调整差别化住房信贷政策，并督促银行业、金融机构严格贯彻落实。强化对借款人还款能力的审查，严格管控消费贷款、经营贷款等资金挪用于购房行为。三是密切关注陕西省各地市房价变化情况，必要时对房价上涨过快的城市采取限购限售措施，并制定公布年度新建商品住房价格控制目标。

### （三）稳投资是重点

一是不断优化房地产投资环境和行业营商环境。进一步深化行政审批制度改革，加快推进"证照分离"改革，深化"互联网＋政务服务"，实现行政审批服务事项线上"一网通办"，线下"只进一扇门"和"最多跑一次"。二是加强统计监测，稳定住房消费。各市（区）要保持房地产市场平稳，全面准确了解本辖区内房地产市场情况。要加快商品房销售审批，保证住房供应。对符合上市条件的商品房要加快预售许可审批速度，简化办事程序，缩短审批时限，尽快形成有效供应。三是建立健全房地产行业稳投资工作机制，省住房和城乡建设厅成立调查组，适时赴项目现场进行督导，推动解决问题，每月召开一次专题研究会议，及时就存在问题提出解决思路和措施。加大与省发改委、省统计局、省自然资源厅、省大数据局等机构的联系，全面掌握房地产投资相关信息。

### （四）强监管是关键

一是严厉打击房地产企业和房地产中介机构等相关主体违法违规行为，健全事前事中事后信用监管体系，推进建立联合惩戒机制。加大对违法违规行为的惩罚力度，相关违法违规行为的追究不只停留在机构层面，更要追究到个人。二是加强房地产市场正面宣传和舆论引导。积极联系宣传、网信部门，做好舆情监测和引导管控工作，严厉打击利用自媒体公众号等网络媒体炒作渲染房价上涨、散布虚假信息等行为，营造良好的舆论氛围，稳定市场预期。三是建立房地产市场联席会议制度。继续加强与发改、金融、财税、土地等相关部门间的合作，并与房地产企业保持密切联系，及时获得精准的市场信息，提高房地产市场监测分析工作的质量。四是地方政府要强化属地房地产市场风险处置责任和维稳责任。若地方房地产市场风险明显，应按照属地原则，以地方政府为主，牵头拟定风险处置方案，维护地方房地产市场的稳定。

### （五）建系统是手段

一是延伸房地产行业监测监管基础信息，整合引入土地出让、规划设计、物业服务、房屋拆迁、金融、税收等信息，并关联人口、经济、用电、用水等相关数据，着力构建与我省经济社会发展相适应、实时综合、信息安全、协调配合、规范有序的房地产市场和住房保障监管分析平台。二是对各类基础数据进行实时监测与统计分析，对各类反映房地产走向的指标设定阈值，通过考察价格波动、投资波动、交易行为等指标数据的偏离程度来分析当期房地产市场动态。三是结合系统数据建立房地产平稳健康发展的长效机制，综合我省住房和人口变动情况，分析房地产供需平衡关联因素，研究住房消费与投资之间、房地产与经济增长之间、存量房与增量房之间的相互关系，探索建立符合省情实际、适应市场规律的房地产平稳健康发展长效机制。

### （六）稳政策是长效

一是处理好短期调控与长效机制的衔接，保证政策的连续性和稳定性，促进房地产市场平稳健康发展。二是出台供需两端协同调控政策，加强用地规划、土地供应管理，结合金融、财税、户籍等诸多政策，确保住房的供需结构性平衡，加快长效机制建设。三是做好政策出台前的风险评估与政策出台后的及时解读，制定新的调控政策时要广泛征求意见，制定应急工作预案，妥善处理政策出台后可能出现的情况和问题。政策出台后，及时组织专家进行政策解读，正面引导舆论，防治不实炒作。四是适当做好调控政策的调整并完善其退出机制。结合房地产市场现状及各风险指标的变动，对调控政策内容进行补调、适调、细化，并完善临时应急性、行政性干预措施的退出机制。

# 第二篇
# 陕西省房地产开发企业信用体系研究专题

# 一、陕西省房地产开发企业信用体系建设现状分析

## （一）政策背景

党的十八大以来，党和国家高度重视诚信建设。十八届三中全会强调，要"建立健全社会征信体系，褒扬诚信，惩戒失信"；习近平总书记在 2016 年中央政治局第三十七次集体学习时提出要把加强社会信用体系建设上升到国家治理能力和治理体系现代化的高度来认识。在十九大报告中也明确指出："推进诚信建设和志愿服务制度化，强化社会责任意识、规则意识、奉献意识。"

国务院及中央部委相关政策法规也陆续出台，我国"十二五"规划提出了以完善信贷、纳税、合同履约、产品质量的信用记录为重点，加快建设社会信用体系；2014 年国务院发布《社会信用体系建设规划纲要（2014—2020）》，旨在提高全社会的诚信意识和信用水平；2016 年国务院办公厅颁布了《关于建立完善守信联合激励和失信联合惩戒制度加快推进社会诚信建设的指导意见》《关于加快推进失信被执行人信用监督、警示和惩戒机制建设的意见》等重要文件，重点将健全社会信用体系、营造公平诚信的市场环境摆在突出位置，培育和践行社会主义核心价值观；2018 年住房和城乡建设部发布《住房城乡建设领域信用信息管理暂行办法》，加强相关行业信用信息归集、共享、应用及其管理工作。目前全社会合力推进信用体系建设的大氛围大格局正在形成，以信用为核心的新型监管机制的支撑条件正日趋完善。

房地产行业大大推动了我国国民经济的发展。在社会信用体系建设的大背景下，要努力做好房地产开发企业信用体系建设。房地产行业信用建设较早，2003 年初住房城乡建设部印发《关于加快建立和完善房地产信用档案系统的通知》，标志着房地产信用建设的发端；2006 年住房城乡建设部发布《关于进一步整顿规范房地产交易秩序的通知》，通过加强房地产交易环节违法违规行为的整治力度，落实相关主管部门责任来进一步整顿规范房地产市场交易秩序；2016 年住房城乡建设部发布《关于加强房地产中介管理促进行业健康发展的意见》，从规范中介服务行为、完善行业管理制度、加强中介市场监管三个方面，着力规范房地产中介市场秩序；2018 年住房城乡建设部发布《关于在部分城市先行开展打击侵害群众利益违法违规行为治理房地产市场乱象专项行动的通知》，进一步整顿和规范房地产市场秩序，健全房地产市场监管机制。建立房地产行业信用体系是建立房地产长效机制，实现房地产行业可持续发展的重要举措，也必将推动和促进全社会信用体系的建立和完善。国家层面政策汇总详见表 2-1-1。

国家层面相关政策汇总　　　　　表 2-1-1

| 发布时间 | 发布单位 | 发布背景 | 政策名称 | 措施 |
| --- | --- | --- | --- | --- |
| 2019.1 | 中华人民共和国住房和城乡建设部办公厅 | 贯彻落实党中央、国务院支持民营企业改革发展决策部署，进一步完善工作机制，创新监管手段，构建统一开放、竞争有序的建筑市场环境，促进民营建筑企业持续健康发展 | 住房和城乡建设部办公厅关于支持民营建筑企业发展的通知 | 对民营建筑企业与国有建筑企业要采用同一评价标准，不得设置歧视民营建筑企业的信用评价指标，不得对民营建筑企业设置信用壁垒。及时清理歧视、限制、排斥民营建筑企业的诚信评价标准 |

续表

| 发布时间 | 发布单位 | 发布背景 | 政策名称 | 措施 |
|---|---|---|---|---|
| 2018.12 | 中华人民共和国住房和城乡建设部办公厅 | 加快推进建筑市场监管信息归集共享，提高全国建筑市场监管公共服务平台基础数据的及时性、准确性和完整性 | 住房城乡建设部办公厅关于印发《全国建筑市场监管公共服务平台工程项目信息数据标准》的通知 | 要进一步完善工程项目信息归集工作机制，明确工程项目信息归集责任人，建立责任追溯制度；要积极推进建筑市场监管一体化工作平台应用；进一步完善数据共享工作机制，推动全国建筑市场监管公共服务平台数据有效应用 |
| 2018.6 | 中华人民共和国住房和城乡建设部 | 针对近期房地产市场乱象，通过部门联合执法，重点打击投机炒房行为和房地产"黑中介"，治理房地产开发企业违法违规行为和虚假房地产广告，进一步整顿和规范房地产市场秩序，健全房地产市场监管机制，切实维护人民群众合法权益 | 关于在部分城市先行开展打击侵害群众利益违法违规行为治理房地产市场乱象专项行动的通知 | 针对投机炒房行为、房地产"黑中介"违法违规行为、房地产开发企业违法违规行为、虚假房地产广告切实履行主体责任，广泛发动群众监督，营造良好舆论环境，强化督查问责机制，建立监管长效机制 |
| 2018.3 | 中华人民共和国住房和城乡建设部办公厅 | 为贯彻落实《住房城乡建设部办公厅关于扎实推进建筑市场监管一体化工作平台建设的通知》，规范工程项目信息采集录入工作，保障全国建筑市场监管公共服务平台工程项目信息的真实性 | 关于加强建筑市场监管一体化工作平台工程项目信息监管的通知 | 及时公开工程建设企业和注册人员等建筑市场主体的信用信息，加快推进建筑市场诚信体系建设。对利用虚假材料、以欺骗手段取得资质的企业，将其列入建筑市场主体"黑名单" |
| 2018.2 | 中华人民共和国住房和城乡建设部办公厅 | 以解决建筑业发展不平衡不充分问题为目标，以深化建筑业供给侧结构性改革为主线，以提升工程质量安全水平为核心，以完善建筑市场监管体制机制为重点，优化企业营商环境，推进建筑产业转型升级 | 关于印发住房城乡建设部建筑市场监管司2018年工作要点的通知 | 完善全国建筑市场监管公共服务平台，加大信息公开力度，完善信用信息归集、报送和公开机制，实施建筑市场主体黑名单制度；研究建立建筑市场失信联合惩戒机制，签署联合惩戒备忘录，加大联合惩戒力度；依托全国建筑市场监管公共服务平台，加强企业资质动态监管，适时开展对企业取得资质后是否符合资质标准的动态核查，强化市场清出管理 |
| 2018.1 | 中华人民共和国住房和城乡建设部办公厅 | 规范住房城乡建设领域信用信息管理，营造诚实守信的社会环境 | 住房城乡建设领域信用信息管理暂行办法 | 信息归集，信息共享，信息应用，信息安全与权益保障，组织保障，监督责任 |
| 2017.12 | 中华人民共和国住房和城乡建设部办公厅 | 为贯彻落实《国务院办公厅关于促进建筑业持续健康发展的意见》，加快推进建筑市场信用体系建设，规范建筑市场秩序，营造公平竞争、诚信守法的市场环境 | 住房城乡建设部关于印发建筑市场信用管理暂行办法的通知 | 省级住房城乡建设主管部门负责本行政区域内建筑市场各方主体的信用管理工作，制定建筑市场信用管理制度并组织实施，建立和完善本地区建筑市场监管一体化工作平台，向全国建筑市场监管公共服务平台推送建筑市场各方主体信用信息 |

续表

| 发布时间 | 发布单位 | 发布背景 | 政策名称 | 措施 |
| --- | --- | --- | --- | --- |
| 2017.10 | 中华人民共和国住房和城乡建设部办公厅 | 贯彻落实《住房城乡建设部关于促进工程监理行业转型升级创新发展的意见》,及时掌握各地工作进展,确保各项改革任务有效落实,推动工程监理行业转型升级创新发展 | 住房城乡建设部办公厅关于定期报送贯彻落实促进工程监理行业转型升级创新发展意见进展情况的通知 | 推动监理服务主体多元化、监理服务模式创新和促进监理企业做大做强等情况;加强工程监理市场监管、推动监理行业诚信体系建设和违法违规行为处罚等情况;培育全过程工程咨询服务、监理企业报告质量监理等试点工作情况 |
| 2017.6 | 中华人民共和国住房和城乡建设部办公厅 | 为进一步贯彻落实《国务院办公厅关于促进建筑业持续健康发展的意见》,深化全国建筑市场监管公共服务平台应用,推进省级建筑市场监管一体化工作平台建设,切实提高数据质量 | 住房城乡建设部办公厅关于扎实推进建筑市场监管一体化工作平台建设的通知 | 及时公开工程建设企业和注册人员等建筑市场相关主体的信用信息,要进一步加大不良信用信息的采集和上报力度,在行政处罚决定生效后,及时通过省级平台上报到全国平台。定期对各地不良信用信息上报情况进行统计和考核,对于不及时上报信息的,将进行通报批评 |
| 2017.2 | 中华人民共和国住房和城乡建设部办公厅 | 以贯彻落实《国务院办公厅关于促进建筑业持续健康发展的意见》为主线,以深化建筑业重点环节改革为核心,以推动企业发展为目标,加强建筑市场监管,深入推进行政审批制度改革,促进建筑业持续健康发展 | 关于印发住房城乡建设部建筑市场监管司2017年工作要点的通知 | 继续推进全国建筑市场监管公共服务平台建设,重点完善企业、注册人员、项目和诚信数据库的数据采集质量。落实国务院守信联合激励和失信联合惩戒制度,研究建立建筑市场主体黑名单制度。加强全国建筑市场监管公共服务平台在建筑市场行政审批、事中事后监管中的应用,推进与全国信用信息共享平台等实现数据共享交换,及时公开企业和人员的信用记录 |
| 2016.9 | 国务院办公厅 | 对失信被执行人进行信用监督、警示和惩戒,有利于促进被执行人自觉履行生效法律文书确定的义务,提高司法公信力,推进社会信用体系建设 | 关于加快推进失信被执行人信用监督、警示和惩戒机制建设的意见 | 从事特定行业或项目限制,政府支持或补贴限制,任职资格限制,准入资格限制,荣誉和授信限制,特殊市场交易限制,限制高消费及有关消费,协助查询、控制及出境限制,加强日常监管检查,加大刑事惩戒力度,失信信息公开 |
| 2016.8 | 中华人民共和国住房和城乡建设部 | 针对当前部分中介机构和从业人员发布虚假房源、隐瞒房屋存在抵押等信息、强制代办收费等问题,要求各地中介机构,全面实行房源信息核验制度,中介机构应编制房屋状况说明书,标明房源核验情况、房地产中介服务编号、房屋坐落、面积、产权状况、挂牌价格、物业服务费、房屋图片等 | 关于加强房地产中介管理促进行业健康发展的意见 | 各地要全面实行交易合同网上签约,防止"一房两卖",全面建立健全存量房交易资金监管制度;通过提供便捷的房源核验服务、全面推行交易合同网签制度、健全交易资金监管制度、建立房屋成交价格和租金定期发布制度来完善行业管理制度;通过严格落实中介机构备案制度、积极推行从业人员实名服务制度、加强行业信用管理、强化行业自律管理、建立多部门联动机制、强化行业监督检查进一步加强中介市场监管 |

续表

| 发布时间 | 发布单位 | 发布背景 | 政策名称 | 措施 |
|---|---|---|---|---|
| 2016.5 | 国务院办公厅 | 健全社会信用体系,加快构建以信用为核心的新型市场监管体制,有利于进一步推动简政放权和政府职能转变,营造公平诚信的市场环境 | 国务院关于建立完善守信联合激励和失信联合惩戒制度加快推进社会诚信建设的指导意见 | 多渠道选树诚信典型,探索建立行政审批"绿色通道",优先提供公共服务便利,优化诚信企业行政监管安排,降低市场交易成本,大力推进诚信市场主体;对重点领域和严重失信行为实施联合惩戒,依法依规加强对失信行为的行政性、市场性、行业、社会性约束和惩戒,推动联合惩戒措施落实到人;建立触发反馈机制,实施部省协同和跨区域联动,建立健全信用信息公示机制与归集共享和使用机制,规范信用红黑名单制度,建立激励和惩戒措施清单制度,建立健全信用修复机制与信用主体权益保护机制,建立跟踪问效机制;加强法规制度和诚信文化建设 |
| 2016.2 | 中华人民共和国住房和城乡建设部办公厅 | 全国31个省级建筑市场监管与诚信基础数据库与我部实现了实时互联互通,建立整合统一、互联共享的全国建筑市场监管与诚信一体化工作平台已取得了初步成绩。为进一步完善一体化平台功能,提高基础数据质量,加大推广应用力度 | 住房城乡建设部办公厅关于进一步做好建筑市场监管与诚信信息平台建设工作的通知 | 抓紧做好省级建筑市场监管与诚信一体化工作平台的整改工作;对平台验收评估中发现的问题,要逐项进行整改,确保按规定时限完成整改工作。对已应用省级平台的地区,要跟踪了解使用情况,不断完善平台功能;对尚未应用省级平台的地区,要加强宣传,及时协调解决困难和问题,力争在2016年6月底前实现省级平台应用的全覆盖;要对省级平台的功能和使用情况进行一次自查,重点检查系统建设、业务应用、数据质量、部省联通、安全防护等方面的情况 |
| 2015.7 | 中华人民共和国住房和城乡建设部办公厅 | 通过严厉打击各类违法违规行为,建筑市场环境进一步好转,工程质量终身责任得到有效落实,有力地保障了工程质量的稳步提升,全国工程质量治理两年行动取得初步成效,社会反响良好 | 住房城乡建设部关于全国工程质量治理两年行动开展情况的通报 | 大力推进建筑市场监管与诚信信息一体化工作平台建设,力争于今年年底前全面实现全国建筑市场"数据一个库、监管一张网、管理一条线"的信息化监管目标。此外,北京、天津等地陆续出台本地区工程建设各方信用评价有关制度,逐步完善建筑市场信用评价体系,规范信用信息管理和发布,进一步加强社会监督,规范各方主体市场行为 |
| 2015.2 | 中华人民共和国住房和城乡建设部办公厅 | 建筑市场信息化建设,尤其是基础数据库建设,是转变建筑市场传统监管方式,建立建筑市场诚信体系的重要技术支撑和必要手段 | 关于印发吴慧娟同志在第二批省市建筑市场信息化建设工作部署会议上讲话的通知 | 加强诚信信息的收集、发布和成果运用,健全建筑市场优胜劣汰的诚信奖惩机制 |

续表

| 发布时间 | 发布单位 | 发布背景 | 政策名称 | 措施 |
| --- | --- | --- | --- | --- |
| 2014.7 | 中华人民共和国住房和城乡建设部办公厅 | 为贯彻落实《关于推进建筑业发展与改革的若干意见》，加快推进建筑市场监管信息化建设，保障全国建筑市场监管与诚信信息系统有效运行和基础数据库安全 | 住房城乡建设部关于印发《全国建筑市场监管与诚信信息系统基础数据库数据标准（试行）》和《全国建筑市场监管与诚信信息系统基础数据库管理办法（试行）》的通知 | 将建筑市场监管信息化建设作为转变监管思路、完善监管手段的重要工作，在2015年底前完成本地区工程建设企业、注册人员、工程项目、诚信信息等基础数据库建设，建立建筑市场和工程质量安全监管一体化工作平台，动态记录工程项目各方主体市场和现场行为，有效实现建筑市场和施工现场监管的联动，全面实现全国建筑市场"数据一个库、监管一张网、管理一条线"的信息化监管目标 |
| 2014.7 | 中华人民共和国住房和城乡建设部办公厅 | 为深入贯彻落实党的十八大和十八届三中全会精神，推进建筑业发展和改革，保障工程质量安全，提升工程建设水平，针对当前建筑市场和工程建设管理中存在的突出问题，提出如下意见 | 住房城乡建设部关于推进建筑业发展和改革的若干意见 | 进一步加大信息的公开力度，公开曝光各类市场主体和人员的不良行为信息，形成有效的社会监督机制。制定完善相关法规制度，逐步建立"守信激励、失信惩戒"的建筑市场信用环境。鼓励有条件的地区研究、试行开展社会信用评价，引导建设单位等市场各方主体通过市场化运作综合运用信用评价结果 |
| 2013.2 | 中华人民共和国住房和城乡建设部办公厅 | 贯彻落实党的十八大精神，按照全国住房城乡建设工作会议要求，继续加大建筑市场监管力度，进一步改进完善行政审批和动态核查，营造诚信和谐、统一开放、竞争有序的建筑市场环境，促进行业改革发展 | 住房城乡建设部建筑市场监管司关于印发《住房和城乡建设部建筑市场监管司2013年工作要点》的通知 | |
| 2012.2 | 中华人民共和国住房和城乡建设部办公厅 | 以工程质量安全为核心，以规范建筑市场秩序为主线，改进监管方式，创新监管手段，切实做到完善法规制度与加强行政执法并重，严格准入管理与加大市场清出并重，规范资质资格审批与强化过程监管并重，构建诚实守信、统一开放、竞争有序的建筑市场秩序，促进建筑业健康可持续发展 | 关于印发《住房和城乡建设部建筑市场监管司2012年工作要点》的通知 | 加快建筑市场监管信息系统基础数据库建设，出台基础数据库数据标准和管理办法；调研论证起草工程项目数据库数据标准；健全中央基础数据库，提高建筑市场监管的信息化水平；推进建筑市场诚信体系建设，制订信用信息分级发布标准，加强信用信息的收集、发布和结果运用，健全诚信奖惩机制。推进企业资质评审信息化建设，提高审批工作的公开透明度 |

续表

| 发布时间 | 发布单位 | 发布背景 | 政策名称 | 措施 |
|---|---|---|---|---|
| 2006.7 | 中华人民共和国住房和城乡建设部 | 整顿规范房地产交易秩序,对于维护消费者合法权益,稳定住房价格,促进房地产市场持续健康发展,具有十分重要的意义。各地房地产、发展改革、价格、工商管理部门要从实践"三个代表"重要思想和落实科学发展观的高度出发,切实把思想统一到国务院的决策部署上来,坚持深化改革和加强法治并举、坚持整顿规范和促进健康发展并重,加强制度建设,加大对房地产交易环节违法违规行为查处力度,努力营造主体诚信、行为规范、监管有力、市场有序的房地产市场环境 | 关于进一步整顿规范房地产交易秩序的通知 | 加强商品房预售许可管理;加强对商品房预(销)售活动的动态监管;加强房地产广告发布管理;加强房地产展销活动管理;加强商品房预(销)售合同管理;加强房地产经纪管理;畅通举报投诉渠道;建立房地产交易诚信机制;加强宣传舆论引导;建立工作联动机制 |

为完善陕西省房地产开发企业信用体系,规范房地产市场失信行为管理,现从主要做法和存在问题两方面剖析我省房地产开发企业信用体系建设现状。

### (二)主要做法

为贯彻落实中央关于加强社会信用体系建设的有关要求,目前,陕西省房地产开发企业信用体系建设已经具备了良好基础,主要做法归结为以下几点:

**1. 信用政策体系逐步完善**

陕西省 2016 年、2017 年先后出台了《陕西省人民政府关于建立完善守信联合激励和失信联合惩戒制度加快推进社会诚信建设的实施意见》《陕西省企业信用监督管理办法》,以规范企业信用监督管理活动。2018 年出台了《西安市房地产开发企业诚信体系建设管理办法》,以增强企业守信意识和风险防范意识,实现企业规范运作。2019 年又出台了《陕西省房地产开发企业资质管理办法》,以加强我省房地产开发企业的资质管理,规范开发企业经营行为。

**2. 信用信息系统提上日程**

为进一步规范房地产市场秩序,提高房地产开发企业诚信经营意识,推进信用体系建设,促进房地产市场平稳健康发展,根据本省已颁布的规范性文件,结合房地产市场现状,目前,我省正在积极组建陕西省房地产信用体系管理信息系统,满足陕西省房地产信用档案系统建设和建立省房地产管理基础信息数据库,着力构建以信息公示为手段、以信用监管为核心的房地产开发企业信用体系。

**3. 审查通报机制初步建立**

近年来,陕西省不断加强对房地产市场违法违规行为的通报揭露工作。2019 年上半年,西安市住房和城乡建设局执法监察部门不断加大对商品房违规销售行为的巡查力度,对陕西辰宇实业有限公司等 50 家房地产开发企业违法违规行为进行通报;2020 年 1 月陕西省住房和城乡建设厅针对 2019 年下半年房地产市场乱象典型案例,对西安润德房地产开发有限公司等 36 家房地产开发企业进行通报;此外,陕西省积极拓宽市民对失信违规企业的投诉反映渠道,以便及时获取企业不良行为信息。但在违法违规企业信息报送过程中,各市、区房地产行政主管部门工作还有待加强,以便于审查通报机制长效化。

### (三)现存问题

通过从陕西省住房和城乡建设厅官网、华商报、西安晚报、腾讯网等网站了解房地产开发企业信用相关信息,可看出虽然陕西省针对房地产企业信用管理已采取多项举措,但失信违规现象仍令人担忧。目前陕西省房地产开发企业信用体系在以下方面还有待加强:

**1. 失信违规行为有禁不止**

利用大数据手段分析得到,房地产开发企业失信乱象主要集中在未取得《商品房预售许可证》擅自销售、未执行销售现场公示制度、未竣工验收备案违规交房、延期交房、"一房二卖"、违规抵押已售房屋等违法违规行为。据统计,近 3 年出现次数最多的违规行为是未取得《商品房预售许可证》擅自销售,相关违规楼盘 2017 年 125 个、2018 年 31 个、2019 年 65 个,违规楼盘数量虽有减少,但有令不行、有禁不止。其次是未执行销售现场公示制度行为,出现次数最少的是违规抵押已售房屋行为,社会影响极差。

**2. 信用违规企业持续存在**

近几年陕西省出现信用违规的房地产开发企业数量较多。通过对陕西省近 3 年的信用违规企业进行统计,2017 年有 134 家企业存在违规现象,如陕西辰宇世纪实业有限公司等;2018 年有 53 家企业存在违规现象,如陕西美庐达房地产开发有限公司等;2019 年上半年有 105 家企业存在违规现象,如陕西酩悦房地产开发有限公司等。甚至部分企业存在多次或多种违规现象,如陕西美庐达房地产开发有限公司连续 3 年违规,西安鑫宇房地产开发有限公司在 2018 年出现未取得预售证违规销售、"一房多卖"等多种违规现象。

**3. 信用奖惩联动机制亟待完善**

目前陕西全省还没有真正建立起"一处失信,处处受限"的奖惩联动机制,大多数部门的奖惩都仅限在部门内部。对房地产开发、房地产咨询、房地产价格评估、房地产经纪等机构监管力度有待加大,对信用公示提供虚假信息的失信行为,没有进行及时有效的联动惩戒。工商、税务等部门对优秀的诚信企业尽管采取了激励措施,但多数仍停留在开放绿色通道、提供服务管理便利等方面,还没有形成部门之间联动的激励机制。

## 二、陕西省房地产开发企业失信表现

房屋具有不可流动以及难以退换等特点,而且在交易的过程中,开发商与消费者信息不对称,再加上消费者专业知识欠缺、自我保护意识不强等都使得房地产开发商处于主动地位,所以陕西省房地产开发企业失信行为主要表现在以下几方面:

**1. 房地产本身问题**

开发商预售商品房必须"五证"齐全,所谓"五证"是指《国有土地使用权证》《建设用地规划许可证》《建设工程规划许可证》《建设工程施工许可证》以及《商品房预售许可证》,而《商品房预售许可证》的取得是建立在其他"四证"的基础上,大多数房地产开发商为了尽早售出房屋,在未取得《商品房预售许可证》的情况下擅自销售,导致大量违规楼盘的出现,未取得《商品房预售许可证》擅自销售是陕西省房地产开发企业失信最主要的表现。

**2. 合同问题**

商品房买卖合同中给出了明确的交房期限,但由于种种原因,房地产开发商未能按期交房。2018年3月,12315陕西工商百事通指挥中心受理消费者投诉2807件,其中房屋类投诉115件,与2月相比上升了2.7倍,房屋合同投诉上升幅度大,涉及开发商合同的问题主要有:消费者预订的房屋不愿继续购买时,不退还订金;缴纳收付款后,要求涨价;房屋面积、配套设施等内容与合同不符;开发商未按照合同规定期限交房和支付违约金。

**3. 房屋质量问题**

消费者涉及社会的各个阶层,由于各群体文化程度、知识水平差异较大,较低层级的消费者并不能对房屋质量作出准确判断,而且开发商为了节约投资、追求资金回报最大化,往往选择条件优惠的施工单位,施工方为了节约成本,偷工减料,导致房屋质量较差。从陕西省消费者协会2019年受理消费者投诉情况来看,房屋及建材类占据消费者投诉前三名,其中房屋质量投诉更是位居前位。近几年来,房屋质量问题也是陕西省房地产开发企业的主要失信行为之一。

**4. 广告宣传虚假问题**

许多房地产开发企业为了提前打好宣传,形成"火热抢购"的局面,夸大其词,甚至制作虚假广告,但是这种宣传营销手段对于那些一生只购一次房子的消费者来说无疑会造成很多假象和干扰,这对处于信息较弱地位的购房者来说是很不公平的。2019年,陕西省成立打击整治重点领域虚假违法广告专项行动小组,深入各地检查,重点了解扫黑除恶、打击非法交易和保护野生动物、医疗、药品、保健食品、房地产、金融投资理财等领域存在的虚假违法广告行为等工作情况。

## 三、陕西省房地产开发企业失信原因分析

**1. 房地产开发企业自身原因**

陕西省的小规模房地产开发企业占大多数,但这些小型企业相对于较大房地产开发企业,几乎没有制定中、长期的发展战略,而且管理人员的素质大多不高,对于市场经济的运行规律把握不是很好,于是导致一些房地产开发企业只顾眼前利益,以失信违规行为来谋取利益。

**2. 房屋信息不对称**

房地产开发企业相对于消费者而言,处于信息主动的地位,消费者不了解房屋的真实信息,所以房地产开发企业会制作虚假宣传广告甚至出现其他一些违规行为来欺骗消费

者，从而获得自身利益，这也是房地产开发企业出现失信违规行为的最主要原因。

**3. 房地产行业信用制度滞后**

虽然近几年陕西省政府主管部门在逐步开展信用制度建设，但我国房地产行业普遍没有信用制度建设的意识，对企业信用的认识存在偏差。低成本高收益的失信行为扰乱了市场秩序，同时对失信企业缺乏处罚措施，也冲击了人们对诚实守信经营的信念。

**4. 房地产行业信用相关的法律法规不完善**

陕西省近几年在加强房地产行业信用相关法律的建设，但是相关法律法规的配套性还有待完善，从而影响其实行效果。法律法规不完善也导致陕西省房地产监管部门与其他相关部门的交流和协调机制没有有效建立，无法对违规失信的房地产开发企业实行联合惩治。

## 四、信用信息管理办法经验借鉴

**1. 其他省份房地产开发企业信用信息管理办法经验借鉴**

通过对全国 31 个省、自治区、直辖市出台的相关政策文件调阅，目前山西省、青海省、福建省、四川省、重庆市等出台了省（市）级别的关于房地产开发企业诚信体系建设与管理相关办法，总框架见图 2-4-1，详见表 2-4-1。

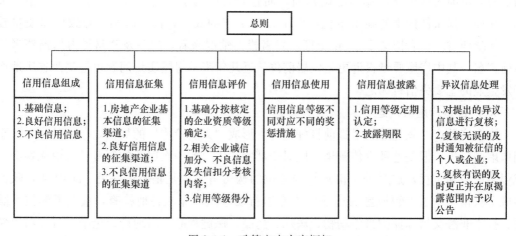

图 2-4-1  政策文本内容框架

省（自治区、直辖市）级别相关政策汇总    表 2-4-1

| 发布省份 | 发布时间 | 发布单位 | 政策名称 | 发布背景 | 措施 |
|---|---|---|---|---|---|
| 海南省 | 2017.9.16 | 省住房城乡建设厅 | 海南省建筑和房地产市场不良行为记录和公布办法（试行） | 为进一步规范建筑和房地产市场不良行为记录和信息公布活动，加强市场各方主体监管，推进社会信用体系建设，提高企业诚信经营意识 | 县级以上住房和城乡建设行政主管部门将管辖范围内发生的不良行为记入企事业单位或个人诚信档案。市场各方主体不良行为由省住房和城乡建设行政主管部门通过门户网站统一对外公布。市场各方主体不良行为公布时间为 6 个月至 3 年。不良行为信息公布期满后，系统自动解除公布记录，转入存储信息数据库，形成诚信档案，长期保存 |

续表

| 发布省份 | 发布时间 | 发布单位 | 政策名称 | 发布背景 | 措施 |
|---|---|---|---|---|---|
| 北京市 | 2017.6.22 | 丰台区房管局 | 丰台房管局搭建"二个平台"构建"一横一纵"房地产中介信用监管体系 | 为加强丰台区房地产中介行业监管力度，区房管局与区工商分局联合搭建"二个平台"和"一横一纵"监管信用体系 | 一是建立"大数据平台"，实现信息共享，对抽查信息、处罚信息、备案信息、投诉信息等监管数据的跨部门整合。二是建立"信息公示平台"，以丰台区市场主体信用信息网和街乡、社区电子显示栏为渠道的线上线下信息公示。三是强化部门间的"横向"协作，定期联合会商、定期交换数据、定期信息通报，实现部门间的协同监管。四是推动监管措施的"纵向"落实。以信用约束为抓手，建立"负面"企业名单公示制度，通过区综治层级推进到街乡、社区，实现信息公示全覆盖 |
| 陕西省 | 2016.12.23 | 陕西省人民政府 | 陕西省人民政府关于建立完善守信联合激励和失信联合惩戒制度加快推进社会诚信建设的实施意见 | 为贯彻落实《国务院关于建立完善守信联合激励和失信联合惩戒制度加快推进社会诚信建设的指导意见》，进一步健全褒扬诚信、惩戒失信的制度体制机制，加快"诚信陕西"建设 | 加强诚信典型选树推介，完善落实守信激励措施，坚持问题导向强化失信惩戒，引导社会各界参与联合惩戒，着力完善协同联动机制，加强协调保障推动工作落实 |
| 陕西省 | 2017.4.18 | 陕西省人民政府 | 陕西省企业信用监督管理办法 | 为了规范企业信用监督管理活动，结合本省实际，制定本办法 | 企业可自主委托第三方社会信用服务机构，按照全省统一的企业信用评价标准和规范对本企业的整体信用状况进行综合分析，评定信用等级，评价结果的有效期为一年；建立行业红、黑名单制度，通过省公共信用信息平台实现信息共享，跨地区、跨部门、跨领域对企业信用表现进行综合评判，实行联合奖惩 |
| 陕西省 | 2019.2.21 | 陕西省住房和城乡建设厅 | 陕西省房地产开发企业资质管理办法 | 为加强房地产开发企业的资质管理，规范开发企业经营行为，结合实际，制定本办法 | 将开发企业资质等级分为一级、二级、三级、四级四个资质等级并实行分级审批；对开发企业的资质实行动态管理制度；规定各类资质开发企业可承揽的项目范围 |
| 四川省 | 2016.8.1 | 四川省住房和城乡建设厅 | 四川省房地产开发企业信用信息管理暂行办法 | 为进一步规范房地产市场秩序，提高房地产开发企业（以下简称开发企业）诚信经营意识，推进信用体系建设，促进房地产市场平稳健康发展 | 住房城乡建设行政主管部门在为开发企业建立初始信用档案时，均以60分基础信用分值记分，按三级信用等级核定。住房城乡建设行政主管部门按照《四川省房地产开发企业良好行为信用加分标准》《四川省房地产开发企业不良行为信用扣分标准》的规定和标准，在开发企业基础信用分上进行信用分数的加减 |

续表

| 发布省份 | 发布时间 | 发布单位 | 政策名称 | 发布背景 | 措施 |
| --- | --- | --- | --- | --- | --- |
| 青海省 | 2015.5.11 | 青海省住房和城乡建设厅 | 关于印发青海省房地产开发企业信用评价管理办法（试行）的通知 | 为进一步规范房地产开发企业的经营行为和房地产市场秩序，营造诚实守信的市场环境，提升房地产开发企业的社会信用度，促进我省房地产业平稳健康发展 | 省住房城乡建设厅负责建立并管理信用管理平台，负责全省房地产开发企业信用等级的评定和结果公布，指导各级房地产主管部门和房地产开发企业通过信用管理平台对企业信息进行记录、提交、处理、使用和公开 |
| 河北省 | 2015.3.26 | 河北省住房和城乡建设厅 | 关于印发《河北省住房城乡建设行业信用信息管理办法（试行）》的通知 | 为加强全省住房城乡建设行业信用体系建设，营造诚实守信的市场环境，促进行业健康发展，制定本办法 | 制定全省统一的信用信息征集、记录、查询和使用管理制度及信用信息行为记录范围目录、信用评价标准，并监督执行；建设和管理全省统一的信用信息系统和信用档案数据库；建立与国务院住房城乡建设主管部门、本省相关主管部门和省外住房城乡建设主管部门之间信用信息共享机制；按照行业管理权限，负责相关信用信息的征集、记录和使用 |
| 山西省 | 2014.4.18 | 山西省住房和城乡建设厅 | 山西省住房和城乡建设厅关于印发《房地产企业资质动态考核及信用评价管理办法（试行）》的通知 | 为加强房地产企业诚信体系建设，规范房地产企业经营行为 | 本办法所称房地产企业资质动态考核及信用评价是指根据房地产企业资格、经营业绩、社会信誉、市场行为等情况，定期对企业资质进行考核、对企业信用进行评价，并根据资质考核情况，给出合格、基本合格和不合格的考核结论；根据信用评价情况，从高到低评定出A、B、C的信用等级 |
| 宁夏回族自治区 | 2013.9.22 | 自治区住房和城乡建设厅自治区地方税务局自治区物价局人民银行银川中心支行宁夏银监局 | 关于印发《宁夏回族自治区房地产估价机构信用信息管理细则》的通知 | 为进一步建立健全我区房地产市场诚信体系建设，拓宽房地产估价机构信用信息采集渠道，完善信用评价标准，健全守信激励、失信惩戒机制，提高房地产估价机构诚信水平，促进房地产估价行业稳定健康发展 | 全区房地产估价机构信用等级评定每年进行一次，信用等级分为AA、A和B三个等级。AA级表示能模范遵守法律法规和诚实守信原则，管理规范、综合实力强，评定期间内无违法违规行为，受到有关部门的表彰奖励，具有良好的社会信用；A级表示遵守法律法规和诚实守信原则，综合实力较强，信用程度一般；B级表示遵守法律法规和诚实守信意识差，综合实力差，评定期间内有违法违规行为，属严重失信企业 |

续表

| 发布省份 | 发布时间 | 发布单位 | 政策名称 | 发布背景 | 措施 |
| --- | --- | --- | --- | --- | --- |
| 重庆市 | 2013.6.28 | 市城乡建委 | 重庆市房地产开发行业信用体系建设与管理暂行办法 | 为促进房地产开发企业守信自律，营造诚实守信的房地产市场环境 | 市区两级建设行政主管部门应当将房地产开发企业在开发建设过程中的项目勘察、设计、施工、质量、安全及文明施工等信息，录入信用管理与服务平台。区县建设行政主管部门负责收集本区域内相关管理部门和金融机构对房地产开发企业的监管信息和评价信息，并录入信用管理与服务平台。社会公众通过重庆市房地产开发行业信用体系建设网对房地产开发企业的投诉信息由日常管理部门根据各管理部门职能职责转交处理，并将核实后的投诉信息录入信用管理与服务平台。媒体公开披露的房地产开发企业信用信息，经日常管理部门核实后，录入信用管理与服务平台 |
| 吉林省 | 2011.3.18 | 吉林省政府 | 吉林省人民政府办公厅关于进一步做好全省房地产市场调控工作有关问题的通知 | 为进一步贯彻落实《国务院办公厅关于进一步做好房地产市场调控工作有关问题的通知》（国办发〔2011〕1号，以下简称《通知》）要求，逐步解决城镇居民住房问题，促进全省房地产市场平稳健康发展 | 要进一步加强市场监管，重点规范房地产开发企业在商品房销售等环节的经营行为。要完善房地产诚信体系建设，公示房地产开发企业基本情况，对房地产企业和相关从业人员在房地产经营中的不良行为予以记录并曝光。要规范商品房预售行为，整顿房地产中介市场秩序，提高中介服务质量。要牢固树立服务意识，强化依法行政，优化投资环境，简化审批流程，营造良好的房地产市场发展环境 |
| 安徽省 | 2010.4.12 | 安徽省住房和城乡建设厅 | 《安徽省住房和城乡建设厅政风行风评议有关问题整改方案》 |  | 进一步完善房地产诚信体系建设，加强涉房投诉的处理 |
| 吉林省 | 2010.3.18 | 吉林省住房和城乡建设厅 | 吉林省住房和城乡建设厅关于进一步促进全省房地产市场平稳健康发展的通知 | 为贯彻落实《国务院办公厅关于促进房地产市场平稳健康发展的通知》（国办发〔2010〕4号）要求，进一步加强和改善房地产市场调控，稳定市场预期，保持全省房地产市场平稳健康发展 | 要完善房地产诚信体系建设，严厉打击损害消费者权益行为，对全省房地产开发企业进行网上公示，对房地产企业和相关从业人员在房地产经营行为中的不良行为予以记录并曝光，营造良好的房地产市场发展环境 |

续表

| 发布省份 | 发布时间 | 发布单位 | 政策名称 | 发布背景 | 措施 |
|---|---|---|---|---|---|
| 海南省 | 2010.1.16 | 海南省政府 | 海南省人民政府贯彻国务院关于推进海南国际旅游岛建设发展若干意见加快发展现代服务业的实施意见 | 为贯彻落实《国务院关于推进海南国际旅游岛建设发展的若干意见》,加快发展现代服务业,提升海南经济社会发展整体水平 | 提高房地产业的适应性和竞争力,加快建立房地产诚信体系,打造房地产品牌企业,扶持房地产企业做大做强 |
| 北京市 | 2007.5.31 | 市住房城乡建设委 | 本市进一步加强建筑和房地产市场信用体系建设 | | 一是全面推行建筑业企业资质和人员资格动态监管系统,制定建筑业、房地产企业资质和人员资格评价和分值结构评估标准,将企业和人员市场行为表现全部记入动态管理系统。二是完善失信惩戒机制管理办法,整合和完善建设行业信用信息系统,实现建设行业信用系统的统计、查询和监管功能。三是严格执法,对于违法违规企业和个人,要采取公开曝光等失信惩戒措施,逐步建立起企业优胜劣汰的动态管理制度和市场运行机制 |
| 山西省 | 2005.9.22 | 山西省建设厅 | 关于印发《房地产开发企业信用等级评定办法》的通知 | 为增强房地产开发企业社会信誉意识,提高企业市场竞争力,打造房地产开发品牌企业,促进房地产业持续健康发展,制定本办法 | 房地产开发企业信用等级评定是根据企业社会信誉、企业人员素质、企业管理能力、企业资金实力、企业开发能力等情况进行房地产开发企业综合测评和定级的活动。房地产开发企业信用等级分为AAA级、AA级和A级三个等级 |
| 吉林省 | 2005.6.8 | 吉林省政府 | 吉林省人民政府办公厅转发省建设厅等部门关于切实稳定住房价格实施意见的通知 | 为了预防和抑制住房价格过快上涨,促进房地产市场健康发展 | 加强房地产诚信体系建设,公开企业不良行为记录 |

各省(直辖市)依据实际情况制定了相关实施细则,围绕房地产开发企业信用体系建设的指导思想和基本原则,从信用指标的构建、信用信息的采集与认定、信用信息评定模型的建立、信用信息奖惩联动的实施等方面实现房地产开发企业信用信息管理的"事前、事中、事后"闭环系统,着重凸显以下三方面特点:

1)事前关注重点:房地产开发企业信用信息体系的系统构建

一是夯实信用信息采集的基础,前期重点关注信用信息的组成。主要包括企业基本信息、良好行为信息、不良行为信息为信用信息的关键构成指标。基本信息是指企业工商注册登记的相关信息、企业从业人员的资质、关联开发企业的相关信息及与企业经营状况相关的企业开发能力、管理能力、资金实力等信息。良好行为信息主要是指企业诚信经营所受到的表彰及奖励信息。不良行为信息主要是指企业违背市场公平竞争、诚实信用及违法违规的行为信息。各省市信用信息组成见图 2-4-2～图 2-4-4，详见表 2-4-2。

**基本信用信息**
企业身份信息和企业开发项目的历史及动态信息。包括企业名称、组织机构代码、法定代表人、地址、备案（注册）登记号、专业管理人员和项目情况等信息

**良好信用信息**
企业在从事房地产开发经营活动中，遵纪守法、诚信经营、自觉维护市场秩序，受到各级政府、开发区管委会、建设行政主管部门和相关部门奖励、表彰以及对社会的贡献等而形成的信用信息

**不良信用信息**
企业在从事房地产开发经营活动中，违反房地产开发管理法律、法规、规章、规范性文件或者工程建设质量安全标准，违反公平竞争、诚实信用原则，妨碍或干扰监督管理而形成的信用信息

图 2-4-2　江苏省、南京市、济南市企业信用信息的组成

**基本信息**
房地产开发企业注册信息、资质等级信息、业绩信息、人员信息等。企业注册信息包括：房地产开发企业的工商基本登记事项。业绩信息包括：已开发项目信息，在开发的项目名称、项目类型、建筑面积、合同期限等信息

**守信信息**
房地产开发企业在房地产开发管理活动中自觉遵守有关法律、法规、规章、规范性文件或者强制性标准，切实履行房地产开发合同及房地产开发管理相关约定，政府有关部门奖励或者表彰，以及对社会公益事业做出贡献等事迹的信息

**失信信息**
房地产开发企业在房地产开发经营活动中行为不规范，违反有关法律、法规、规章、规范性文件或强制性标准等规定，行政机关依法作出行政处罚或其他行政处理决定，或被司法机关认定违法等信息

图 2-4-3　青海省、郑州市、吉林市、沈阳市、韩城市、三门峡市企业信用信息的组成

**基础信息**
基础信息由企业基础信息和执业人员基础信息组成。企业基础信息包括企业注册登记的基本情况、组织机构代码、基本财务指标、取得的行政许可情况、资质情况、经营业绩、合同履约情况、工程及服务质量、行政机关依法进行专项或者周期性检验的结果等。执业人员基础信息包括执业人员本人身份、从业资格、执业经历、业绩等

**良好信用信息**
1. 企业获得市州以上行政机关、行业组织表彰；
2. 企业通过国际质量标准认证或国家、省级行政机关、行业组织质量标准认证；
3. 经营项目获得广厦奖、鲁班奖、芙蓉奖、国家示范项目、省优项目等省级以上行政机关、行业组织颁发的奖项；
4. 法定代表人或主要负责人、执业人员受到县级以上行政机关、市州以上行业组织表彰；
5. 法律、法规、规章规定可以记入的其他良好信用信息

**提示信用信息**
1. 违反法律法规，受到行政处罚；
2. 违反本行业规范、公约；
3. 侵害消费者合法权益；
4. 法律、法规、规章规定可以记入的其他提示信用信息

**警示信用信息**
1. 严重违反法律法规，受到行政处罚；
2. 严重违反行业规范、公约，被行业组织制裁；
3. 严重侵害消费者权益，在社会上造成恶劣影响；
4. 被追究刑事责任；
5. 法律、法规、规章规定可以记入的其他警示信用信息

图 2-4-4　海南省企业信用信息组成

地方相关政策汇总　　　　　　　　　　　　　　表 2-4-2

| 发布省份 | 发布时间 | 发布单位 | 政策名称 | 发布背景 | 措施 |
|---|---|---|---|---|---|
| 青岛市 | 2018.10.12 | 青岛市城乡建设委员会 | 《青岛市房地产开发企业信用评价管理办法（征求意见稿）》 | 为进一步推进房地产业信用体系建设，提升房地产开发企业（以下简称企业）诚信经营意识，维护购房者合法权益，促进房地产市场平稳健康发展，根据有关法规规定，结合我市实际，制定本办法 | 对信用等级优秀的企业予以激励：列入重点扶持企业名单，公开表彰、重点扶持、在评优、评强和奖项评比时优先考虑，享受法律、法规、规章和政策规定的其他激励措施。对信用等级为失信的企业，纳入严重违法失信企业名单并实施惩戒：向社会披露有关信息，建立联动响应和约束惩戒机制。纳入市城乡建设委员会重点监管对象，加大日常监管力度，提高随机抽查的比例和频次，并依据相关法律法规对其采取行政监管措施，限制享受其他相关优惠政策等措施 |
| 海南省儋州市 | 2018.6.12 | 儋州市住房和城乡建设局 | 《海南省儋州市房地产开发企业信用信息管理暂行办法》 | 为进一步规范海南省儋州市房地产市场秩序，提高房地产开发企业（以下简称开发企业）诚信水平，促进房地产业平稳健康发展，根据《国务院关于印发社会信用体系建设规划纲要（2014—2020年）的通知》（国发〔2014〕21号）、《中华人民共和国城市房地产管理法》《城市房地产开发经营管理条例》等有关法规和规范性文件，结合儋州市实际，制定本办法 | 市建设行政主管部门和其他市级相关管理部门建立开发企业信用信息采集的协作机制，定期向市住建、国土、规划、工商、税务、法院等部门征集开发企业信用信息，录入信用系统并进行信用加分或扣分。市建设行政主管部门通过官方网站和房地产行业协会网站及时动态发布开发企业信用信息、信用等级等信息，供社会公众查询 |
| 衡阳市 | 2018.5.15 | 衡阳市政府 | 衡阳市人民政府办公室关于进一步促进房地产市场平稳健康发展有关问题的通知 | 为进一步促进房地产市场平稳健康发展 | 加强房地产诚信体系建设。市直各部门要按照守信激励、失信惩戒的原则，对信用等级好的企业开通绿色通道，给予相关政策支持；对信用等级差的企业，采取相应的惩戒措施。市住房和城乡建设局要加强房地产信用管理，发挥信用档案作用，将商品房预售行为纳入房地产诚信管理，对存在违法违规预售等不良行为的，记入房地产企业信用信息档案，并通过相关媒体公开曝光。房地产开发企业要切实提高诚信经营意识，维护公平竞争的市场秩序 |

续表

| 发布省份 | 发布时间 | 发布单位 | 政策名称 | 发布背景 | 措施 |
|---|---|---|---|---|---|
| 浙江省绍兴市 | 2018.3.13 | 绍兴市人民政府 | 《浙江省绍兴市住房保障领域失信行为惩戒实施办法》 | 针对公共租赁住房租金欠缴日益突出等现象，为加强浙江省绍兴市住房保障领域诚信体系建设，规范公共租赁住房管理，浙江省绍兴市住房和城乡建设局制定了《绍兴市住房保障领域失信行为惩戒实施办法》 | 申请人或承租人违反国家和省市住房保障相关政策规定，严重影响公平分配和社会保障，被相关部门列入失信记录或"黑名单"。市住房保障部门负责指导绍兴市住房保障领域失信行为的惩戒管理工作，各区、县（市）及市直各开发区住房保障部门负责本行政区域内失信行为的采集、认定、信息汇总、信息移送等工作 |
| 吉林市 | 2017.10.31 | 市城乡建设委员会 | 吉林市房地产开发企业信用体系建设与管理暂行办法 | 为进一步规范房地产市场秩序，鼓励房地产开发企业诚信经营，维护购房者合法权益，构建诚实守信的房地产市场环境 | 房地产开发企业信用评价基础分值100分。信用分数在120分（含）以上的企业为信用等级优秀企业；信用分数在80分（含）以上120分以下的企业为信用等级合格企业；信用分数在80分以下的企业为信用等级不合格企业。评价结果作为与房地产开发企业从事房地产开发经营活动相关的市场准入、项目核准、资质升级、银行信贷、招标投标、国有土地使用、资金监管、政府购买服务等方面的重要审核条件 |
| 江门市 | 2017.9.16 | 江门市住房和城乡建设局 | 广东省江门市关于印发《江门市住房和城乡建设局关于市区房地产开发企业诚信信息管理办法》的通知 | 为确立房地产行业诚信发展导向，构建诚实守信的房地产市场环境，按照褒扬诚信，惩戒失信的原则，建立房地产行业诚信信息管理机制，逐步完善江门市区（包括蓬江区、江海区、新会区。下同）房地产行业信用体系 | 诚信评价实行分值等级制度，根据房地产开发企业在开发经营过程中的诚信行为、失信行为等信息，计算相应的诚信分值，诚信分值的不同区间对应不同的诚信等级。统一制订"房地产开发企业诚信行为信息指标库"和"房地产开发企业失信行为信息指标库"，列明开发企业开发经营过程中的诚信行为与失信行为的具体情形、依据、档次、分值等。房地产开发企业诚信等级根据诚信分值确定，分为A、B、C、D四个等级，其中A级为基础等级。开发企业诚信分值的计算采取基础分值累加诚信行为加分和失信行为减分所得，即：诚信分值＝基础分值＋诚信行为加分值-失信行为减分值 |

续表

| 发布省份 | 发布时间 | 发布单位 | 政策名称 | 发布背景 | 措施 |
| --- | --- | --- | --- | --- | --- |
| 宁夏银川市 | 2017.8.25 | 宁夏银川市住建局 | 《住房保障信用监督管理实施细则》 | 针对不履行协议规定、违规、失信保障人员，由宁夏银川市住房保障中心建立保障家庭诚信档案，对日常工作中发现的不良信用信息，进行调查、汇总、登记入档 | 信用信息实行每个记分对象初始分值为100分，记分周期为1年。在记分对象享受住房保障或承租直管公房期间，有失信或违规、违约行为的，或未按要求在规定期限内改正违规违约行为的，扣减相应分值。记分对象的信用分值与其住房保障资格、实物配租轮候顺序、租金收缴标准息息相关，对于信用记分较高的家庭，将会得到各方面的优惠与保障。记分对象可持有效证件查询本人住房保障信用信息 |
| 滑县 | 2017.3.27 | 滑县住房和城乡建设局 | 滑县加快社会诚信体系建设促进建筑业健康发展 | 为了促进滑县建筑业健康发展，滑县住房和城乡建设局依托政府网站建立工程建设项目信息和信用信息公开共享的"一站式"综合服务平台 | 一是建立建筑业、房地产业及其高管人员综合信用承诺制度，开展信用信息记录，实施失信联合惩戒，探索构建以信用为核心的新型市场监管机制。二是逐步推动该县的建筑市场形成社会性约束和惩戒，完善社会舆论监督机制，加强对失信行为的披露和曝光，建立工程建设领域从业单位和从业人员信用记录。三是该诚信体系在行政管理、市场监管和公共服务中得到广泛应用，并与其他部门实现信用信息交换共享 |
| 济源市 | 2016.11.24 | 济源市住房和城乡建设局 | 济源市住房和城乡建设局全力推进行业诚信体系建设 |  | 一是整合该市建筑企业、开发企业、物业企业的信用信息，开展企业信用分类管理，完善企业、人员和项目基础数据库。二是根据诚信信息，在全市住房和城乡建筑领域建立诚信"红黑榜"发布制度，为企业营造竞相发展的浓厚氛围。三是依托行政审批和行政处罚案件"双公示"平台，开展行政执法信息在"双公示"系统和住建局官方网站同步公开，建立住房和城乡建设领域企业信用"数据库"，实现监管执法信息资源共享，让失信者一处违规，处处受限 |
| 哈尔滨市 | 2012.8.11 | 哈尔滨市人民政府 | 哈尔滨市人民政府关于印发《哈尔滨市房地产开发企业综合信用评价办法》的通知 | 为推进房地产市场信用体系建设，全面提高房地产开发企业综合素质，构建诚实守信的市场环境，促进房地产市场健康发展，根据国家和省、市有关规定，结合本市实际，制定本办法 | 市城乡建设行政主管部门应当以房地产开发企业信用信息网站作为统一工作平台，建立网络评价数据库和企业信用档案。同时将房地产开发企业综合信用评价结果对外公示，并在新闻媒体上公告 |

续表

| 发布省份 | 发布时间 | 发布单位 | 政策名称 | 发布背景 | 措施 |
|---|---|---|---|---|---|
| 大连市 | 2011.10.11 | 大连市政府 | 大连市人民政府关于进一步规范商品房预售管理的通知 | 为贯彻落实《国务院关于坚决遏制部分城市房价过快上涨的通知》（国发〔2010〕10号）和住房城乡建设部《关于进一步加强房地产市场监管完善商品住房预售制度有关问题的通知》（建房〔2010〕53号）精神，进一步规范我市商品房预售管理，维护房屋交易双方的合法权益，促进房地产市场健康发展 | 加强房地产诚信体系建设。将商品房预售行为纳入房地产诚信管理，对存在违法违规预售等不良行为的，将按照《大连市房地产诚信网管理办法》有关规定，通过诚信网公开曝光 |
| 海口市 | 2010.4.7 | 海口市政府 | 海口市人民政府办公厅关于印发《关于大力改善民生推进基本公共服务均等化的意见》2010年实施计划的通知 | 为进一步落实好市委《关于大力改善民生推进基本公共服务均等化的意见》 | 建立健全土地和商品房市场信息披露机制，建立房地产诚信体系。促进房地产中介和物业管理服务业发展，规范二手房交易和房屋租赁市场 |
| 白城市 | 2011.4.6 | 白城市政府 | 白城市人民政府办公室关于进一步做好全市房地产市场调控工作的通知 | 为进一步贯彻落实《国务院办公厅关于进一步做好房地产市场调控工作有关问题的通知》（国办发〔2011〕1号）和《吉林省人民政府办公厅关于进一步做好全省房地产市场调控工作有关问题的通知》（吉政办明电〔2011〕33号）要求，逐步解决城镇居民住房问题，促进全市房地产市场平稳健康发展 | 进一步加强市场监管，重点规范房地产开发企业在商品房销售等环节的经营行为。完善房地产诚信体系建设，公示房地产开发企业基本情况。规范商品房预售行为，整顿房地产中介市场秩序，提高中介服务质量 |
| 滨州市 | 2009.10.20 | 滨州市政府 | 滨州市人民政府关于推动生产性服务业加快发展的意见 | 为充分发挥生产性服务业在调整产业结构、转变经济发展方式和建立现代产业体系中的重要作用 | 提高房地产业的适应性和竞争力，加快建立房地产诚信体系，打造房地产品牌企业，扶持房地产企业做大做强 |

续表

| 发布省份 | 发布时间 | 发布单位 | 政策名称 | 发布背景 | 措施 |
|---|---|---|---|---|---|
| 秦皇岛市 | 2008.12.1 | 秦皇岛市政府 | 秦皇岛市人民政府关于促进房地产市场健康发展的若干意见 | 为推进我市住房保障制度改革,加快解决城市中低收入家庭的住房问题,正确引导住房消费与住房建设,以开展城镇面貌三年大变样工作为契机,进一步加快城市化进程,促进房地产市场持续健康发展,打造宜居城市 | 加快房地产诚信体系建设,规范房地产市场秩序 |
| 黄山市 | 2008.11.6 | 黄山市政府 | 黄山市人民政府办公室关于进一步促进房地产市场健康发展的意见 | 为贯彻落实科学发展观,改善居民住房条件,合理引导住房消费与住房开发建设,进一步促进我市房地产市场持续健康发展 | 完善房地产诚信体系评定标准,严格评定程序,落实奖惩措施,进一步规范房地产开发企业和中介机构经营行为,维护市场秩序,防止不正当竞争 |
| 扬州市 | 2008.9.15 | 扬州市政府 | 扬州市人民政府关于促进我市房地产业健康稳定发展的实施意见 | 为促进房地产业健康稳定发展,加快推进宜居城市建设 | 积极完善房地产信用档案系统,推进房地产诚信体系建设 |

二是强调信用信息的采集与认定,重点核查采集信息的真实性与正确性。采取企业自行填报、政府审核公示的制度,以政府相关部门及行业协会提供、公众投诉与举报、媒体公开披露、企业自行申报的信息为重点,建立信用信息数据库。在此基础上,要求企业设定信用信息管理员,由省房地产信用办负责统一培训,专人负责信息填报。引入联席会议成员单位对企业的不良信息进行采集及记录,建立信息互联、互通、互查机制,具体见图2-4-5。

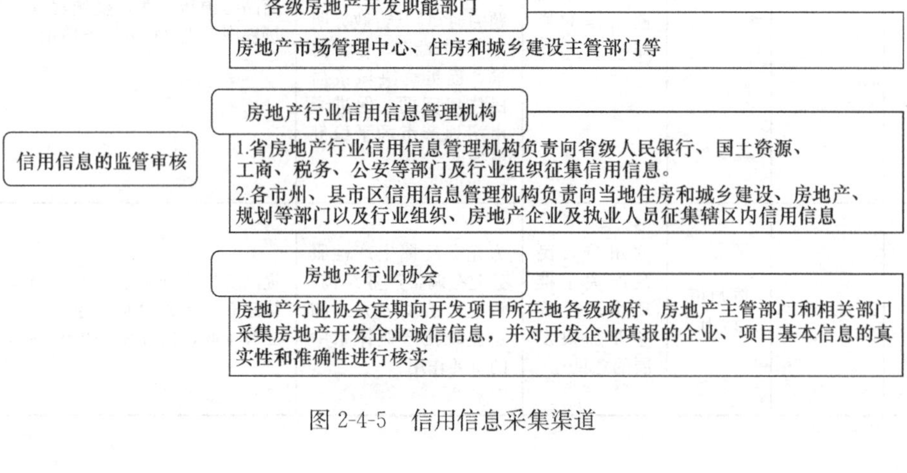

信用信息的监管审核
- 各级房地产开发职能部门
  - 房地产市场管理中心、住房和城乡建设主管部门等
- 房地产行业信用信息管理机构
  - 1.省房地产行业信用信息管理机构负责向省级人民银行、国土资源、工商、税务、公安等部门及行业组织征集信用信息。
  - 2.各市州、县市区信用信息管理机构负责向当地住房和城乡建设、房地产、规划等部门以及行业组织、房地产企业及执业人员征集辖区内信用信息
- 房地产行业协会
  - 房地产行业协会定期向开发项目所在地各级政府、房地产主管部门和相关部门采集房地产开发企业诚信信息,并对开发企业填报的企业、项目基本信息的真实性和准确性进行核实

图2-4-5 信用信息采集渠道

2）事中关注重点：房地产开发企业信用信息评定机制的科学建立

一是合理划分信用信息等级，差别化督促企业信用信息提升。各省（直辖市）对信用信息等级的划分从三级到五级不等，但整体基本划分为优、良、一般、差四个层次，构建了明晰的信用等级机制，便于实施差别化提升措施。典型省份信用信息评价框架见图 2-4-6。

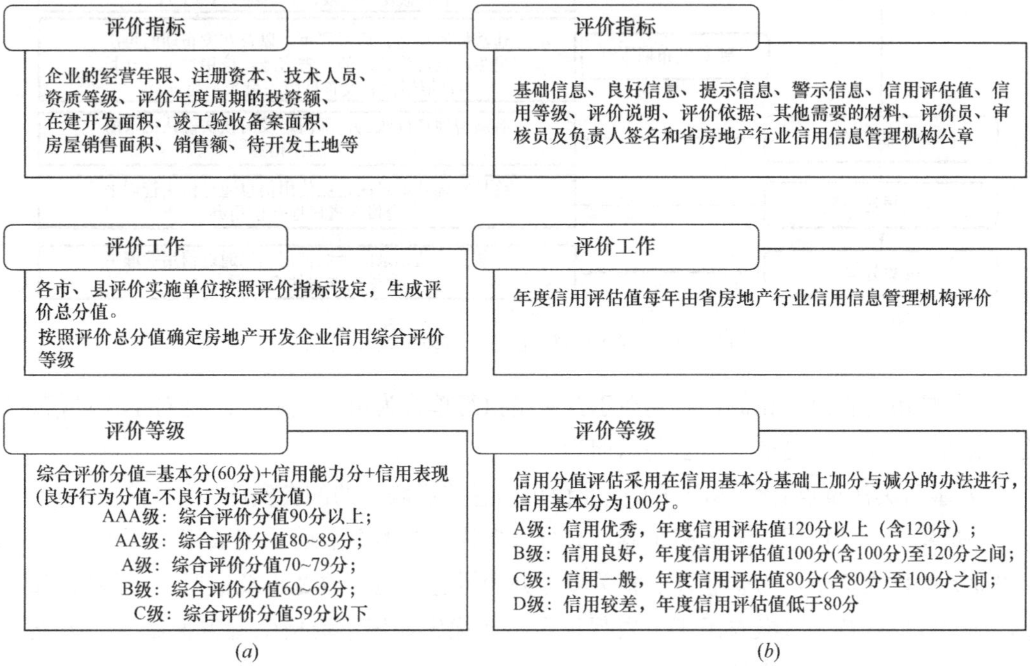

图 2-4-6　福建省与湖南省信用信息评价

(a) 福建省；(b) 湖南省

二是科学构建信用信息评价模型，精确计算信用信息分值。各省（直辖市）的信用信息评价大多采用"初始信用分＋信用能力分＋信用表现分"的计算方式。信用能力分主要由经营年限、资质等级、管理能力、财务能力、发展能力等方面综合测评得出。信用表现包含良好表现与不良表现两方面：良好信用表现诸如社会公益行为、评定纳税信用等级、企业或项目获得荣誉称号等进行相应加分；不良信用表现例如信访投诉、违法违规行为、企业监管不力等则进行相应扣分。

三是构建信用信息的动态发布机制，实现信用信息的公开、公平、公正。各省（直辖市）采取在省住房城乡建设厅门户网站或省房地产信息网予以发布，依法依规进行信息的公开与共享。构建了基本信用信息动态发布机制，基本信用信息长期发布，良好信用信息与不良信用信息自发布日起保留 2 年，以此约束房地产开发企业的信用行为。典型地区信息发布见图 2-4-7。

陕西省韩城市与青海省相似，区别在于信用信息发布期限与信用信息披露单位，韩城市良好信用信息与不良信用信息自发布之日起 1 年，并长期存档；信用信息发布以及变更申请单位为市住房和城乡规划建设部门。

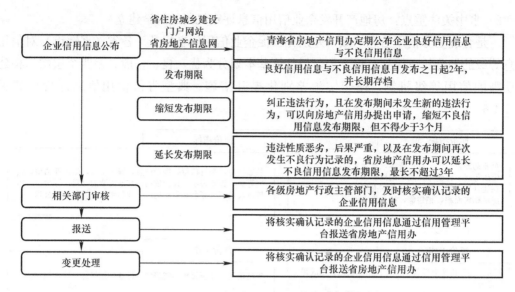

图 2-4-7 青海省信用信息的动态发布机制

三门峡市与青海省相似，区别在于：一是执行单位为市住建局；二是对于优良信息最长公示期为 3 年，不良信息最长公示期为 1 年。

3）事后关注重点：房地产开发企业信用信息奖惩联动的配套实施

一是积极奖励信用等级较高企业，充分发挥优秀典型企业的示范效用。给予企业开发相关业务的优先资格，为企业开通相关事务办理绿色通道，放宽审核监管、金融信贷的条件，加大政府扶持，减缴农民工工资保证金，在优先评优、资格荣誉方面给予大力支持，调动企业诚信经营的积极性。

二是严厉惩罚信用等级较差企业，强化反面典型企业的监督和惩罚机制。将企业列为重点监督和检查对象，加强企业主要从业人员的法律、法规教育，公示企业失信行为，取消其享受相关优惠政策的资格，严格相关经营行为的审查条件甚至限制、暂停相关经营行为，要求企业限期对失信行为进行整改，依法依规采取行政性约束和惩戒措施，杜绝企业失信行为的发生。典型地区奖惩措施如图 2-4-8、图 2-4-9 所示。

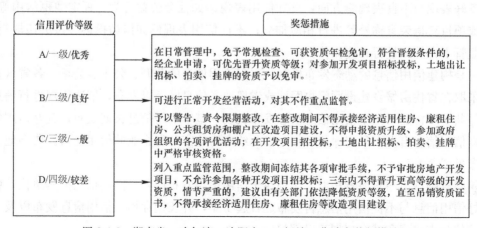

图 2-4-8 湖南省、哈尔滨、沈阳市、三门峡、曲靖市奖惩措施

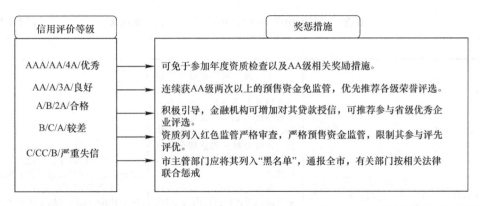

图 2-4-9 福建省、黑龙江省、青海省、济南市、南京市、秦皇岛市、西安市、韩城市奖惩措施

吉林对信用评价等级进行了简化，将房地产开发企业信用评价整体分为优秀、合格和不合格三个等级；郑州则将房地产开发企业信用评价等级细化为六级；两者分别针对不同信用评价等级的房地产开发企业采取相应的奖惩措施，具体措施与四级、五级信用评价等级类似。

**2. 其他行业信用信息管理办法经验借鉴**

目前，工程建设、银行、电子商务等信用体系建设较为完善，因此，我们重点关注这三大领域的政策发布和做法，以期对房地产开发企业的信用体系建设提供启示与借鉴。

1）信用信息组成、认定和采集

目前，工程建设行业的信用评价办法较多，覆盖范围较广，其中包括针对建设工程企业、工程监理企业、公路建设施工市场、高速公路建设施工企业、建设工程检测机构等信用评价规定，关于各政策信用信息组成与采集梳理详见表 2-4-3（政策中没有信用信息认定有关内容）。建设行业下属子行业的特点不同，同一子行业信用信息分类依据不同，信用信息组成不同。根据表 2-4-3 可知，信用信息的认定与采集大多是由政府主管部门负责采集的。《福建省工程监理企业信用综合评价暂行办法》中，信用信息的采集是通过自动采集、企业自行申报、监督部门提供信息相结合的方式，并引入了第三方机构（评价实施单位）进行采集。因此陕西省房地产市场也可以引入第三方机构进行信用信息采集，使得信用评价体系更加完善，同时大大减少了相关行政部门的信用评价监督工作。

目前，中国的银行种类很多，主要参考国务院领导下的中国人民银行和大型商业银行的信用信息管理。中国人民银行征信系统企业信用信息主要包括四部分内容：基本信息、信贷信息、公共信息和声明信息。基本信息展示企业的身份信息、主要出资人信息和高管人员信息等。借贷信息展示企业在金融机构的当前负债和已还清债务信息，是信用报告的核心部分。公共信息展示企业在社会管理方面的信息，如欠税信息、行政处罚信息、法院判决和执行信息等。声明信息展示企业项下的报数机构说明、征信中心标注和信息主体声明等。信用信息认定是信用评级机构在合同规定期限内按有关规定对被评对象提供的资料进行详细审核，并就被评对象经营及财务状况组织现场调查和访谈。信用信息的采集是被评对象按合同规定向信用评级机构提供所需的真实、完整的有关资料、报表。在陕西省房地产开发企业信用管理中，可将借贷信息加入基本信息，欠税信息、行政处罚信息等加入不良信用信息。

建筑业、银行、电子商务信用信息组成、认定与采集　　　　　表 2-4-3

| 行业 | | 组成 | 认定 | 采集 |
|---|---|---|---|---|
| 建筑业 | 吉林省 | 工程监理企业的资格和素质、质量行为、安全管理及社会信誉 | 市（州）级住房城乡建设主管部门汇总本地区工程监理企业申请信用评价情况，组成评价小组逐家企业实地考评打分，提出初步评价意见上报协会。由协会对工程监理企业申请材料和初步评价意见进行复核。各市（州）住房城乡建设主管部门对评价进行内部审核，对有异议的评价组织抽查复查，对无异议的评价按程序完成审核，并进行公示，公示期为10天，期满后上报协会。协会决定进行抽查复查的，应在5个工作日内组织抽查复查，发现确有问题的，退回市（州）更改，审核后再予上报 | 省住房城乡建设厅负责制定工程监理企业信用评价标准，协会负责工程监理企业信用信息的采集、审核，对其他部门或组织提供的相关信息的采用，负责工程监理企业信用评价与评价结果的发布 |
| | 福建省 | 企业通常行为评价（监理收入、奖励信息、不良信息）；企业项目实施行为评价（项目监理机构人员履职行为、实体工程质量安全及文明施工监理行为）；建设单位对监理评价（监理人员职业道德、监理人员到位、监理履职） | 评价实施单位应当结合对施工单位质量安全文明评价等日常监管工作，对所负责评价的项目实施行为依照评价标准实施评价，原则上每个项目每季度评价一次 | 企业通常行为信息由建设管理相关监督系统自动采集、企业自行申报、监督部门提供信息相结合的方式获取。省级及以下住房城乡建设主管部门应当根据评价标准，按照"谁作出、谁采集"的原则，于处理决定作出10个工作日内，将工程监理企业的不良信息纳入评价系统公示。评价实施单位应当结合对施工单位质量安全文明评价等日常监管工作，对所负责评价的项目实施行为依照评价标准实施评价，原则上每个项目每季度评价一次 |
| | 海南省 | 基本信用信息、良好行为信息和不良行为信息 | | 基本信用信息按照"谁许可，谁采集""谁备案，谁采集"原则，由住房城乡建设主管部门在办理企业（人员）资质（资格）审批、项目规划许可、施工许可以及质量安全报监、竣工验收等备案登记过程中即时采集录入全省统一的建筑工程监管信息平台（以下简称"信息平台"）。良好行为信息按照"谁表彰，谁采集"的原则，由作出决定的住房城乡建设行政主管部门负责采集，在决定正式生效后7个工作日内录入信息平台。不良行为信息按照"谁监管，谁采集""谁处理（罚），谁采集"的原则，由住房城乡建设行政主管部门或其委托的监督管理机构（包括招标投标监管、市场监管、质量安全监管和造价监管等机构），负责在履行职责过程中对不良行为信息进行采集记录 |

续表

| 行业 | | 组成 | 认定 | 采集 |
|---|---|---|---|---|
| 建筑业 | 青海省 | 公路施工企业投标行为、履约行为和其他行为 | | 基本信用信息采集：按照"谁许可，谁采集""谁登记，谁采集"的原则记录。良好信用信息采集：本省行政区域内所形成的良好信用信息由省住房城乡建设行政主管部门负责审核确认。不良信息采集：由国家、省外、本省行政部门作出的行政处罚或处理由省住房城乡建设行政主管部门记录；法院文书由一审法院所在地的市县住房城乡建设行政主管部门负责记录；仲裁机构文书由企业注册所在地住房城乡建设行政主管部门负责记录 |
| 银行 | | 1. 基本信息：展示企业的身份信息、主要出资人信息和高管人员信息等。<br>2. 信贷信息：展示企业在金融机构的当前负债和已还清债务信息，是信用报告的核心部分。<br>3. 公共信息：展示企业在社会管理方面的信息，如欠税信息、行政处罚信息、法院判决和执行信息等。<br>4. 声明信息：展示企业项下的报数机构说明、征信中心标注和信息主体声明等 | 信用评级机构在合同规定期限内按有关规定对被评对象提供的资料进行详细审核，并就被评对象经营及财务状况组织现场调查和访谈 | 被评对象按合同规定向信用评级机构提供所需的真实、完整的有关资料、报表 |
| 电子商务 | 深圳市 | 身份真实性；交易过程可信度；售后服务保障程度；相关历史评价情况；企业经营能力；合规经营情况 | | 评价对象提交的相关信息；评价对象、相关部门对外公开的相关信息；通过合法渠道获取的银行、合作伙伴、监管部门的相关信息；通过调查等合法渠道获取的关于平台运营、评价的相关信息；其他合法途径获取的相关信息 |
| | | 基本情况、平台运营、财务状况、公共信用、发展潜力、其他信用相关 | | 评价对象提交的相关信息；评价对象、相关部门对外公开的相关信息；通过合法渠道获取的银行、合作伙伴、监管部门的相关信息；通过调查等合法渠道获取的关于平台运营、评价的相关信息；其他合法途径获取的相关信息 |

2）信用信息等级、计分及发布经验借鉴

《海南省建筑市场诚信评价管理办法（试行）》对企业和相关从业人员的诚信等级进行了划分，并附以相应的排名区间。在《陕西省房地产开发企业信用信息管理暂行办法》中，只对企业的诚信等级进行了划分，因此，可以对相应从业人员进行诚信等级划分。

关于计分方式，《青海省公路建设（施工）市场信用评价实施细则》具体规定了单项评价、省级和国家级的企业投标综合评价得分计算公式、企业履约行为信用综合评价得分计算公式。陕西省的房地产市场可以借鉴青海省公路建设市场的评分规则，引入房地产开发各个阶段（建设开发阶段、销售阶段、运营阶段）具体评分规则。《福建省工程监理企业信用综合评价暂行办法》中，每一项评分指标都有更细化的评价内容和评分方式，陕西省的房地产市场可以借鉴福建省监理企业信用评分规则，将每一项评分指标进行进一步细化及可量化处理。

关于发布方式，所有政策文本都是在省厅文件或信息平台中发布，福建省文件指出了公示期并写明异议受理部门，青海省指明公示期。因此，陕西省的房地产市场可以借鉴福建省与青海省的发布方式，注明结果发布的公示期及异议受理部门。

《中国人民银行信用评级管理指导意见》《中国农业银行企业信用等级评定暂行办法》给出了相应的信用等级划分规则，其中，中国农业银行给出了等级对应的分值区间和计分规则，并引入第三方信用评价机构评审确定企业信用等级。《中国农业银行企业信用等级评定暂行办法》将企业信用等级评级结果有效期设定为1年，并且评级机构可在有效期内调整信用等级。对于房地产开发企业，可以借鉴银行的等级评定，引入第三方信用评价机构评审确定企业信用等级。同时，借鉴中国农业银行，可以将企业信用等级评定结果设定有效期，评级机构可以视企业的生产经营状况和财务状况，在有效期内调整信用等级。

《电子商务企业信用评价准则》规定了评分细则，并进行了详细的等级划分。基本从高到低进行了A、B、C、D四等，A、B、C三等又进一步细分为三级，这比陕西省房地产开发企业信用等级划分更具体。关于计分方式，《电子商务企业信用评价准则》具体规定了电子商务第三方平台企业、电子商务自营型企业、电子商务平台网店企业三种不同类型企业的一、二级指标及权重。因此，陕西省的房地产市场可以借鉴电子商务企业的评分指标体系，将每一个等级评分指标进一步细化，对定性指标进行定量化处理，对定量化指标进行无量纲化处理（表2-4-4）。

3）信用信息使用借鉴

建筑业针对不同的信用等级制定不同的奖惩措施（其中，吉林省、海南省的相关规定较为清晰）。从奖惩措施的内容来看，对于信用等级较高的企业，政府给予优惠政策、列为重点扶持对象；减少检查核查频次；在投标时，同等条件下优先考虑；在各类创先评优中有优先权。针对信用信息较差的企业将被列为重点监督和检查对象，并根据相应等级做出一定的处罚，如对其企业进行约谈，暂停其承接新的业务；本单位及其参建项目半年内不得参加各类评优。海南省政策文本规定，依据从业人员的诚信等级实施差异化管理，对违法违规行为造成严重后果或影响的企业和从业人员，实行诚信"黑名单"制度。列入诚信"黑名单"企业不参与诚信等级评价，直接作为最严格监管对象。

表 2-4-4

### 建筑业、银行、电子商务信用信息等级、计分与发布

| 行业 | 省 | 等级 | 计分 | 发布 |
|---|---|---|---|---|
| 建筑业 | 吉林省 | 工程监理企业的信用评价等级分为A、B、C、D四个级别,依次表示信用优良、信用一般、信用较差。其中:90分以上(含90分)的信用等级评价为A级,80~90分(含80分)的信用等级评价为B级,70~80分(含70分)的信用等级评价为C级,70分以下的信用等级评价为D级。工程监理企业信用等级每年评价一次,并实行动态管理。省外工程监理企业在吉林省核定的信用等级进行评价 | 采用计分方式进行,评价总分100分。企业资格和素质20分、质量行为45分、安全管理25分、社会信誉10分 | 协会在省厅网站发布最终评价信息 |
| 建筑业 | 福建省 | | 企业通常行为评价(45分),企业项目实施行为评价(50分),建设单位对监理评价(5分)。企业通常行为评价采取加减累积分制计算,企业项目实施行为评价和建设单位对监理评价采取动态评价平均分制计算。总分计算模型: $Z_i = \dfrac{T_i}{T_{max}} \times 45 + \dfrac{S_i}{S_{max}} \times 50 + \dfrac{J_i}{I_{max}} \times 5$ ($i$:企业;$Z_i$:指$i$企业的信用综合评价总分;$T_i$:指实时企业通常行为评价得分;$S_i$:指$i$企业项目实施行为评价得分;$T_{max}$:指实时企业通常行为评价得分的最高值;$S_{max}$:指$i$企业建设单位对监理评价得分的最高值) | 工程监理企业信用综合评价应当在"福建住房和城乡建设网"上公示和发布,公示期为5个工作日,公示内容应写明异议受理部门 |
| 建筑业 | 海南省 | 企业的诚信评价等级分为A(优秀)、B(良好)、C(一般)、D(较差)四个等级。①A(优秀):所在诚信类别诚信评分排名前10%(含10%);②B(良好):所在信用主体类别诚信评分排名在10%~50%(含50%);③C(一般):所在信用主体类别诚信评分排名在50%~90%(含90%);④D(较差):所在信用主体类别诚信评分排名在10%后。相关从业人员诚信评价等级分为四星:①四星(优秀):所在信用主体类别诚信评分排名前15%(含15%);②三星(良好):所在信用主体类别诚信评分排名在15%~50%(含50%);③二星(一般):所在信用主体类别诚信评分排名在50%~90%(含90%);④一星(较差):所在信用主体类别诚信评分排名在10%后 | 建筑市场信用主体诚信评价实行量化评分制。包括建筑市场信用主体基本信用分、良好行为信用分、不良行为信用分。分别按照不同权重汇集计算建筑市场主体诚信评价的综合评价得分。建筑市场主体诚信管理实时评价和阶段评价相结合的诚信评价方法:其一,实时评价,信用信息采集部门按照诚信评价标准对诚信主体的每个评价行为分值进行加减。以每阶段评价每一建筑市场信用主体评价周期内实时评价行为分值进行加减。其二,阶段评价,以6个月为一个评价周期,诚信评价管理系统根据评价周期内各天实时和阶段评价得分,按照平均值计算所得,再按照计算得分高低形成建筑市场信用主体的信用评价等级 | 信用信息按照"谁采集、谁公布"的原则,由各级住房城乡建设主管部门或其委托的监督管理机构在采集录入信息平台后的同时予以公布。良好行为信息公布内容包括建筑市场主体名称、授予文件、授予日期和公布期限,不良行为信息公布内容包括建筑市场主体名称、不良行为内容、行政处罚内容、行政处理决定机关、司法机关生效法律文书内容和编号、行政处理文件和文号、行政处罚决定机关和公布期限。建筑市场信用评价结果和评定等级由诚信评价管理系统自动形成,并即时在信用平台上公布 |

续表

| 行业 | | 等级 | 计分 | 发布 |
|---|---|---|---|---|
| 建筑业 | 青海省 | 公路施工企业信用评价等级分为AA、A、B、C、D五个等级，各信用等级对应的企业评分X分别为：AA级：95分≤X≤100分，信用好；A级：85分≤X<95分，信用较好；B级：75分≤X<85分，信用一般；C级：60分≤X<75分，信用较差；D级：X<60分，信用差 | 省级综合评分：$X = aT + bL - \sum_{x} Q_x$（企业履约行为评价得分为T，企业履约行为评价得分为L，$Q_x$为其他企业在某省只存在投标行为评价标准。$a$、$b$为评分系数。$a=0$，$b=1$；当企业在某省只存在投标行为评价时，$a=1$，$b=0$；当企业在某省只存在履约行为评价时，$a=0$，$b=1$；当企业在某省同时存在投标行为评价和履约行为评价时，$a=0.2$，$b=0.8$）投标行为评价得分：$T = \sum_{i=1}^{n} T_i / \sum_{i=1}^{x} i$（$i$为不同合同段投标行为评价得分名次，$i=1$，$2$，……，$T_i$为施工企业在不同合同段投标行为评价得分，且$T_1 \geq T_2 \geq \cdots \geq T_n$）履约行为评价得分：$L = \sum_{i=1}^{n} L_i / \sum_{i=1}^{x} i$（$L_i$为施工企业在某合同段履约行为评价得分，$i$为企业在不同合同段履约行为评价得分名次，$i=1$，$2$，……，$T_i$为施工企业在不同合同段投标行为评价得分，且$L_1 \geq L_2 \geq \cdots \geq L_n$）单项评价：投标行为评价得分：$T = 100 - \sum_{i=1}^{m} A_i$。其中，$i$为不良投标行为数量，$A_i$为不良投标行为对应的扣分标准。企业履约行为信用评价得分：$L = 100 - \sum_{i=1}^{m} B_i$。其中，$i$为不良履约行为数量，$B_i$为不良履约行为对应的扣分标准。全国综合评价：$X = a \sum_{i=1}^{m} T_i/m + b \sum_{j=1}^{p} L_j F_j - \sum_{k=1}^{m} Q_k/G (T_i$为施工企业在某省份投标行为评价得分，$L_j$为施工企业在某省份履约行为评价得分。$L_1 \geq L_2 \geq \cdots \geq L_p$，$Q_k$为企业在该省份参与投标行为评价的其他行为的扣分分值。$F_j$为企业在该省份对应履约行为评价的项目数量。$i$、$j$、$k$分别为对企业进行投标行为评价、履约行为信用评价和其他行为评价的全部省份数量。$G$为对企业进行信用评价的省份数量，$a$、$b$为评分系数。当企业在周期内只存在投标行为评价时，$a=1$，$b=0$；当企业只存在履约行为评价时，$a=0$，$b=1$；当企业同时存在投标行为评价和履约行为评价时，$a=0.2$，$b=0.8$） | 企业得分及信用等级在交通运输厅门户网站公示。公示期不少于10个工作日 |

续表

| 行业 | | 等级 | 计分 | 发布 |
|---|---|---|---|---|
| 行业 | 《中国农业银行企业信用等级评定暂行办法》 | 等级划分为：AAA级（评价分值90分以上）、AA级（评价分值80~89分）、A级（评价分值70~79分）、B级（评价分值60~69分）、C级（评价分值59分以下）共5个等级 | ① AAA企业。得分为90分（含）以上，且资产负债率、利息偿还率和到期信用偿付率指标得分均为满分，现金流量指标得分不低于5分，有一项达不到要求，最高只能评定为AA级。<br>② AA级企业。得分为80分（含）~90分（不含），且资产负债率、利息偿还率指标得分不低于10.8分，到期信用偿付率指标得分不低于3分，有一项达不到要求，最高只能评定为A级。<br>③ A级企业。得分为70分（含）~80分（不含），且资产负债率指标得分不低于5分，利息偿还率指标得分不低于8.1分，到期信用偿付率指标得分不低于9.6分。<br>④ B级企业。得分为60分（含）~70分（不含），或得分在70分以上，但具有下列情形之一的：<br>A. 属于国家限制发展的行业；<br>B. 资产负债率得分为5分以下；<br>C. 利息偿还率得分为8.1分以下；<br>D. 到期信用偿付率得分9.6分以下。<br>⑤ C级企业。得分在60分（不含）以下，或得分在60分以上，但具有下列情形之一的：<br>A. 生产停半年以上，技术和产品属国家明令淘汰；<br>B. 企业已停产半年以上；<br>C. 存在逃废银行债权行为；<br>D. 资不抵债；<br>E. 利息偿还率得分在2.7分以下；<br>F. 到期信用偿付率得分在3.6分以下 | 中国农业银行将评定等级通知企业，或按照企业的书面要求向社会发布 |

113

续表

| 行业 | 标准名称 | 等级 | 计分 | 发布 |
|---|---|---|---|---|
| 银行 | 《中国人民银行信用评级管理指导意见》 | ①银行间债券市场长期债券、借款企业、担保机构信用等级划分为三等九级，符号表示分别为：aaa、aa、a、bbb、b、ccc、cc、c。②银行间债券市场短期债券信用等级划分为四等六级，符号表示分别为：a-1、a-2、a-3、b、c、d | 没有具体计分规则，根据企业债务偿还能力、抗风险管理能力、绩效管理和风险管理能力以下等级可用"+"、"-"符号进行微调，表示略高或略低于本等级。除ccc级以下等级外，每一个信用等级可用"+"、"-"符号进行微调，表示略高或略低于本等级，但不包括aaa+ | 中国人民银行发布是在首次评级后，信用评级机构将评级结果告知被评对象并向中国人民银行报告 |
| 电子商务 | 《电子商务企业信用评价准则》 | 电子商务企业信用等级从高到低分为三级：A、B、C三等，每一等可进一步细分为三级（最多三个），用字母数量来区分，字母数量越多表示信用程度越高 | ①信用评价分值不应超过100分；②评价对象最终信用得分，由各评价要素得分构成 | 深圳市市场监督和质量管理委员会 |
| 电子商务 | 《电子商务第三方平台企业信用评价规范》 | 电子商务企业信用等级从高到低分为三级：A、B、C三等，每一等可进一步细分为三级（最多三个），用字母数量来区分，字母数量越多表示信用程度越高 | 对定性指标进行定量化处理；对定量化指标进行无量纲化处理；评价方法应公开 | 国家市场监督管理总局、中国国家标准化管理委员会 |

中国人民银行根据信用信息实施"关注名单"管理，一旦被纳入"关注名单"，其关注期限为列入"关注名单"的当年及之后连续 2 年。在关注期限内，"关注名单"内的个人办理个人结售汇业务，除了提供本人有效身份证件，还应提供有交易额的相关证明等材料，银行也会按照真实性审核原则，严格审核相关证明材料。对企业来说，一旦外汇处罚信息被纳入征信系统，可能影响其办理外汇、信贷等相关业务，银行在办理相关业务时，一旦发现违规信息，相关业务的审核可能更为严格。《中国农业银行企业信用等级评定暂行办法》对企业以虚假资料骗取较高级别信用等级的，一经发现，农业银行将立即取消其评级资料，并实施相应的信贷制裁。《义乌市银行业信用联合奖惩实施指导意见》指出在信贷审批时，会将根据企业的信用情况实行授信差别化政策，信用良好的主体将享受信贷"绿色通道"服务，并给予一定的利率优惠，而信用不良的主体在利率及信贷额度上都将受到限制。陕西省房地产企业信用可以参考中国农业银行，对企业以虚假资料骗取较高级别信用等级的，一经发现，应立即取消其评级资料，并对其实行红色标注管理。

关于信用信息的使用，电子商务行业的政策文本相应的奖惩与监管措施相对宏观，但《深圳市电子商务经营者第三方信用评价与应用暂行办法》鼓励电子商务行业协会、商会等组织按照法律法规、行业标准、行规、行约等，结合电子商务经营者第三方信用评价结果对失信会员实行警告、行业内通报批评、公开谴责、不接纳、劝退等惩戒措施，因此，陕西省房地产开发企业信用信息管理暂行办法可以鼓励房地产行业协会和组织等按照法律法规、行业标准、行规、行约等，对失信会员实行警告、行业内通报批评、公开谴责、不接纳、劝退等惩戒措施（表 2-4-5）。

建筑业、银行、电子商务信用信息使用梳理　　　　表 2-4-5

| 行业 | 政策 | 信用信息使用借鉴 |
|---|---|---|
| 建筑业 | 《吉林省建设工程监理企业信用评价管理规定》 | 各级住房城乡建设主管部门应当逐步健全完善建筑市场信用奖惩机制，在行政许可、市场准入，招标投标，资质管理，评优等工作中，充分利用已经发布的工程监理企业信用评价结果，依法对守信行为予以激励，对失信行为予以制约。不同信用等级的工程监理企业按照下列规定实行差异化管理：①信用评价为 A 级的监理企业，建立绿色通道，减少检查核查频次。在监理投标时，同等条件下优先考虑；符合升级或增项条件的，可优先办理；②信用评价为 B 级的监理企业，可进行正常监理活动，相关行业管理部门对其进行一般监管；③信用评价为 C 级的监理企业，强化监管，依法责令限期整改提高，整改期内重点监管，不受理资质升级和增项，不提供出省承揽监理任务证明；④信用评价为 D 级监理企业，对其企业进行约谈，暂停其承接新的监理业务，省外入吉企业同时通报其注册所在地省级建设主管部门。对连续两次评价为 D 级的企业，作为降低或吊销其监理资质的依据 |
| | 《福建省工程监理企业信用综合评价暂行办法》 | 工程监理企业信用综合评价，应在工程监理企业库、人员库和项目库中同步联动记录。工程监理企业信用综合评价在全省国有投资（含国有投资占主导或控股地位）房屋建筑和市政基础设施工程的招投标评分中可占 10%～20%。工程监理企业信用综合评价，应与企业资质资格动态监管、评优评先、政策扶持等相结合，具体办法由省住房和城乡建设厅另行制定 |

续表

| 行业 | 政策 | 信用信息使用借鉴 |
|---|---|---|
| 建筑业 | 《海南省建筑市场诚信评价管理办法（试行）》 | 企业的诚信等级按照我省评标办法给予一定分值的奖励或扣分；在其阶段评价诚信等级公布期间，差别化管理措施如下：<br>①诚信等级为A（优秀）：A. 实施简化监督和较低频率的日常检查；B. 在各类创先评优中有优先权；C. 免于资质资格年度动态核查，直接判定为合格；D. 在评标过程中作为良好行为记录按我省评标办法加分；E. 在承发包工程时，建设单位和施工企业免于缴纳农民工工资保证金；F. 法律法规、规范性文件等规定的其他差别化管理措施。②诚信等级为B（良好）；实施常规监督和适度频率的日常检查。③诚信等级为C（一般）；实施强化监督和较高频率的日常检查。④诚信等级为D（较差）：A. 实施重点监督和高频率的日常检查；B. 本单位及其参建项目半年内不得参加各类评优；C. 在评标过程中作为不良行为记录按我省评标办法扣减一定分值；D. 建设单位将工程发包给D级企业的，建设单位和施工企业分别按照规定标准双倍缴纳农民工工资保证金；E. 法律法规、规范性文件等规定的其他差别化管理措施。对选用诚信D级企业的项目，住房城乡建设主管部门或其委托的监督管理机构应将施工企业列入重点监管对象，对其项目每月不得少于2次施工现场监督检查。<br>从业人员的诚信等级可按照我省评标办法给予一定分值的奖励或扣分；在其阶段评价诚信等级公布期间，差别化管理措施如下：①诚信等级为四星（优秀）：A. 实施简化监督和较低频率的日常检查；B. 在各类创先评优中有优先权；C. 在培训、学习优先安排权和参与重大、重要项目编审权；D. 法律法规、规范性文件等规定的其他差别化管理措施。②诚信等级为三星（良好）实施常规监督和适度频率的日常检查。③诚信等级为二星（一般）实施强化监督和较高频率的日常检查。④诚信等级为一星（较差）：A. 实施重点监督和高频率的日常检查；B. 本人及其主持项目一年内不得参加各类评优；C. 在评标过程中作为不良行为记录按我省评标办法扣减一定分值；D. 法律法规、规范性文件等规定的其他差别化管理措施。<br>对违法违规行为造成严重后果或影响的企业和从业人员，实行诚信"黑名单"制度。列入诚信"黑名单"企业不参与诚信等级评价，直接作为最严格监管对象 |
| | 《青海省公路建设（施工）市场信用评价实施细则》 | 在我省公路建设招标中，对不同信用等级在招标过程及合同签订与执行过程中给予不同的对待。C级企业停止进入我省公路建设市场资格1年，1年后重新进入我省公路建设市场，按B级对待。D级企业停止进入我省公路建设市场资格3年，3年后且处分期满后重新进入我省公路建设市场时，按B级对待。依法进行邀请招标的公路建设项目，原则上应邀请信用等级为AA、A级的施工企业。对于从业人员，实行"黑名单"的方式进行考核，黑名单由省交通运输厅或省公路局以本实施细则的规定确定并与省级综合评价结果同时公示 |
| 银行 | 《中国人民银行信用评级管理指导意见》 | 中国人民银行根据信用信息实施"关注名单"管理，一旦被纳入"关注名单"，其关注期限为列入"关注名单"的当年及之后连续2年。在关注期限内，"关注名单"内的个人办理个人结售汇业务，除了提供本人有效身份证件，还应提供有交易额的相关证明等材料，银行也会按照真实性审核原则，严格审核相关证明材料。对企业来说，一旦外汇处罚信息被纳入征信系统，可能影响其办理外汇、信贷等相关业务，银行在办理相关业务时，一旦发现违规信息，相关业务的审核可能更为严格 |
| | 《义乌市银行业信用联合奖惩实施指导意见》 | 在信贷审批时，会根据企业的信用情况实行授信差别化政策，信用良好的主体将享受信贷"绿色通道"服务，并给予一定的利率优惠，而信用不良的主体在利率及信贷额度上都将受到限制 |
| | 《中国农业银行企业信用等级评定暂行办法》 | ①企业以虚假资料骗取较高级别信用等级的，一经发现，农业银行应立即取消其评级资料，并实施相应的信贷制裁。②对有以下情况，直接对责任人进行相应处罚：参与或默许企业编制虚假报表以骗取较高级别信用等级；擅自向企业透露农业银行信用等级评定指标和评定标准；擅自向企业透露农业银行信用等级内部评级结果 |
| 电子商务 | 《深圳市电子商务经营者第三方信用评价与应用暂行办法》 | 鼓励电子商务行业协会、商会等组织按照法律法规、行业标准、行规、行约等，结合电子商务经营者第三方信用评价结果对失信会员实行警告、行业内通报批评、公开谴责、不接纳、劝退等惩戒措施 |

## 五、陕西省房地产开发企业信用信息管理对策建议

众所周知,良好的房地产开发企业信用不仅可以加快房地产行业的发展,而且可以提升房地产开发企业的核心竞争力。然而目前陕西省房地产开发企业信用管理中存在诸多问题,制约房地产行业的发展,阻碍了其对资本市场发展的促进作用。在剖析陕西省房地产开发企业信用体系发展现状,结合全国 31 个省、自治区、直辖市出台的相关政策文件,汲取相关宝贵经验的基础上,就陕西省房地产开发企业信用体系建立健全提出"建体系、定规则、强监管、抓奖惩"四步走对策(图 2-5-1),针对全省房地产开发企业信用体系建设及未来发展规划给出如下具体建议:

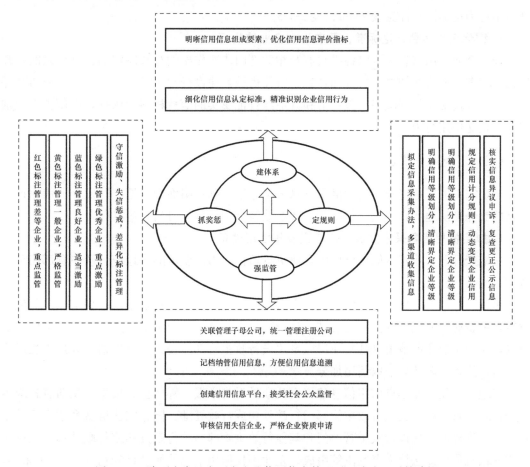

图 2-5-1 陕西省房地产开发企业信用信息管理"四步走"对策建议

### (一)建体系是前提

开发企业信用体系的建立健全是精准识别开发企业信用行为的前提,是全方位监管开发企业信用信息的保障。

**1. 明晰信用信息组成要素,优化信用信息评价指标**

综合参考其他省份(直辖市)信用信息组成要素,建议将房地产开发企业信用信息分

为基本信息、良好信用信息、不良信用信息。基本信息建议由开发企业注册登记情况、股东构成、资质等级情况、主要从业人员的职称、学历、社保、个人履历，以及关联开发企业（企业的母公司、全资子公司、控股公司以及受同一母公司控股的其他开发企业）等信息构成。良好信用信息建议由开发企业的开发能力、业绩、质量，经营管理能力、开发质量，遵纪守法、诚信经营，受到各级政府、相关部门的表彰、奖励等形成的信用信息。不良信用信息建议以开发企业在从事房地产开发经营活动中，违反房地产开发管理与城乡规划法律、法规、规章、规范性文件，违反工程建设强制性标准、质量安全管理规定，违反公平竞争、诚实信用原则，拒绝行政监督管理等形成的信用信息。本文依据上述信用信息组成要素，优化了房地产企业信用信息评价指标，房地产开发企业良好信用行为指标与不良信用行为指标汇总详见表2-4-4、表2-4-5。

**2. 细化信用信息认定标准，精准识别企业信用行为**

开发企业信用信息应该以各级政府及相关部门依法作出的行政决定书、已生效的行政处罚决定书、整改通知书、通告和经省、市住房城乡建设行政主管部门认可的行业协会评定，以及人民法院的判决书、裁定书和其他经查证属实的信息材料为依据，以便精准识别房地产企业信用行为。

## （二）定规则是核心

确定完善的房地产开发企业信用信息采集办法，制定明确的房地产开发企业信用评定规则能够保证房地产开发企业信用信息体系政策合理，措施得当，落实有力。

**1. 拟定信用信息采集办法，多渠道收集信用信息**

房地产开发企业基本信息建议由企业负责填报，由注册地的房地产行政主管部门负责核实。

房地产开发企业良好信用信息建议由房地产企业负责人负责填报，并提交相应的佐证材料，由企业注册地市（县）住房城乡建设行政主管部门审查确认。开发企业申请信用加分的，应向企业注册地市（县）住房城乡建设行政主管部门提出书面申请，并提供相应佐证材料，经审查确认后予以信用加分。

房地产开发企业不良信用信息建议由公众投诉与举报、媒体公开披露、陕西省各级房地产行政主管部门和其他行政主管部门行政处罚或行政处理、国务院住房城乡建设行政主管部门及省外城乡建设行政主管部门和其他行政主管部门的行政处罚或行政处理、人民法院或仲裁机构生效法律文书判决等组成。企业不良信用信息按照"谁处罚（理）、谁采集，谁许可、谁采集，谁登记、谁采集"的原则进行采集并记录。

**2. 明确信用等级划分，清晰界定企业等级**

通过汲取全国31个省（市）与其他行业信用等级分布经验，参照陕西省目前发展现状，建议陕西省房地产开发企业信用等级分为四级：一级：信用评定分值90分（含）以上的，为信用等级优秀企业；二级：信用评定分值为80分（含）至90分之间的，为信用等级良好企业；三级：信用评定分值60分（含）至80分之间的，为信用等级一般企业；四级：信用评定分值60分以下的，为信用等级差企业。

### 3. 确定基础信用分值，规范信用计分规则

房地产开发企业建立初始信用档案时，以 60 分基础信用分值记分，按三级信用等级核定。对于存在相关不良行为情形的，建议以 50 分的基础信用分记分，作为信用等级差的企业。房地产开发企业基础分值的确定能够为规范房地产开发企业信用信息计分奠定基础。

### 4. 规定信用计分规则，动态变更企业信用

住房城乡建设行政主管部门可以根据房地产开发企业良好信用行为指标库、房地产开发企业不良信用行为指标库的指标，按照"开发企业信用分值＝企业基础分值＋开发企业良好信用行为加分－开发企业不良信用行为扣分"的计分规则，在开发企业基础信用分值上进行信用分数的加减。房地产开发企业信用分值和等级随其信用记分变化动态变更。

### 5. 核实信息异议申诉，复查更正公示信息

如若房地产开发企业对其信用信息记录或信用记分有异议的，可向市（县）住房城乡建设行政主管部门申诉，澄清有关事实，并提出书面复核申请。市（县）住房城乡建设行政主管部门在收到书面复核申请和相关证明材料后，应在有限个工作日内完成核实。经核查，发现信用信息记录和记分确有错误、认定不当的，报省住房城乡建设行政主管部门予以更正。

## （三）强监管是保障

加强对房地产开发企业信用体系监管，便于保障房地产市场平稳积极运行。

### 1. 关联管理子母公司，统一管理注册公司

若存在房地产开发企业在同一市（县）设立法定控股或占主导地位公司的，建议住房城乡建设行政主管部门实行母、子公司信用关联管理。母、子公司的良好信用信息和不良信用信息相互计入各自的信用档案，并按照母公司在子公司的占股比例予以信用加分或信用扣分（子公司为全资或控股，非控股企业与控股方进行关联）。

若存在房地产开发企业在不同市（县）从事房地产开发经营的，建议由企业注册地市（县）住房城乡建设行政主管部门统一信用管理，及时对开发企业信用信息进行认定、记录，并建议开发项目所在地市（县）住房城乡建设行政主管部门予以配合。

### 2. 记档纳管信用信息，方便信用信息追溯

各级房地产行政主管部门应每年定期将房地产开发企业上一年度信用信息和信用记录情况通报同级相关部门，作为各部门对企业日常监督管理以及银行等金融机构开展金融服务的参考依据。房地产开发企业信用信息应记入开发企业信用档案，纳入陕西省房地产开发企业信用信息管理系统监督，并依据企业不良信用信息的严重程度，设定不同的公示年限。房地产开发企业不良信用信息公示期满后，经企业提出申请，并经市（县）住房城乡建设行政主管部门审查确认已完成整改的，可予以取消公示。企业良好信用信息和不良信用信息从记录之日起转为企业信用档案长久保存，以便相关行政主管部门与房地产开发企业追溯。

### 3. 创建信用信息平台，接受社会公众监督

省住房城乡建设行政主管部门可以通过房地产开发企业信息化管理平台，实现房地产开发企业信用信息采集、录入、审核、评价及信用信息动态发布，并定期向社会公示，接受社会监督。各级房地产行政主管部门，应及时核实确认记录的企业信用信息，并计入信用档案。

### 4. 审核信用失信企业，严格企业资质申请

若存在信用失信房地产开发企业新申办开发资质、申请开发资质延续、取消暂定或升级的，在资质审查期间，建议住房城乡建设相关负责部门应对信用失信的企业资质申请予以从严审核。

## （四）抓奖惩是长效

对房地产开发企业信用行为实施"失信必惩，守信必奖"是保证房地产开发企业长期守信的有效手段。

### 1. 守信激励、失信惩戒，差异化标注管理

根据陕西省房地产开发企业不同的信用等级，建议省住房和城乡建设厅在陕西省房地产开发企业信用信息管理系统中对房地产开发企业分类实施绿色（优秀）、蓝色（良好）、黄色（一般）、红色（差）四类差异化标注管理。

### 2. 绿色标注管理优秀企业，重点激励

对信用等级优秀的房地产开发企业，可以实行绿色标注管理，建议住房和城乡建设行政主管部门免于对其开展房地产开发日常动态核查，可以降低开发建设项目农民工工资保证金的缴纳标准，或优先提供保函，并且在开发企业申请办理房地产开发资质升级、延续时，可以对该企业开设绿色通道，优秀开发企业也可优先推荐评先评优、提供多种金融服务等多种激励措施。

### 3. 蓝色标注管理良好企业，适当激励

对信用等级良好的开发企业，建议实行蓝色标注管理，建议住房和城乡建设行政主管部门免于对其开展房地产开发日常动态核查，并适度降低开发建设项目农民工工资保证金的缴纳标准，或优先提供保函，且信用等级良好的房地产开发企业可享受优先推荐评先评优等激励措施。但信用等级良好的开发企业不建议享受企业资质办理时的绿色通道。

### 4. 黄色标注管理一般企业，严格监管

对信用等级一般的房地产开发企业建议实行黄色标注监管，市（县）住房城乡建设行政主管部门应制定合理比例对房地产开发企业的开发资质和市场行为实施日常动态核查。若经核查，企业资质条件不符合现有资质条件或有违法违规行为的，依法责令限期整改。整改后仍不符合要求的，可由市（县）住房城乡建设行政主管部门报省住房和城乡建设厅，根据违法行为情节轻重，依法分别给予责令停业整顿、降低资质等级、吊销开发资质证书或待现有项目开发完毕后不得开发新项目等相应的处罚。黄色标志监管的房地产开发企业的开发项目农民工工资保证金必须按标准缴纳，或提供保函，不予降低比例。并且建议对开发企业商品房预售资金使用实行全过程监管，房地产开发企业的法定代表人、经营

管理人员应参加相关法律、法规教育培训。

**5. 红色标注管理差的企业，重点监管**

对信用等级差的房地产开发企业和上一年度或本年度累计扣减信用分数达到10分（含）以上的，上一年度或本年度累计不良信用记录达5次（含）以上的，发生一次性扣减信用分数5分以上的重大违法违规行为的房地产开发企业建议纳入信用预警，予以红色标注，重点监管，且合理制定监管年限，建议不少于3年；建议住房和城乡建设行政主管部门向市场监督管理、自然资源、税务等相关部门和人民银行、银监等金融管理机构发出预警，加强相关部门对红色标注管理的房地产开发企业日常监管和核查；建议市（县）住房城乡建设行政主管部门对企业开发资质和市场行为实施日常动态核查，对企业资质条件不符合现有资质条件的，由市（县）住房城乡建设行政主管部门报省住房和城乡建设厅，根据违法行为情节轻重，依法分别给予责令停业整顿、降低资质等级、吊销开发资质证书或待现有项目开发完毕后不得开发新项目的处罚或行政监管措施；同时开发企业的开发项目农民工工资保证金必须按标准全部现金足额缴纳，并且对开发企业的商品房预售资金使用实行全过程严格监管；建议住房和城乡建设行政主管部门向自然资源管理部门发出限制参与国有建设用地使用权竞买的预警提示，向人民银行、金融监管机构发出限制信贷的建议函；建议限制红色监管房地产开发企业参与政府投资项目的相关活动，且限制参与企业评先评优。红色标注监管的房地产开发企业法定代表人、经营管理人员需参加相关法律、法规教育培训。

## 六、陕西省房地产开发企业信息化管理平台构想

房地产行业关系陕西省经济发展和民生福祉，房地产开发企业的信用建设关乎社会信用体系建设。完善的房地产开发企业信息化管理平台是陕西省房地产开发企业信用建设的基础，良好运行的房地产开发企业信息化管理平台能够使得房地产开发企业信用良莠可寻，也使得房地产开发企业运营能够公开化、透明化。建立房地产开发企业信息化管理平台势在必行。

### （一）房地产开发企业信息化管理平台构建原则

**1. 科学简明原则**

房地产开发企业信息化管理平台各个模块的构建必须建立在科学的基础上，必须客观如实地反映房地产开发企业信用真实情况，且管理平台中各个模块确保分工合理且明确，模块不宜过于繁杂，导致重复工作，也不宜过于简单，致使管理环节出现脱轨问题。

**2. 整体性原则**

房地产开发企业信息化管理平台的构建是一项复杂的系统工程，必须全面真实反映出房地产开发企业的信用特征，各个模块由相互独立的子任务构成，且各个模块间还要相互联系，确保房地产开发企业信息化管理平台成为一个统一的有机整体。

### （二）房地产开发企业信息化管理平台模块构想

房地产开发企业信息化管理平台是利用现有的电信互联网基础设施，建设一个房地产行

业内的虚拟数据中心。在汲取各省市相关经验的基础上，初步构想房地产开发企业信息化管理平台主要包括六个模块，分别为房地产开发企业信用信息组成模块、房地产开发企业信用信息征集模块、房地产开发企业信用信息使用模块、房地产开发企业信用信息披露模块以及异议信息处理模块。房地产开发企业信息化管理平台六个模块结构如图2-6-1所示。

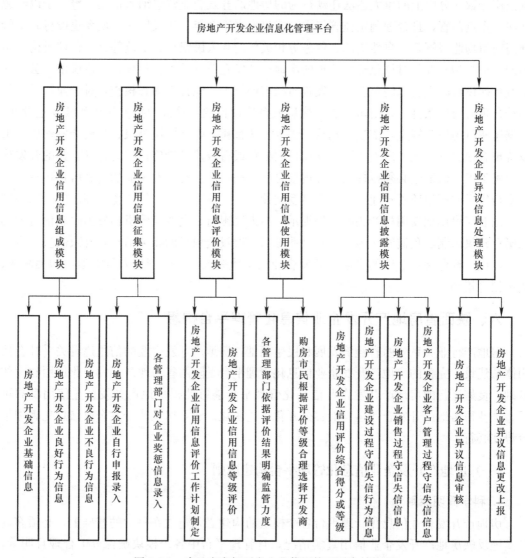

图2-6-1　房地产市场开发企业信用管理平台结构图

**1. 房地产开发企业信用信息组成模块**

房地产开发企业信用信息组成模块作为房地产开发企业信用信息采集与录入的载体主要分为三部分：房地产开发企业基础信息部分、房地产开发企业良好行为信息部分与房地产开发企业不良行为信息部分。

房地产开发企业基础信息主要包括房地产开发企业注册登记情况、股东构成、资质等级情况、主要从业人的职称、学历、社保、个人履历，以及关联开发企业（企业的母公司、全资子公司、控股公司以及受同一母公司控股的其他开发企业）等信息。

房地产开发企业良好行为信息主要包括房地产开发企业的开发能力、开发业绩、经营管理能力、开发质量，遵纪守法、诚信经营，受到各级政府、相关部门的表彰、奖励等信用信息。

房地产开发企业不良行为信息，主要包括开发企业在从事房地产开发经营活动中，违反房地产开发管理与城乡规划法律、法规、规章、标准、规范性文件，违反公平竞争、诚实信用原则，拒绝行政监督管理等信用信息。

**2. 房地产开发企业信用信息征集模块**

房地产开发企业信用信息征集模块是房地产开发企业信用信息采集与录入的基础与手段。该模块主要分两部分运行：房地产开发企业自行申报录入与各个管理部门对房地产开发企业的奖惩信息的录入。

房地产开发企业的基本信息与良好信用信息主要由房地产开发企业负责申报，并提交相应的佐证材料，在相关部门核实无误后录入房地产开发企业信息化管理平台。

房地产开发企业不良信用行为信息由市区两级建设行政主管部门将房地产开发企业在项目勘察、设计、施工、质量、安全及文明施工过程中的不良信用行为信息录入房地产开发企业信息化管理平台。

**3. 房地产开发企业信用信息评价模块**

房地产开发企业信用信息评价模块的工作分为两部分：第一个是制定房地产开发企业信用信息评价动态工作计划；第二个是房地产开发企业信用信息等级评价。

考虑到房地产开发企业运营的动态性与现实情况的不确定性，房地产开发企业信用信息评价子模块需及时根据最新采集的房地产开发企业信用信息制定出动态评价工作计划，以便及时对房地产开发企业做出最新的等级评价，动态更新系统数据。

房地产开发企业信用信息等级评价运作是在评价工作计划的基础上通过计算机技术建立线上打分系统，依据已有的信用信息评价指标，根据采集到的房地产开发企业相应的良好行为信息、不良行为信息对房地产开发企业信用进行打分，打分确定的房地产开发企业信用信息分值或者信用信息等级代表房地产开发企业的信用情况。房地产开发企业信用分值和等级随其评价工作计划的变动动态变更，以此保证住房和城乡建设相关部门对房地产开发企业的信用情况做出及时、综合、客观的评价，预知房地产企业未来几年的偿债能力或履约能力，从而减少房地产开发企业信用缺失行为，维护政府、金融机构和消费者的正当权益，保证房地产业健康稳定发展。

**4. 房地产开发企业信用信息使用模块**

房地产开发企业信用信息使用模块主要针对各个管理部门与购房者。该模块根据房地产开发企业信用信息评价模块做出的评价等级，制定出不同的监管方案，以供住房与城乡建设、自然资源、金融等部门参考并及时改变监管力度。同时房地产开发企业信用评价等级的透明化，可以让购房者了解房地产开发企业真实情况，从而做出合理的购房选择方案。

**5. 房地产开发企业信用信息披露模块**

房地产开发企业信用信息披露模块依托房地产开发企业信用信息组成模块、信用信息征集模块、信用信息评价模块，跟随其他三个模块信息的动态更新，定期及时公布、更新房地产开发企业的信用评价综合得分或等级。

此外，房地产开发企业信用信息公布模块将整合房地产开发企业基本信用信息以及房地产开发企业建设过程、销售过程与客户管理过程中的守信与失信行为评价，并分类为房地产开发企业的基本信息、房地产开发企业良好信用信息与房地产开发企业不良信用信息，与房地产开发企业信用信息评价综合得分同步公布。

房地产开发企业基本信息公布主要包括房地产开发企业注册登记情况、股东构成、资质等级情况、主要从业人员的职称、社保、个人履历，以及关联开发企业包括：企业的母子公司、全资子公司、控股公司以及受同一母公司控股的其他开发企业等信用信息。

房地产开发企业良好信用信息公布主要包括房地产开发企业在从事房地产开发经营活动中的开发能力、开发业绩、经营管理能力、开发质量、诚信销售，受到各级政府、相关部门的表彰、奖励等信用信息。

房地产开发企业不良信用信息公布主要包括房地产开发企业在从事房地产开发经营活动中违反房地产开发管理与城乡规划中的相关法律、法规、规章、标准、规范性文件，违反工程建设强制性标准、质量安全管理规定，违反公平竞争、诚实信用原则，拒绝行政监督管理等信用信息。

**6. 房地产开发企业异议信息处理模块**

房地产开发企业信用信息在采集、录入过程中，不免出现错录、误录等情况。当房地产开发企业发现该平台公布的信息与自身不符时，可以提出异议，并在房地产开发企业异议信息处理模块提出信息异议声明，并提交相应佐证材料以供相关管理部门审核，审核通过后房地产开发企业信用信息管理平台各模块会及时对异议信息作出更改，以确保房地产开发企业信用信息公正化、透明化。

**（三）房地产开发企业信息化管理平台工作流程**

房地产开发企业信息化管理平台拟通过信息采集、信息录入、信息审核、信息监督、信息公示与异议信息处理等流程来督促房地产开发企业诚信经营，如图2-6-2所示。

**1. 信息采集**

房地产开发企业信息化管理平台运作第一步是房地产开发企业信用信息采集，主要借助房地产开发企业信用信息采集模块，信息采集主要包括采集开发企业的基础信息与守信失信信息。

**2. 信息录入**

第二步为房地产开发企业信用信息录入，主要借助房地产开发企业信用信息征集模块，信息录入主要包括房地产开发企业自行申报与各个管理部门对奖惩信息的录入。

**3. 信息审核**

第三步为信息审核，在房地产开发企业信用信息采集与录入完成后，相关行政管理部门需要对录入的信用信息进行审核，审核过后的房地产开发企业信用信息进入第四步信息评价。

### 4. 信息评价

房地产开发企业信息化管理平台第四步信用信息评价依靠房地产开发企业信用信息评价模块并参照信用信息评价指标对审核过后的信用信息进行打分并确定信用等级。

### 5. 信息公示

第五步为房地产开发企业信用信息与评价等级公布，拟采用我省住房城乡建设门户网站进行公示，房地产开发企业相关管理部门与购房公民可根据公示的房地产开发企业信用等级以及开发企业信用信息进行监管力度调整与购房方案的选择。

### 6. 异议信息处理

第六步为房地产开发企业信用信息异议信息处理。当房地产开发企业发现该平台公示的信息与自身真实信息存在误差，房地产开发企业可将异议信息报至市建设行政主管部门并提交相关证明材料进行信息审核，核实后将对信息进行更改，并将新的信息通过房地产开发企业信息化管理平台报至省房地产信用办。

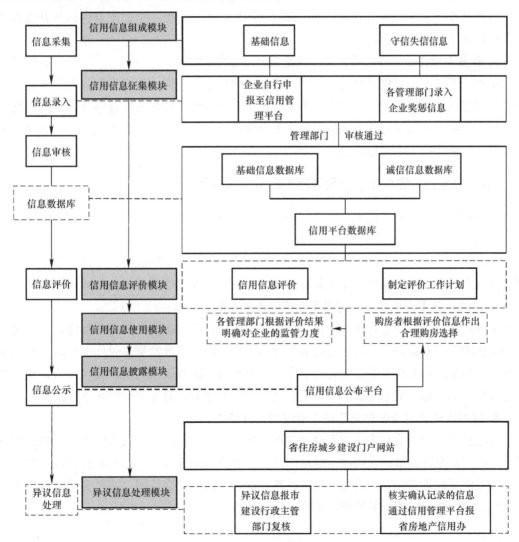

图 2-6-2　房地产市场开发企业信用管理平台信息工作流程图

## （四）房地产开发企业信息化管理平台完善与宣传

为了使房地产开发企业信息化管理平台更好地运行，建成初期需要对房地产开发企业信息化管理平台开展试点工作，确保完善平台系统。信息化管理平台正式投入使用后需进行平台主体宣传与操作培训，以保证房地产开发企业信息化管理如期稳步推进。

**1. 积极开展试点工作，完善细节**

房地产开发企业信息化管理平台在正式投入使用前，不免存在各种细节工作的完善，因此需要选定合理的房地产开发企业作为房地产开发企业信息化管理平台的试点企业，并制定试点期限，不断完善信息化管理平台，全范围投入使用。

**2. 政府下发通知文件，明确平台意义**

相关行政主管部门在平台完善后，通过下发红头文件的方式，明确该平台的意义与内容，并利用电视、广播、网络视频等媒体广泛宣传平台的作用、操作流程与注意事项，确保房地产开发企业认识该信息化管理平台投入使用的重要程度，全面配合房地产开发企业信息化管理平台良好运行。

**3. 开发企业培训专职人员，稳步推进信用信息填报工作**

房地产开发企业根据政府文件，设立企业信用信息管理岗，组织专职人员开展定期培训，学习房地产开发企业信息化管理平台信用信息填报流程与相关注意事项，通过强化专业知识，锻炼专业技能，使企业信用管理人员全面掌握房地产开发企业信息化管理平台相关知识，明确填报职责，稳步推进房地产开发企业信用信息填报工作。

## （五）房地产开发企业信息化管理平台维护与更新

随着时代变迁，科技进步，追求目标的变动，房地产行业的发展与定位也随其变化。在未来新时代里，房地产行业也要紧跟时代发展，发挥行业自身优势。房地产开发企业信息化管理平台，作为房地产开发企业信用等级的监督者，必须跟随时代变动，不断维护与更新自身系统，确保房地产开发企业评价公平公正，确保房地产行业稳步运行。

**1. 房地产开发企业信息化管理平台模块维护与更新**

房地产开发企业信息化管理平台六大模块是该平台稳步运作的支撑与保障，在年复一年的运作中需要根据国家出台相关政策与社会大众提出的修改意见及时作出合理判断与维护更新。房地产开发企业信息化管理平台模块维护与更新不仅仅局限于模块本身，也可在不违背原则的基础上根据需求对模块进行适当增加或缩减，确保工作顺利进行。

**2. 房地产开发企业信息化管理平台评价指标修正**

房地产开发企业信息化管理平台中的评价指标是整个平台运行的重中之重，房地产开发企业信用信息评价指标直接决定房地产开发企业的信用等级。所以在平台评价工作进行中，为了保证评价工作顺利进行，为了使得评价结果得到社会认同，需要实时跟进时代与政策的步伐，及时根据相关政策标准修正评价标准。

# 第三篇
# 2019年陕西省房地产市场运行分析

# 2019年1月陕西省房地产市场运行分析

## 一、房地产开发投资增速波动下降

截至1月底,全省房地产累计完成开发投资159.46亿元,较2018年同期增长5.07%,增速比2018年同期增加7.07个百分点,如图3-1-1所示。

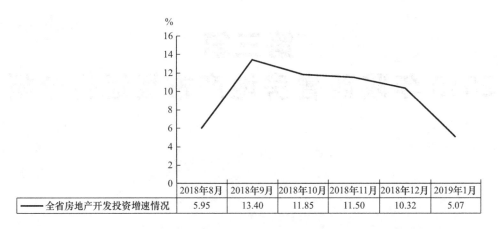

图3-1-1　2018年8月—2019年1月全省房地产累计完成开发投资增速情况

按用途来看,截至1月底房地产累计开发投资总量中,商品住房累计完成开发投资105.18亿元,较2018年同期减少5.72%,增速比2018年同期增加8.99个百分点,占房地产累计完成开发投资总量的65.96%,占比最大。

按区域来看,房地产开发投资仍呈现较为明显的不均衡状态。截至1月底,西安市房地产累计开发投资121.10亿元,占全省投资总量的75.95%,较2018年同期下降2.3%,增幅与2018年同期持平,如表3-1-1所示。

截至1月底全省各地市累计完成房地产开发投资情况　　表3-1-1

| 地区 | 房地产开发投资完成额 | | 增速与2018年同期相比升降百分点 | 占全省比重(%) |
|---|---|---|---|---|
| | 总量(万元) | 同比增速(%) | | |
| 陕西省 | 1594568 | 5.07 | 7.07 | — |
| 西安市 | 1211000 | -2.30 | 0.00 | 75.95 |
| 宝鸡市 | 18206 | 21.60 | 26.10 | 1.14 |
| 咸阳市 | 21225 | -0.79 | -6.39 | 1.33 |
| 铜川市 | 6300 | 8.62 | 20.74 | 0.40 |
| 渭南市 | 51999 | -16.37 | -35.17 | 3.26 |
| 延安市 | 0 | 0.00 | 0.00 | 0.00 |
| 榆林市 | 0 | 0.00 | 0.00 | 0.00 |

续表

| 地区 | 房地产开发投资完成额 | | 增速与2018年同期相比升降百分点 | 占全省比重（%） |
|---|---|---|---|---|
| | 总量（万元） | 同比增速（%） | | |
| 汉中市 | 155218 | 247.45 | 303.44 | 9.73 |
| 安康市 | 89420 | 10.40 | -3.00 | 5.61 |
| 商洛市 | 25000 | -23.00 | -563.00 | 1.57 |
| 杨 凌 | 5000 | 16.28 | -6.57 | 0.31 |
| 韩城市 | 11200 | 1.00 | 5.00 | 0.70 |

## 二、施竣工面积同比下降

截至1月底，全省商品房累计施工面积10869.3万 m²，较2018年同期下降11.76%，增幅比2018年同期下降11.65%；商品房累计新开工面积282.6万 m²，较2018年同期增长73.0%，增幅比2018年同期增长107.6个百分点。其中，商品住房累计施工面积5029万 m²，较2018年同期下降52.53%，增幅比2018年同期下降49.64个百分点。

截至1月底，全省商品房累计竣工面积140.67万 m²，较2018年同期下降31.28%，增幅比2018年同期下降35.89个百分点，其中，商品住房累计竣工面积132万 m²，较2018年同期下降17.41%，增幅比2018年同期下降1.70个百分点（图3-1-2）。

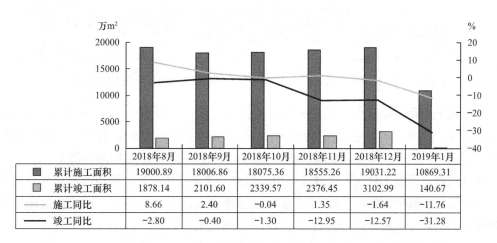

图3-1-2 2018年8月—2019年1月全省房地产累计施工、竣工面积及其同比情况

## 三、商品房当月销售面积有所下降

2018年8月—2019年1月全省商品房当月销售面积波动较为明显，1月商品房销售面积为496.40万 m²，较上月上涨5.12%，如图3-1-3所示。

截至1月底，全省商品房累计销售面积为496.4万 m²，较2018年同期上涨51.56个百分点，如图3-1-4所示。

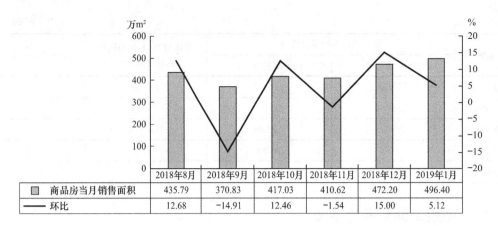

图 3-1-3　2018 年 8 月—2019 年 1 月全省商品房当月销售面积及环比情况

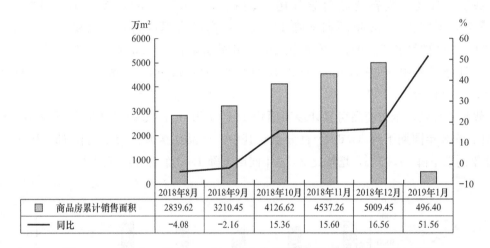

图 3-1-4　2018 年 8 月—2019 年 1 月全省商品房累计销售面积及同比情况

按用途上来看，截至 1 月底，全省商品住房累计销售面积为 421.28 万 $m^2$，较 2018 年同期增长 51.58%，全省二手房累计交易面积为 73.5 万 $m^2$，较 2018 年同期增长 15.5%。其中，二手住房累计交易面积为 66.14 万 $m^2$，较 2018 年同期下降 17%。

按区域看，截至 1 月底，全省除铜川、渭南、商洛以外，其他城市商品房累计销售面积均同比增长。其中，榆林市较 2018 年同期增速最大，为 194.84%。西安市商品房累计销售面积占全省比重最多，占比为 54.33%，具体见表 3-1-2。

截至 1 月底全省各地市商品房累计销售情况　　表 3-1-2

| 地区 | 商品房累计销售面积 | | 其中商品住房累计销售 | | 增速与 2018 年同期相比升降百分点 | 占全省比重（%） |
|---|---|---|---|---|---|---|
| | 总量（万 $m^2$） | 增速（%） | 总量（万 $m^2$） | 增速（%） | | |
| 陕西省 | 496.40 | 51.56 | 421.28 | 51.58 | 42.17 | — |
| 西安市 | 269.67 | 90.63 | 214.45 | 104.18 | 119.22 | 54.33 |
| 宝鸡市 | 46.95 | 2.24 | 44.49 | -1.13 | -56.58 | 9.46 |
| 咸阳市 | 40.76 | 38.88 | 37.86 | 38.68 | 28.59 | 8.21 |

续表

| 地区 | 商品房累计销售面积 | | | | 增速与2018年同期相比升降百分点 | 占全省比重（%） |
|---|---|---|---|---|---|---|
| | 总量（万 m²） | 增速（%） | 其中商品住房累计销售 | | | |
| | | | 总量（万 m²） | 增速（%） | | |
| 铜川市 | 5.41 | −36.95 | 2.86 | −61.87 | −355.44 | 1.09 |
| 渭南市 | 28.34 | −7.23 | 27.34 | −5.59 | −43.33 | 5.71 |
| 延安市 | 7.55 | 112.08 | 7.01 | 142.56 | 194.84 | 1.52 |
| 榆林市 | 16.73 | 57.83 | 14.87 | 48.85 | −86.18 | 3.37 |
| 汉中市 | 37.91 | 51.46 | 32.71 | 45.90 | 22.41 | 7.64 |
| 安康市 | 25.49 | 36.38 | 23.47 | 49.21 | 14.74 | 5.13 |
| 商洛市 | 6.35 | −16.01 | 5.82 | −22.40 | −170.27 | 1.28 |
| 杨凌 | 7.79 | 115.19 | 7.19 | 110.23 | −46.50 | 1.57 |
| 韩城市 | 3.45 | 32.18 | 3.24 | 47.95 | −5.58 | 0.70 |

## 四、商品住房销售价格同比增加

1月，全省新建商品住房销售均价为8229元/m²，较2018年同期增加56.50%，较上月增长5.95%，如图3-1-5所示。1月，全省二手住房交易均价7170元/m²，较2018年同期上涨22%，较上月增长6.0%。

按各地市来看，2019年1月，除延安市、榆林市、韩城市、渭南市、汉中市新建住房销售价格环比有所下降，其余城市均环比上涨。从西安市来看，1月商品住房销售均价为11390元/m²，环比增长4.69%，如表3-1-3所示。

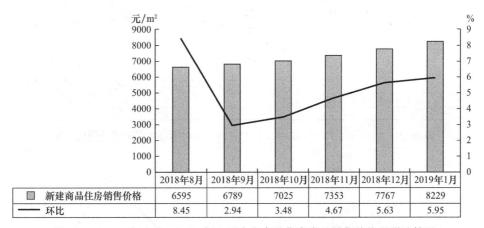

图3-1-5　2018年8月—2019年1月全省商品住房当月销售价格及增速情况

1月全省各地市新建商品住房平均销售价格及涨幅情况　　表3-1-3

| 城市 | 价格位次 | 平均价格（元/m²） | 同比涨幅（%） | 环比涨幅（%） |
|---|---|---|---|---|
| 西安市 | 1 | 11390 | 57.7 | 4.69 |
| 咸阳市 | 2 | 5937 | 24 | 35.89 |
| 杨凌 | 3 | 5853 | 62.58 | 42.2 |
| 安康市 | 4 | 5345 | 26.45 | 17.21 |

续表

| 城市 | 价格位次 | 平均价格（元/m²） | 同比涨幅（%） | 环比涨幅（%） |
|---|---|---|---|---|
| 延安市 | 5 | 5304 | 33.64 | −1.4 |
| 榆林市 | 6 | 4987 | −10.08 | −1.03 |
| 商洛市 | 7 | 4978 | 61.52 | 2.79 |
| 宝鸡市 | 8 | 4781 | 24.83 | 6.81 |
| 韩城市 | 9 | 4637 | 36.46 | −14.1 |
| 铜川市 | 10 | 4463 | 30.42 | 3.43 |
| 渭南市 | 11 | 4187 | 11.24 | −3.8 |
| 汉中市 | 12 | 4178 | 5.69 | −11.3 |

### 五、商品住房去化周期减小

截至 1 月底，全省商品住房累计可售面积为 3250.93 万 m²，较 2018 年同期下降 2.6%，如图 3-1-6 所示。全省商品住房去化周期 9.93 个月，较 2018 年 12 月减小 0.78 个月。

从各地市来看，1 月大多数城市去化周期略有增大，但差异较大，全省 12 个城市中商品住房去化周期大于 12 个月的城市有宝鸡市、咸阳市、铜川市、延安市和榆林市，分别为 13.05 个月、13.06 个月、12.11 个月、13.40 个月、17.18 个月；商洛市去化周期最小，为 0.46 个月，如图 3-1-7、表 3-1-4 所示。

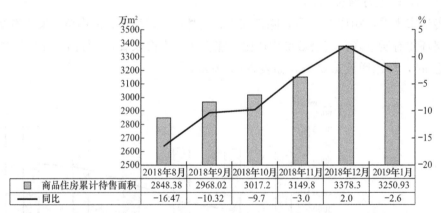

图 3-1-6　2018 年 8 月—2019 年 1 月全省商品住房累计可售面积及同比情况

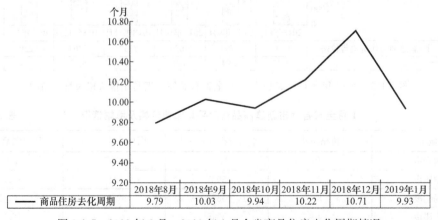

图 3-1-7　2018 年 8 月—2019 年 1 月全省商品住房去化周期情况

截至1月底全省各地市商品住房累计可售面积及去化周期情况    表 3-1-4

| 地区 | 可售面积 | | 增幅与2018年同期相比升降百分点 | 占全省比重（%） | 去化周期（个月） |
|---|---|---|---|---|---|
| | 总量（万 m²） | 同比增速（%） | | | |
| 陕西省 | 3250.9 | −2.6 | 15.35 | — | 9.93 |
| 西安市 | 1218.99 | −13.72 | 1.49 | 37.50 | 8.43 |
| 宝鸡市 | 432.87 | 22.89 | 40.96 | 13.32 | 13.05 |
| 咸阳市 | 445.12 | 9.8 | 34.71 | 13.69 | 13.06 |
| 铜川市 | 60.7 | −2.41 | 2.81 | 1.87 | 12.11 |
| 渭南市 | 296.95 | 10.93 | 13.62 | 9.13 | 10.33 |
| 延安市 | 111.60 | −17.78 | −25.46 | 3.43 | 13.40 |
| 榆林市 | 235.52 | −11.67 | 12.33 | 7.24 | 17.18 |
| 汉中市 | 272.73 | 23.3 | 47.77 | 8.39 | 9.90 |
| 安康市 | 120.1 | 3.8 | 36.62 | 3.69 | 7.08 |
| 商洛市 | 3.41 | −90.94 | −45.26 | 0.10 | 0.46 |
| 杨凌 | 25.56 | −3.03 | 41.63 | 0.79 | 5.58 |
| 韩城市 | 27.36 | −15.84 | −31.58 | 0.84 | 8.33 |

# 2019年2月陕西省房地产市场运行分析

## 一、房地产开发投资增速上升

截至2月底,陕西省房地产累计完成开发投资187.89亿元,同比增长5.62%,增速比2018年同期上升12.03个百分点,如图3-2-1所示。2019年2月投资额较2019年1月增加28.45亿元。

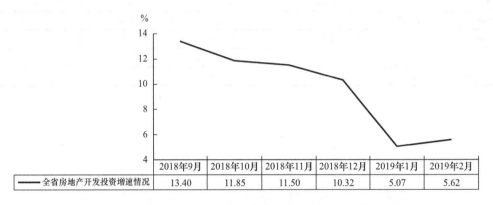

图3-2-1  2018年9月—2019年2月全省房地产累计完成开发投资增速情况

分用途来看,2月房地产累计开发投资总量中,商品住房累计完成开发投资140.56亿元,同比增长6.36%,增速比2018年同期增长24.38个百分点,占房地产累计完成开发投资总量的74.81%,占比最大。

分区域来看,房地产开发投资仍呈现较为明显的不均衡状态。西安市2月房地产累计开发投资126.30亿元,占全省投资总量的67.22%,同比下降2%,增幅比2018年同期上涨2.63个百分点,如表3-2-1所示。

2月全省各地市累计完成房地产开发投资情况　　　　表3-2-1

| 地区 | 房地产开发投资完成额 | | 增速与2018年同期相比升降百分点 | 占全省比重(%) |
|---|---|---|---|---|
| | 总量(万元) | 同比增速(%) | | |
| 陕西省 | 1878935 | 5.62 | 12.03 | — |
| 西安市 | 1263000 | −2.00 | 2.63 | 67.22 |
| 宝鸡市 | 24674 | 20.27 | 33.20 | 1.31 |
| 咸阳市 | 50373 | −8.47 | −14.07 | 2.68 |
| 铜川市 | 15000 | 9.89 | 25.63 | 0.80 |
| 渭南市 | 89152 | −11.39 | −46.09 | 4.74 |
| 延安市 | 0 | 0.00 | 0.00 | 0.00 |
| 榆林市 | 0 | 0.00 | 0.00 | 0.00 |

续表

| 地区 | 房地产开发投资完成额 | | 增速与2018年同期相比升降百分点 | 占全省比重（%） |
|---|---|---|---|---|
| | 总量（万元） | 同比增速（%） | | |
| 汉中市 | 216687 | 173.29 | 231.12 | 11.53 |
| 安康市 | 145750 | 7.50 | −6.30 | 7.76 |
| 商洛市 | 37000 | 4.10 | −236.90 | 1.97 |
| 杨 凌 | 16000 | 33.33 | 27.13 | 0.85 |
| 韩城市 | 21300 | 1.00 | 5.00 | 1.13 |

## 二、施工面积同比增长、竣工面积同比下降

截至2月底，陕西省商品房累计施工面积13484.6万 $m^2$，同比增长7.84%，较2018年同期上涨7.51%；商品房累计新开工面积376.3万 $m^2$，同比增长36.1%，较2018年同期增加61.6个百分点。其中，商品住房累计施工面积11438万 $m^2$，同比上涨6.64%，增幅较2018年同期上涨9.14个百分点。

截至2月底，陕西省商品房累计竣工面积264.8万 $m^2$，同比下降3.52%，增幅比2018年同期减小19.02%，其中，商品住房累计竣工面积236万 $m^2$，同比上涨3.26%，增幅较2018年同期减少0.6个百分点，如图3-2-2所示。

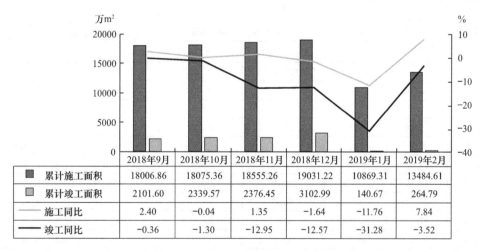

图3-2-2 2018年9月—2019年2月全省房地产累积施工、竣工面积及其同比情况

## 三、商品房销售面积略有下降

截至2月底，全省商品房销售面积为240.7万 $m^2$，环比下降51.5%，如图3-2-3所示。

从用途上来看，2月全省商品住房累计销售面积为627.13万 $m^2$，同比上涨38.23%，全省二手房累计交易面积为112.3万 $m^2$，同比下降21.5%。其中，二手住房累计交易面

积为 103.52 万 m²，同比下降 23%。

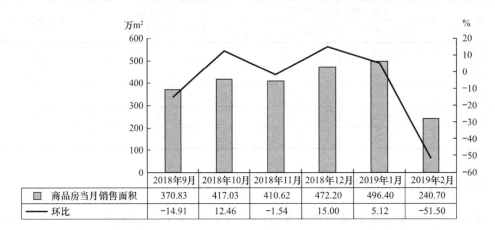

图 3-2-3　2018 年 9 月—2019 年 2 月全省商品房当月销售面积及环比情况

分区域看，2 月全省除宝鸡、铜川、渭南以外，其他城市商品房累计销售面积均同比增长。其中，延安市同比增速最大，为 180.58%。西安市商品房累积销售面积占全省比重最多，占比为 49.91%，具体见表 3-2-2。

2 月份陕西省各地市商品房累计销售情况　　　　表 3-2-2

| 地区 | 商品房累计销售面积 | | | | 增速与 2018 年同期相比升降百分点 | 占全省比重（%） |
|---|---|---|---|---|---|---|
| | 总量（万 m²） | 增速（%） | 其中商品住房累计销售 | | | |
| | | | 总量（万 m²） | 增速（%） | | |
| 陕西省 | 724.19 | 33.40 | 627.13 | 38.23 | 43.47 | — |
| 西安市 | 361.47 | 5.46 | 290.11 | 6.48 | 34.81 | 49.91 |
| 宝鸡市 | 69.61 | −9.63 | 66.54 | −8.62 | −42.88 | 9.61 |
| 咸阳市 | 61.18 | 14.94 | 57.62 | 14.55 | 13.23 | 8.45 |
| 铜川市 | 7.56 | −46.15 | 4.95 | −57.76 | −226.39 | 1.04 |
| 渭南市 | 45.48 | −7.22 | 42.78 | −5.94 | −31.26 | 6.28 |
| 延安市 | 12.57 | 180.58 | 11.91 | 215.08 | 256.31 | 1.74 |
| 榆林市 | 27.48 | 81.63 | 25.44 | 78.15 | 18.23 | 3.79 |
| 汉中市 | 67.04 | 37.86 | 61.02 | 37.90 | 33.12 | 9.26 |
| 安康市 | 40.97 | 25.60 | 38.30 | 33.03 | 27.90 | 5.66 |
| 商洛市 | 10.76 | 11.50 | 10.24 | 6.67 | 15.10 | 1.49 |
| 杨凌 | 12.20 | 48.78 | 10.84 | 39.33 | 1.56 | 1.68 |
| 韩城市 | 7.87 | 98.74 | 7.38 | 112.68 | 113.02 | 1.09 |

## 四、商品住房销售价格同比上涨

截至 2 月底，陕西省新建商品住房销售均价为 7727 元/m²，同比上涨 55.04%，环比下降 6.10%；二手住房交易均价为 6634 元/m²，同比上涨 14%，环比下降 7.5%。如图 3-2-4 所示。

从各地市来看，咸阳市、安康市、延安市、商洛市新建住房销售价格环比均有所下降，其余城市均环比上涨，韩城市环比上涨最高为24.07%。从西安市来看，2月商品住房销售均价为11571元/m²，环比增长2.06%，具体见表3-2-3。

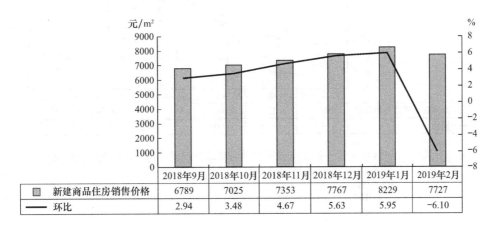

图3-2-4  2018年9月—2019年2月全省商品住房当月销售价格及增速情况

2月全省各地市新建商品住房平均销售价格及涨幅情况　　　　　表3-2-3

| 城市 | 价格位次 | 平均价格（元/m²） | 同比涨幅（%） | 环比涨幅（%） |
| --- | --- | --- | --- | --- |
| 西安市 | 1 | 11571 | 33.71 | 2.06 |
| 杨 凌 | 2 | 6653 | 85.27 | 13.67 |
| 韩城市 | 3 | 5753 | 53.58 | 24.07 |
| 咸阳市 | 4 | 5733 | 14.45 | -3.44 |
| 榆林市 | 5 | 5101 | 0.02 | 2.29 |
| 安康市 | 6 | 4907 | 18.36 | -8.19 |
| 延安市 | 7 | 4869 | 10.06 | -8.20 |
| 商洛市 | 8 | 4822 | 60.73 | -3.13 |
| 宝鸡市 | 9 | 4819 | 43.17 | 0.79 |
| 铜川市 | 10 | 4658 | 40.01 | 4.37 |
| 汉中市 | 11 | 4362 | 24.03 | 4.40 |
| 渭南市 | 12 | 4313 | 14.13 | 3.01 |

## 五、商品住房去化周期保持稳定

截至2月底，陕西省商品住房累计待售面积为3126.1万m²，同比上升4.83%，陕西省商品住房去化周期为9.93个月，较2018年2月末减少0.84个月。如图3-2-5、图3-2-6所示。

从各地市来看，全省12个城市中商品住房去化周期大于12个月的城市有延安市和榆林市，分别为18.12个月、18.43个月；商洛市去化周期最小，为4.61个月，如表3-2-4所示。

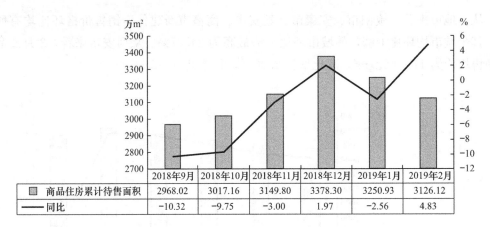

图 3-2-5　2018 年 9 月—2019 年 2 月陕西省商品住房累计待售面积及同比情况

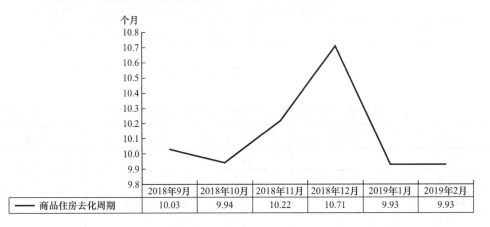

图 3-2-6　2018 年 9 月—2019 年 2 月全省商品住房去化周期情况

截至 2 月底全省各地市商品住房累计待售面积及去化周期情况　　　　表 3-2-4

| 地区 | 待售面积 | | 增幅与2018年同期相比升降百分点 | 占全省比重（%） | 去化周期（个月） |
| --- | --- | --- | --- | --- | --- |
| | 总量（万 m²） | 同比增速（%） | | | |
| 陕西省 | 3284.77 | -4.83 | 15.16 | — | 9.93 |
| 西安市 | 1400.00 | -20.15 | -2.70 | 42.62 | 9.52 |
| 宝鸡市 | 328.75 | 23.16 | 42.65 | 10.01 | 10.06 |
| 咸阳市 | 383.79 | 14.17 | 41.73 | 11.68 | 11.35 |
| 铜川市 | 57.98 | 1.09 | 9.45 | 1.77 | 11.99 |
| 渭南市 | 254.51 | 38.24 | 52.88 | 7.75 | 8.88 |
| 延安市 | 156.94 | -31.96 | -45.62 | 4.78 | 18.12 |
| 榆林市 | 262.35 | -11.66 | 13.52 | 7.99 | 18.43 |
| 汉中市 | 204.25 | 21.37 | 47.02 | 6.22 | 7.27 |
| 安康市 | 107.30 | 9.16 | 41.82 | 3.27 | 6.27 |
| 商洛市 | 34.98 | -88.59 | -44.52 | 1.06 | 4.61 |
| 杨凌 | 22.00 | -0.45 | 51.69 | 0.67 | 4.87 |
| 韩城市 | 31.23 | -19.21 | -31.87 | 0.95 | 8.87 |

## 六、商业办公楼库存压力有所减缓

截至 2 月底,陕西省商业办公楼累计待售面积为 4201.06 万 m²,同比下降 3.74%,与 2018 年 2 月相比,同比减少 27.45%。如图 3-2-7 所示。

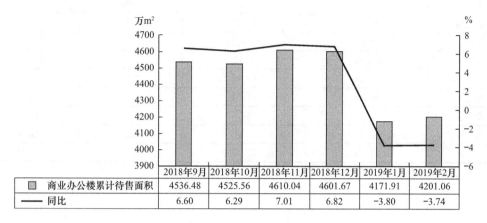

图 3-2-7　2018 年 9 月—2019 年 2 月陕西省商业办公楼累计待售面积情况

从去化周期上来看,2 月陕西省商业办公楼去化周期为 68.2 个月,较 2018 年 2 月底减少 17.15 个月,去化压力有所好转(图 3-2-8)。

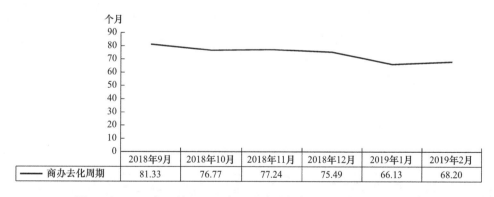

图 3-2-8　2018 年 9 月—2019 年 2 月陕西省商业办公楼去化周期情况

从各地市来看,多数城市去化压力仍然较大,全省 12 个城市中去化周期低于 60 个月的城市只有西安市、商洛市、杨凌、韩城市,去化周期分别为 57.64 个月、2.88 个月、28.26 个月、46.15 个月,具体见表 3-2-5。

截至 2 月底陕西省各地市商业办公楼累计待售面积及去化周期情况　　表 3-2-5

| 地区 | 待售面积 | | 占全省比重(%) | 去化周期(个月) |
|---|---|---|---|---|
| | 总量(万 m²) | 同比增速(%) | | |
| 陕西省 | 4201.06 | −3.74 | — | 68.20 |
| 西安市 | 2665.98 | −7.73 | 63.46 | 57.64 |
| 宝鸡市 | 206.54 | −11.10 | 4.92 | 118.08 |

续表

| 地区 | 待售面积 | | 占全省比重（%） | 去化周期（个月） |
| --- | --- | --- | --- | --- |
| | 总量（万 m²） | 同比增速（%） | | |
| 咸阳市 | 271.72 | 14.50 | 6.47 | 119.26 |
| 铜川市 | 123.19 | −0.26 | 2.93 | 157.94 |
| 渭南市 | 197.39 | 23.53 | 4.70 | 109.56 |
| 延安市 | 74.85 | −15.18 | 1.78 | 79.27 |
| 榆林市 | 331.85 | 0.12 | 7.90 | 366.69 |
| 汉中市 | 197.60 | 16.01 | 4.70 | 62.45 |
| 安康市 | 89.23 | 17.51 | 2.12 | 64.78 |
| 商洛市 | 3.37 | −83.38 | 0.08 | 2.88 |
| 杨　凌 | 23.41 | 3.44 | 0.56 | 28.26 |
| 韩城市 | 15.92 | 21.36 | 0.38 | 46.15 |

# 陕西省 2019 年第一季度房地产市场运行分析报告

2019年第一季度，全省房地产市场呈开发投资速度回升、商品房销售面积回暖、销售价格有所下降、商品住房去化周期减小、商业办公楼去化压力减缓的运行态势。

## 一、基本情况

### （一）房地产开发投资速度回升

2019年第一季度，陕西省房地产累计完成开发投资429.43亿元，较2018年同期增长8.35%，增速比2018年同期增加6.09个百分点，如图3-3-1所示。2019年第一季度投资额较2018年第四季度减少580.89亿元。

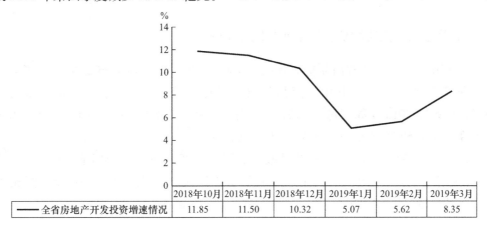

| | 2018年10月 | 2018年11月 | 2018年12月 | 2019年1月 | 2019年2月 | 2019年3月 |
|---|---|---|---|---|---|---|
| 全省房地产开发投资增速情况 | 11.85 | 11.50 | 10.32 | 5.07 | 5.62 | 8.35 |

图 3-3-1　2018年10月—2019年3月全省房地产累计完成开发投资增速情况

分用途来看，第一季度房地产累计开发投资总量中，商品住房累计完成开发投资328.63亿元，同比增长21.71%，增速比2018年同期增长29.11个百分点，占房地产累计完成开发投资总量的76.53%，占比最大。

分区域来看，房地产开发投资仍呈现较为明显的不均衡状态。西安市第一季度房地产累计开发投资250.78亿元，占全省投资总量的58.40%，同比下降0.35%，增幅比2018年同期上涨4.16个百分点，具体见表3-3-1。

第一季度全省各地市累计完成房地产开发投资情况　　　表 3-3-1

| 地区 | 房地产开发投资完成额 | | 增速与2018年同期相比升降百分点 | 占全省比重（%） |
|---|---|---|---|---|
| | 总量（万元） | 同比增速（%） | | |
| 陕西省 | 4294283 | 8.35 | 6.09 | — |
| 西安市 | 2507794 | −0.35 | 4.16 | 58.40 |

续表

| 地区 | 房地产开发投资完成额 | | 增速与2018年同期相比升降百分点 | 占全省比重（%） |
|---|---|---|---|---|
| | 总量（万元） | 同比增速（%） | | |
| 宝鸡市 | 126114 | -7.71 | -35.88 | 2.94 |
| 咸阳市 | 111166 | -16.84 | 32.10 | 2.59 |
| 铜川市 | 52443 | 97.12 | 113.69 | 1.22 |
| 渭南市 | 215216 | 35.09 | -9.24 | 5.01 |
| 延安市 | 64214 | 124.20 | 85.34 | 1.50 |
| 榆林市 | 22209 | 18.90 | -11.48 | 0.52 |
| 汉中市 | 343994 | 136.69 | 184.84 | 8.01 |
| 安康市 | 195111 | 18.11 | 17.81 | 4.54 |
| 商洛市 | 57110 | 16.81 | -196.01 | 1.33 |
| 杨凌 | 16000 | -44.06 | -75.25 | 0.37 |
| 韩城市 | 32288 | -0.22 | -0.90 | 0.75 |

## （二）施工面积同比增长，竣工面积同比下降

2019年第一季度，全省商品房累计施工面积16320.03万m², 同比增长5.07%, 较2018年同期增长4.89%。其中，商品住房累计施工面积13753.22万m², 同比增长1.91%, 增幅较2018年同期增长4.70个百分点；商品房累计新开工面积709.1万m², 同比下降11%, 较2018年同期下降36.6个百分点。

2019年第一季度，全省商品房累计竣工面积374.95万m², 同比下降54.35%, 增幅比2018年同期下降96.28%。其中，商品住房累计竣工面积311.54万m², 同比下降47.05%, 增幅较2018年同期下降60.99个百分点。如图3-3-2所示。

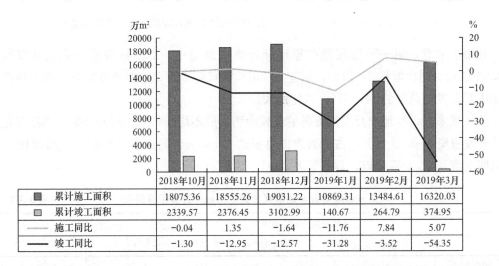

图3-3-2 2018年10月—2019年3月全省房地产累积施工、竣工面积及其同比情况

## (三) 商品房当月销售面积有所回升

2018年10月—2019年3月全省商品房当月销售波动较为明显。其中，3月商品房销售面积为419.03万 m²，环比上涨74.09%，如图3-3-3所示。2019年第一季度全省商品房累计销售面积为1142.73万 m²，同比上涨3.47个百分点，较2018年第四季度增加259.9万 m²。

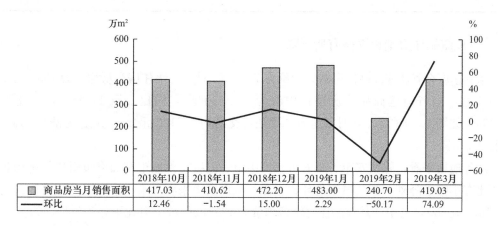

图3-3-3  2018年10月—2019年3月全省商品房当月销售面积及环比情况

从用途上来看，第一季度全省商品住房累计销售面积为991.74万 m²，同比上涨3.67%；全省二手房累计交易面积为223.1万 m²，同比下降16.1%。其中，二手住房累计交易面积为199.24万 m²，同比下降21%。

分区域看，第一季度全省除西安、宝鸡、咸阳、铜川、渭南以外，其他城市商品房累计销售面积均同比增长。其中，延安市同比增速最大，为257.87%。西安市商品房累积销售面积占全省比重最多，占比为47.51%，具体见表3-3-2。

第一季度陕西省各地市商品房累计销售情况    表3-3-2

| 地区 | 商品房累计销售面积 | | 其中商品住房累计销售 | | 增速与2018年同期相比升降百分点 | 占全省比重（%） |
|---|---|---|---|---|---|---|
| | 总量（万 m²） | 增速（%） | 总量（万 m²） | 增速（%） | | |
| 陕西省 | 1142.73 | 3.47 | 991.74 | 3.67 | 15.34 | — |
| 西安市 | 542.90 | −2.81 | 433.18 | −3.03 | 29.10 | 47.51 |
| 宝鸡市 | 112.12 | −3.04 | 108.02 | −2.43 | −32.62 | 9.81 |
| 咸阳市 | 101.32 | −1.60 | 95.44 | −2.14 | −6.13 | 8.87 |
| 铜川市 | 11.52 | −42.60 | 8.07 | −53.91 | −124.23 | 1.01 |
| 渭南市 | 78.59 | −15.78 | 74.50 | −15.08 | −55.72 | 6.88 |
| 延安市 | 22.51 | 257.87 | 20.92 | 274.24 | 342.38 | 1.97 |
| 榆林市 | 54.98 | 79.15 | 49.63 | 74.94 | 41.03 | 4.81 |
| 汉中市 | 95.99 | 18.19 | 87.22 | 16.25 | 7.17 | 8.40 |
| 安康市 | 66.51 | 29.15 | 62.60 | 37.58 | 45.68 | 5.82 |

续表

| 地区 | 商品房累计销售面积 | | | | 增速与2018年同期相比升降百分点 | 占全省比重（％） |
|---|---|---|---|---|---|---|
| | 总量（万 m²） | 增速（％） | 其中商品住房累计销售 | | | |
| | | | 总量（万 m²） | 增速（％） | | |
| 商洛市 | 23.90 | 12.42 | 22.56 | 6.92 | −61.70 | 2.09 |
| 杨 凌 | 19.80 | 20.07 | 17.65 | 16.27 | −35.79 | 1.73 |
| 韩城市 | 12.59 | 98.27 | 11.95 | 110.39 | 129.40 | 1.10 |

### （四）商品住房销售价格有所下降

第一季度全省新建商品住房销售均价为 7792 元/m²，二手住房交易均价为 7339 元/m²。其中 3 月，全省新建商品住房销售均价为 7420 元/m²，同比上涨 11.48％，环比下降 3.97％，如图 3-3-4 所示。3 月，全省二手住房交易均价 7120 元/m²，同比上涨 9.7％，环比上升 7.3％。

从各地市来看，除西安市、延安市、汉中市、杨凌、韩城市和商洛市新建住房销售价格环比有小幅下降外，其余城市均环比上涨。从西安市来看，第一季度商品住房销售均价为 11678 元/m²，其中 3 月商品住房销售均价为 12074 元/m²，环比下降 2.94％，如表 3-3-3 所示。

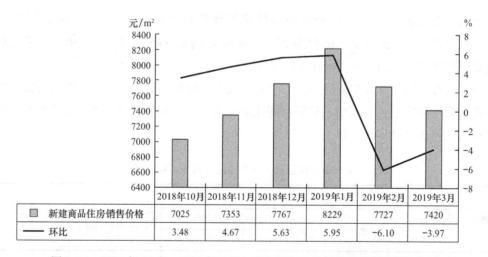

图 3-3-4　2018 年 10 月—2019 年 3 月全省商品住房当月销售价格及增速情况

3 月全省各地市新建商品住房平均销售价格及涨幅情况　　表 3-3-3

| 城市 | 价格位次 | 平均价格（元/m²） | 同比涨幅（％） | 环比涨幅（％） |
|---|---|---|---|---|
| 西安市 | 1 | 12074 | 22.58 | −2.94 |
| 咸阳市 | 2 | 5981 | 18.22 | 4.33 |
| 榆林市 | 3 | 5615 | 31.19 | 14.43 |
| 渭南市 | 4 | 5497 | 32.94 | 12.90 |
| 延安市 | 5 | 5373 | 47.17 | −6.61 |

续表

| 城市 | 价格位次 | 平均价格（元/m²） | 同比涨幅（%） | 环比涨幅（%） |
|---|---|---|---|---|
| 宝鸡市 | 6 | 5253 | 2.04 | 2.98 |
| 汉中市 | 7 | 5060 | 35.69 | −23.94 |
| 安康市 | 8 | 4692 | 37.72 | 0.73 |
| 杨凌 | 9 | 4542 | 24.40 | −5.75 |
| 铜川市 | 10 | 4477 | 23.16 | 2.64 |
| 韩城市 | 11 | 4211 | 10.06 | −2.36 |
| 商洛市 | 12 | 3735 | 25.80 | −22.54 |

### （五）商品住房去化周期减小

截至 3 月底，全省商品住房累计待售面积为 3129.8 万 m²，同比上涨 2.2%。陕西省商品住房去化周期为 8.39 个月，较 2018 年年底减少 2.32 个月，如图 3-3-5、图 3-3-6 所示。

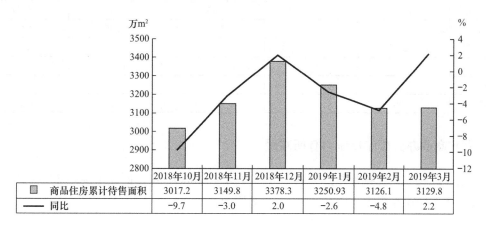

图 3-3-5　2018 年 10 月—2019 年 3 月全省商品住房累计待售面积及同比情况

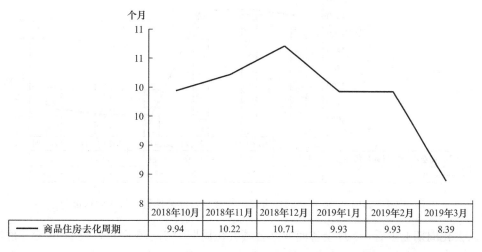

图 3-3-6　2018 年 10 月—2019 年 3 月全省商品住房去化周期情况

从各地市来看，大多数城市去化周期逐步减小，但差异较大，全省12个城市中商品住房去化周期大于12个月的城市有宝鸡市、咸阳市、铜川市、渭南市、延安市、榆林市，分别为12.39个月、12.96个月、12.12个月、12.28个月、12.33个月、16.11个月；商洛市去化周期最小，为0.53个月，如表3-3-4所示。

截至3月底全省各地市商品住房累计待售面积及去化周期情况　　　表3-3-4

| 地区 | 待售面积 | | 增幅与2018年同期相比升降百分点 | 占全省比重（%） | 去化周期（个月） |
|---|---|---|---|---|---|
| | 总量（万 m²） | 同比增速（%） | | | |
| 陕西省 | 3129.79 | 2.21 | 24.20 | — | 8.39 |
| 西安市 | 1105.17 | −14.18 | 9.83 | 35.31 | 5.99 |
| 宝鸡市 | 446.38 | 51.00 | 71.70 | 14.26 | 12.39 |
| 咸阳市 | 426.74 | 7.60 | 28.26 | 13.63 | 12.96 |
| 铜川市 | 63.14 | 20.98 | 45.21 | 2.02 | 12.12 |
| 渭南市 | 368.13 | 53.08 | 66.32 | 11.76 | 12.28 |
| 延安市 | 97.77 | −36.97 | −77.00 | 3.12 | 12.33 |
| 榆林市 | 232.45 | −9.34 | 15.95 | 7.43 | 16.11 |
| 汉中市 | 230.09 | 26.39 | 60.91 | 7.35 | 8.68 |
| 安康市 | 112.93 | −4.97 | 17.00 | 3.61 | 6.85 |
| 商洛市 | 1.33 | −95.85 | −48.96 | 0.04 | 0.53 |
| 杨凌 | 25.01 | 58.09 | 121.59 | 0.80 | 4.82 |
| 韩城市 | 20.65 | −28.84 | −53.18 | 0.66 | 7.16 |

## （六）商业办公楼库存压力有所减缓

截至3月底，全省商业办公楼累计待售面积为4183万 m²，同比下降3.23%，与2018年年底相比，同比减少10.05%，如图3-3-7所示。

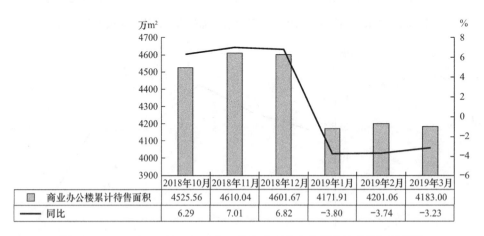

图3-3-7　2018年10月—2019年3月全省商业办公楼累计待售面积情况

从去化周期上来看，3月全省商业办公楼去化周期为67.76个月，较2018年年底减少7.73个月，去化压力有所好转。

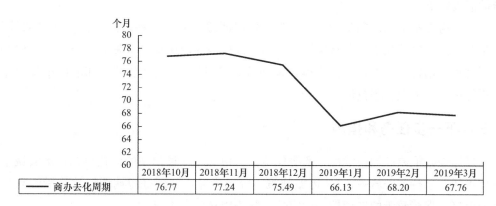

图 3-3-8　2018 年 10 月—2019 年 3 月全省商业办公楼去化周期情况

从各地市来看，多数城市去化压力仍然较大，全省 12 个城市中去化周期低于 60 个月的城市只有西安市、咸阳市、商洛市、杨凌、韩城市，去化周期分别为 57.48 个月、54.23 个月、2.54 个月、27.59 个月、46.49 个月，具体见表 3-3-5。

截至 3 月底全省各地市商业办公楼累计待售面积及去化周期情况　　　表 3-3-5

| 地区 | 待售面积 | | 占陕西省比重（%） | 去化周期（个月） |
|---|---|---|---|---|
| | 总量（万 m²） | 同比增速（%） | | |
| 陕西省 | 4183.00 | −3.23 | — | 67.76 |
| 西安市 | 2649.89 | −8.39 | 63.35 | 57.48 |
| 宝鸡市 | 270.84 | 43.76 | 6.47 | 152.51 |
| 咸阳市 | 122.70 | −49.94 | 2.93 | 54.23 |
| 铜川市 | 201.50 | 63.45 | 4.82 | 242.77 |
| 渭南市 | 201.95 | 19.07 | 4.83 | 115.62 |
| 延安市 | 73.92 | −16.23 | 1.77 | 72.35 |
| 榆林市 | 200.69 | −39.29 | 4.80 | 189.63 |
| 汉中市 | 331.67 | 111.41 | 7.93 | 102.29 |
| 安康市 | 88.18 | 19.03 | 2.11 | 67.83 |
| 商洛市 | 3.12 | −83.64 | 0.07 | 2.54 |
| 杨　凌 | 22.63 | 4.07 | 0.54 | 27.59 |
| 韩城市 | 15.92 | 21.36 | 0.38 | 46.49 |

## 二、房地产市场存在的主要问题

一是区域性市场结构失衡。随着商品房销售价格快速上涨、销售增速回落，区域性呈现较严重的供需矛盾，如西安市 2 月全面放开落户政策，3 月常住人口首次突破 1000 万，住房需求持续增加，普通住宅供应减少，整体呈现供不抵销形势，商品房销售热点区域经开、雁塔和高新等更是供不应求。

二是刚需购房门槛提高。4 月 23 日，西安市出台了住房公积金"收紧"政策，一方面使得对公积金依赖度高的刚需群体买房难度加大，另一方面对楼市后续购买力的增长产生一定的消极影响。

三是住房交易市场乱象仍然存在。3月楼市回暖引发了一些房地产销售环节的乱象，诸如哄抬房价、价外加价、捂盘惜售等。如3月陕西尚润房地产开发有限公司在"保利天悦"项目车位销售过程中，未在取得预售许可后10日内一次性公开全部准售车位及车位价格再行销售，多次引起投诉。

### 三、下一步任务和措施

一是加强政策调控的连续性。围绕稳地价、稳房价、稳预期的调控目标，落实城市政府主体责任，坚持"一城一策"、因城施策、分类指导，处理好短期调控政策措施与长效机制的衔接，保持政策的连续性和稳定性，防止市场大起大落。

二是推进融资新模式并加强资金监管。推进融资平台公司市场化转型，加强省属国有企业负债约束。加大监管和处置力度，使金融机构不良贷款率稳定在全国平均水平。建立非法金融监测预警平台，严厉打击非法集资、金融诈骗、恶意逃废债等违法行为。

三是保障住房多样需求。提高集体建设用地支持作用，鼓励开发商用存量商业服务用地和其他集体用地用于养老服务设施建设，加快养老地产快速发展。同时，创新租购同权机制，增加租赁住房供应，有效应对城镇化建设和人才引进带来的住房需求激增。

四是完善市场监管机制。严厉打击房地产企业和房地产中介机构等相关主体违法违规行为，健全事前事中事后信用监管体系，推进建立联合惩戒机制。加强房地产市场正面宣传和舆论引导，客观公正报道房地产市场情况，稳定市场预期。

# 2019年4月陕西省房地产市场运行分析

## 一、房地产开发投资增速上升

截至4月底,陕西省房地产累计完成开发投资745.62亿元,同比增长18.57%,增速比2018年同期上升14个百分点,如图3-4-1所示。2019年4月投资额较2019年3月增加10.22亿元。

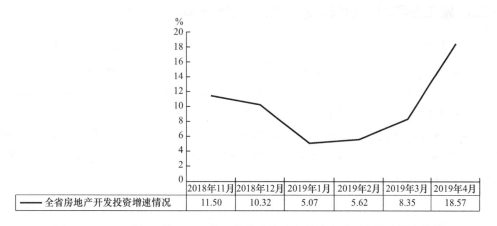

图3-4-1　2018年11月—2019年4月全省房地产累计完成开发投资增速情况

分用途来看,4月房地产累计开发投资总量中,商品住房累计完成开发投资570.77亿元,同比增长20.76%,增速比2018年同期增长14.33个百分点,占房地产累计完成开发投资总量的76.55%,占比最大。

分区域来看,房地产开发投资仍呈现较为明显的不均衡状态。西安市4月房地产累计开发投资366.69亿元,占全省投资总量的49.18%,同比下降8.41%,增幅比2018年同期下降12.20个百分点。

4月全省各地市累计完成房地产开发投资情况　　表3-4-1

| 地区 | 房地产开发投资完成额 | | 增速与2018年同期相比升降百分点 | 占全省比重(%) |
|---|---|---|---|---|
| | 总量(万元) | 同比增速(%) | | |
| 陕西省 | 7456167 | 18.57 | 14.00 | — |
| 西安市 | 3666911 | -8.41 | -12.20 | 49.18 |
| 宝鸡市 | 342820 | 104.41 | 109.92 | 4.60 |
| 咸阳市 | 251353 | -3.01 | 33.34 | 3.37 |
| 铜川市 | 76868 | 100.87 | 142.64 | 1.03 |
| 渭南市 | 298264 | 44.19 | 32.73 | 4.00 |
| 延安市 | 134604 | -11.03 | -32.71 | 1.81 |

续表

| 地区 | 房地产开发投资完成额 | | 增速与2018年同期相比升降百分点 | 占全省比重（％） |
|---|---|---|---|---|
| | 总量（万元） | 同比增速（％） | | |
| 榆林市 | 55004 | −20.01 | −58.55 | 0.74 |
| 汉中市 | 462625 | 143.80 | 185.80 | 6.20 |
| 安康市 | 273308 | 8.63 | 4.43 | 3.67 |
| 商洛市 | 109720 | 107.12 | 92.44 | 1.47 |
| 杨 凌 | 78500 | 57.55 | 35.43 | 1.05 |
| 韩城市 | 42388 | −3.93 | −17.53 | 0.57 |

## 二、施工面积同比增长、竣工面积同比下降

截至4月底，陕西省商品房累计施工面积16715.81万 $m^2$，同比增长5.43％，较2018年同期上涨5.08％；商品房累计新开工面积1076.42万 $m^2$，同比下降2.24％，较2018年同期下降26.66个百分点。其中，商品住房累计施工面积14042.35万 $m^2$，同比上涨2.13％，增幅较2018年同期上涨4.71个百分点。

截至4月底，陕西省商品房累计竣工面积858.80万 $m^2$，同比下降6.59％，增幅比2018年同期减小5.45％，其中，商品住房累计竣工面积720.33万 $m^2$，同比下降6.92％，增幅较2018年同期增加0.36个百分点，如图3-4-2所示。

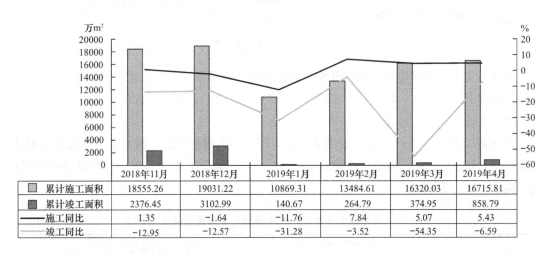

图3-4-2 2018年11月—2019年4月全省房地产累积施工、竣工面积及其同比情况

## 三、商品房销售面积略有下降

截至4月底，全省商品房销售面积为399.28万 $m^2$，环比下降4.71％，如图3-4-3所示。

从用途上来看，4月全省商品住房累计销售面积为1344.39万 $m^2$，同比上涨0.20％，全省二手房累计交易面积为329.6万 $m^2$，同比下降17.5％。其中，二手住房累计交易面

积为 299.77 万 m²，同比下降 21%。

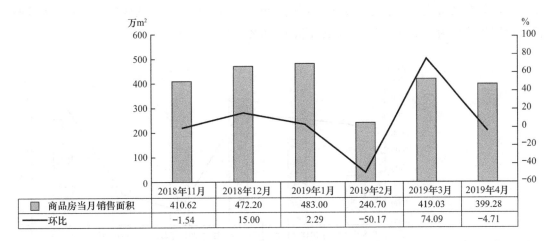

图 3-4-3　2018 年 11 月—2019 年 4 月全省商品房当月销售面积及环比情况

分区域看，4 月全省除西安、咸阳、铜川、渭南以外，其他城市商品房累计销售面积均同比增长。其中，榆林市同比增速最大，为 80.69%。西安市商品房累积销售面积占全省比重最多，占比为 47.03%，具体见表 3-4-2。

4 月陕西省各地市商品房累计销售情况　　表 3-4-2

| 地区 | 商品房累计销售面积 | | | | 增速与 2018 年同期相比升降百分点 | 占全省比重（%） |
|---|---|---|---|---|---|---|
| | 总量（万 m²） | 增速（%） | 其中商品住房累计销售 | | | |
| | | | 总量（万 m²） | 增速（%） | | |
| 陕西省 | 1541.99 | 0.11 | 1344.39 | 0.20 | 16.80 | — |
| 西安市 | 725.18 | −9.26 | 580.32 | −10.20 | 29.05 | 47.03 |
| 宝鸡市 | 149.10 | 1.04 | 144.38 | 2.90 | −18.72 | 9.67 |
| 咸阳市 | 140.39 | −5.60 | 131.25 | −7.54 | −16.81 | 9.10 |
| 铜川市 | 17.71 | −31.67 | 13.95 | −39.61 | −90.40 | 1.15 |
| 渭南市 | 111.20 | −10.84 | 105.73 | −10.07 | −61.07 | 7.21 |
| 延安市 | 29.15 | 75.92 | 26.83 | 69.38 | 145.24 | 1.89 |
| 榆林市 | 85.07 | 80.69 | 77.66 | 75.50 | 38.41 | 5.52 |
| 汉中市 | 123.96 | 18.26 | 113.28 | 16.59 | 13.36 | 8.04 |
| 安康市 | 85.68 | 32.98 | 81.19 | 40.98 | 50.36 | 5.56 |
| 商洛市 | 29.77 | 9.73 | 28.40 | 5.34 | −22.35 | 1.93 |
| 杨凌 | 28.14 | 17.30 | 25.48 | 19.29 | −40.32 | 1.82 |
| 韩城市 | 16.64 | 62.03 | 15.92 | 68.64 | 83.15 | 1.08 |

## 四、商品住房销售价格上涨

截至 4 月底，陕西省新建商品住房销售均价为 8008 元/m²，同比上涨 7.87%，环比上涨 7.93%；二手住房交易均价为 7826 元/m²，同比上涨 15%，环比上涨 9.9%。如图 3-4-4 所示。

从各地市来看，西安市、安康市、韩城市、杨凌、铜川市新建住房销售价格环比均有所下降，其余城市均环比上涨，汉中市环比上涨最高为 13.69%。从西安市来看，4 月商品住房销售均价为 12019 元/m²，环比下降 0.46%，具体见表 3-4-3。

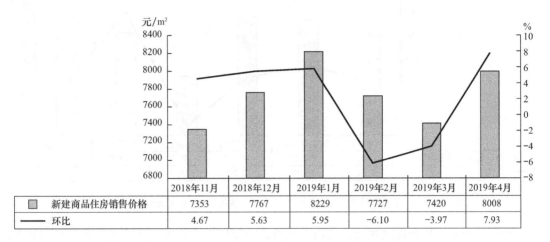

图 3-4-4　2018 年 11 月—2019 年 4 月全省商品住房当月销售价格及增速情况

4 月全省各地市新建商品住房平均销售价格及涨幅情况　　　　表 3-4-3

| 城市 | 价格位次 | 平均价格（元/m²） | 同比涨幅（%） | 环比涨幅（%） |
| --- | --- | --- | --- | --- |
| 西安市 | 1 | 12019 | 17.33 | −0.46 |
| 咸阳市 | 2 | 6441 | 11.49 | 7.69 |
| 延安市 | 3 | 5512 | 27.71 | 0.27 |
| 榆林市 | 4 | 5257 | 16.31 | 0.08 |
| 汉中市 | 5 | 5090 | 20.59 | 13.69 |
| 安康市 | 6 | 5011 | 21.48 | −10.76 |
| 韩城市 | 7 | 4872 | 24.86 | −9.32 |
| 杨　凌 | 8 | 4865 | 24.55 | −3.85 |
| 宝鸡市 | 9 | 4789 | 27.16 | 5.44 |
| 渭南市 | 10 | 4457 | 17.01 | 5.84 |
| 商洛市 | 11 | 4217 | 50.12 | 12.90 |
| 铜川市 | 12 | 4051 | 20.60 | −13.66 |

## 五、商品住房去化周期有所增加

截至 4 月底，陕西省商品住房累计待售面积为 3280.7 万 m²，同比上升 12.41%，陕西省商品住房去化周期为 9.20 个月，较 2018 年 4 月末减少 1.07 个月。如图 3-4-5、图 3-4-6 所示。

从各地市来看，全省 12 个城市中商品住房去化周期大于 12 个月的城市有宝鸡市、咸阳市、铜川市、渭南市和榆林市，分别为 13.81 个月、12.37 个月、13.08 个月、13.61 个月、14.08 个月；韩城市去化周期最小，为 5.51 个月，如表 3-4-4 所示。

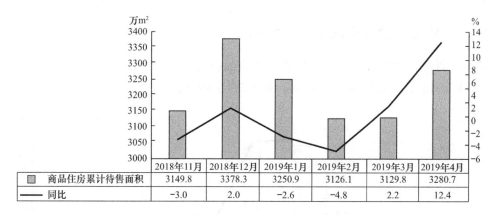

图 3-4-5　2018 年 11 月—2019 年 4 月陕西省商品住房累计待售面积及同比情况

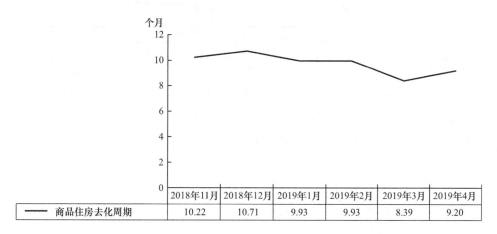

图 3-4-6　2018 年 11 月—2019 年 4 月全省商品住房去化周期情况

截至 4 月底全省各地市商品住房累计待售面积及去化周期情况　　　表 3-4-4

| 地区 | 待售面积 | | 增幅与 2018 年同期相比升降百分点 | 占全省比重（%） | 去化周期（个月） |
| --- | --- | --- | --- | --- | --- |
| | 总量（万 m²） | 同比增速（%） | | | |
| 陕西省 | 3280.69 | 12.41 | 33.23 | — | 9.20 |
| 西安市 | 1130.95 | −8.74 | 8.38 | 34.47 | 6.64 |
| 宝鸡市 | 463.24 | 57.13 | 72.27 | 14.12 | 13.81 |
| 咸阳市 | 399.70 | 12.03 | 38.30 | 12.18 | 12.37 |
| 铜川市 | 60.66 | 27.81 | 57.43 | 1.85 | 13.08 |
| 渭南市 | 379.53 | 70.64 | 93.45 | 11.57 | 13.61 |
| 延安市 | 102.44 | −29.29 | −27.85 | 3.12 | 11.51 |
| 榆林市 | 228.61 | −4.90 | 24.55 | 6.97 | 14.08 |
| 汉中市 | 259.33 | 58.62 | 96.59 | 7.90 | 9.10 |
| 安康市 | 131.19 | −6.98 | −6.81 | 4.00 | 7.18 |
| 商洛市 | 67.34 | 72.60 | 116.10 | 2.05 | 8.79 |
| 杨　凌 | 37.10 | 84.80 | 160.18 | 1.13 | 8.02 |
| 韩城市 | 20.60 | −28.86 | −75.10 | 0.63 | 5.51 |

## 六、商业办公楼库存压力有所增加

截至 4 月底,陕西省商业办公楼累计待售面积为 4208.35 万 m²,同比下降 0.05%,与 2018 年 4 月相比,同比减少 6.74%。如图 3-4-7 所示。

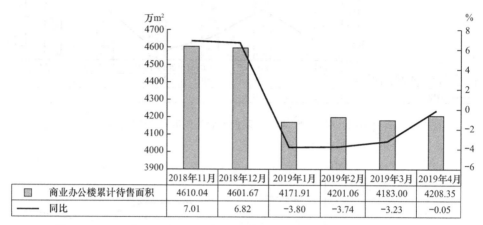

图 3-4-7  2018 年 11 月—2019 年 4 月陕西省商业办公楼累计待售面积情况

从去化周期上来看,4 月陕西省商业办公楼去化周期为 68.64 个月,较 2018 年 4 月底增加 4.28 个月,去化压力有所增加,如图 3-4-8 所示。

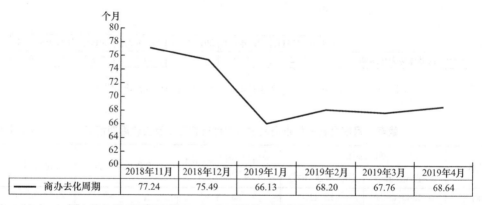

图 3-4-8  2018 年 9 月—2019 年 2 月陕西省商业办公楼去化周期情况

从各地市来看,多数城市去化压力仍然较大,全省 12 个城市中去化周期低于 60 个月的城市只有西安市、咸阳市、商洛市、杨凌、韩城市,去化周期分别为 58.24 个月、50.60 个月、2.54 个月、30.07 个月、47.41 个月,具体见表 3-4-5。

截至 4 月底陕西省各地市商业办公楼累计待售面积及去化周期情况    表 3-4-5

| 地区 | 待售面积 | | 占全省比重(%) | 去化周期(个月) |
|---|---|---|---|---|
| | 总量(万 m²) | 同比增速(%) | | |
| 陕西省 | 4208.35 | -4.36 | — | 68.64 |
| 西安市 | 2652.67 | -10.06 | 63.03 | 58.24 |
| 宝鸡市 | 271.57 | 120.76 | 6.45 | 166.27 |

续表

| 地区 | 待售面积 | | 占全省比重（%） | 去化周期（个月） |
| --- | --- | --- | --- | --- |
| | 总量（万 m²） | 同比增速（%） | | |
| 咸阳市 | 122.61 | −41.95 | 2.91 | 50.60 |
| 铜川市 | 202.52 | −17.07 | 4.81 | 242.78 |
| 渭南市 | 201.95 | 18.14 | 4.80 | 116.62 |
| 延安市 | 73.92 | −15.18 | 1.76 | 68.45 |
| 榆林市 | 211.84 | 25.63 | 5.03 | 178.39 |
| 汉中市 | 333.38 | 1.01 | 7.92 | 101.67 |
| 安康市 | 88.18 | 15.40 | 2.10 | 68.98 |
| 商洛市 | 3.12 | −83.34 | 0.07 | 2.54 |
| 杨 凌 | 22.63 | 10.85 | 0.54 | 30.07 |
| 韩城市 | 15.92 | 21.33 | 0.38 | 47.41 |

# 2019年5月陕西省房地产市场运行分析

## 一、房地产开发投资增速下降

截至5月底,陕西省房地产累计完成开发投资1014.12亿元,同比增长11.22%,增速比2018年同期上升11.13个百分点,如图3-5-1所示。2019年5月投资额较2019年4月增加268.51亿元。

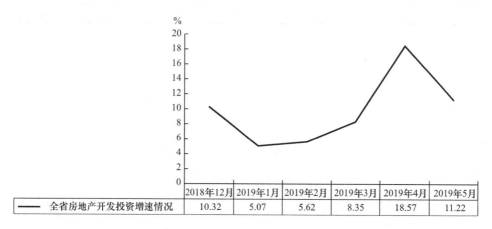

图3-5-1 2018年12月—2019年5月全省房地产累计完成开发投资增速情况

分用途来看,5月房地产累计开发投资总量中,商品住房累计完成开发投资779.01亿元,同比增长12.92%,增速比2018年同期增长11.39个百分点,占房地产累计完成开发投资总量的76.82%,占比最大。

分区域来看,房地产开发投资仍呈现较为明显的不均衡状态。西安市5月房地产累计开发投资499.63亿元,占全省投资总量的49.27%,同比下降12.66%,增幅比2018年同期下降11.93个百分点,见表3-5-1。

5月全省各地市累计完成房地产开发投资情况　　　　　　　表3-5-1

| 地区 | 房地产开发投资完成额 | | 增速与2018年同期相比升降百分点 | 占全省比重(%) |
| --- | --- | --- | --- | --- |
| | 总量(万元) | 同比增速(%) | | |
| 陕西省 | 10141244 | 11.22 | 11.13 | — |
| 西安市 | 4996277 | −12.66 | −11.93 | 49.27 |
| 宝鸡市 | 458920 | 90.17 | 88.50 | 4.53 |
| 咸阳市 | 449868 | −18.72 | −17.65 | 4.44 |
| 铜川市 | 102129 | 77.83 | 114.35 | 1.01 |
| 渭南市 | 389469 | 29.91 | 16.83 | 3.84 |

续表

| 地区 | 房地产开发投资完成额 | | 增速与2018年同期相比升降百分点 | 占全省比重（%） |
|---|---|---|---|---|
| | 总量（万元） | 同比增速（%） | | |
| 延安市 | 214604 | −28.87 | −14.48 | 2.12 |
| 榆林市 | 119673 | −2.53 | −17.69 | 1.18 |
| 汉中市 | 555117 | 121.55 | 177.82 | 5.47 |
| 安康市 | 395027 | 13.36 | 9.28 | 3.90 |
| 商洛市 | 110220 | 78.51 | 55.65 | 1.09 |
| 杨　凌 | 89000 | 26.90 | −3.47 | 0.88 |
| 韩城市 | 52368 | −16.48 | −57.01 | 0.52 |

## 二、施工面积同比增长、竣工面积同比下降

截至 5 月底，陕西省商品房累计施工面积 17103.83 万 m²，同比增长 5.25%，较 2018 年同期上涨 5.32%；商品房累计新开工面积 1674.67 万 m²，同比增长 11.51%，较 2018 年同期增加 2.3 个百分点。其中，商品住房累计施工面积 14446 万 m²，同比上涨 2.98%，增幅较 2018 年同期上涨 5.09 个百分点。

截至 5 月底，陕西省商品房累计竣工面积 757.52 万 m²，同比下降 34.27%，增幅比 2018 年同期减小 31.19%，其中，商品住房累计竣工面积 632.91 万 m²，同比下降 34.07%，增幅较 2018 年同期减少 26.24 个百分点，如图 3-5-2 所示。

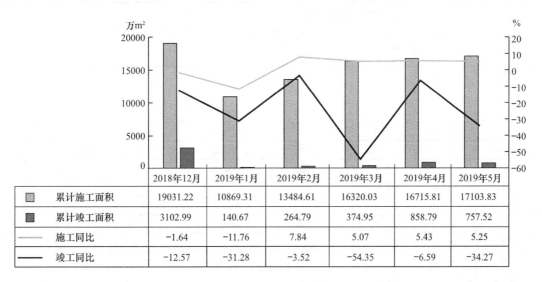

图 3-5-2　2018 年 12 月—2019 年 5 月全省房地产累积施工、竣工面积及其同比情况

## 三、商品房当月销售面积略有下降

截至 5 月底，全省商品房当月销售面积为 398.22 万 m²，环比下降 0.27%，如图 3-5-3 所示。

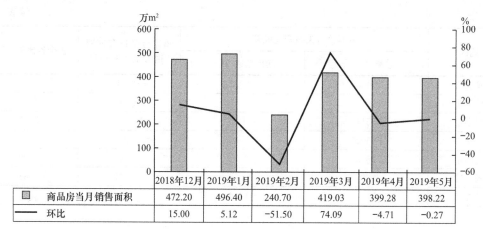

图 3-5-3　2018 年 12 月—2019 年 5 月全省商品房当月销售面积及环比情况

从用途上来看，5 月全省商品住房累计销售面积为 1695.94 万 m², 同比下降 4.26%, 全省二手房累计交易面积为 433.39 万 m², 同比下降 20.5%。其中，二手住房累计交易面积为 395.67 万 m², 同比下降 23%。

分区域看，5 月全省除西安、宝鸡、咸阳、铜川和渭南市以外，其他城市商品房累计销售面积均同比增长。其中，榆林市同比增速最大，为 73.27%。西安市商品房累积销售面积占全省比重最多，占比为 46.50%，具体见表 3-5-2。

5 月陕西省各地市商品房累计销售情况　　　　　　　　　　　表 3-5-2

| 地区 | 商品房累计销售面积 | | 其中商品住房累计销售 | | 增速与 2018 年同期相比升降百分点 | 占全省比重（%） |
|---|---|---|---|---|---|---|
| | 总量（万 m²） | 增速（%） | 总量（万 m²） | 增速（%） | | |
| 陕西省 | 1940.73 | -5.11 | 1695.94 | -4.26 | 8.71 | — |
| 西安市 | 902.38 | -17.35 | 725.11 | -17.52 | 16.09 | 46.50 |
| 宝鸡市 | 181.78 | -0.27 | 173.31 | -0.01 | -18.87 | 9.37 |
| 咸阳市 | 178.22 | -9.25 | 167.66 | -10.54 | -23.75 | 9.18 |
| 铜川市 | 23.59 | -30.23 | 19.08 | -36.29 | -101.22 | 1.22 |
| 渭南市 | 150.26 | -3.48 | 143.23 | -0.99 | -46.16 | 7.74 |
| 延安市 | 35.28 | 27.73 | 32.46 | 21.03 | 79.50 | 1.82 |
| 榆林市 | 102.30 | 73.27 | 94.25 | 68.76 | 25.80 | 5.27 |
| 汉中市 | 161.73 | 22.92 | 147.61 | 23.89 | 23.10 | 8.33 |
| 安康市 | 110.57 | 29.16 | 105.03 | 33.66 | 37.47 | 5.70 |
| 商洛市 | 38.50 | 6.03 | 36.33 | 0.72 | -23.37 | 1.98 |
| 杨　凌 | 34.94 | 17.37 | 31.51 | 21.19 | -26.92 | 1.80 |
| 韩城市 | 21.18 | 36.82 | 20.36 | 41.78 | 43.87 | 1.09 |

## 四、商品住房销售价格同比上涨

截至 5 月底，陕西省新建商品住房销售均价为 8052 元/m², 同比上涨 2.54%, 环比上涨 0.55%；二手住房交易均价为 8275 元/m², 同比上涨 21%, 环比上涨 5.7%。如

图3-5-4所示。

从各地市来看,西安市和商洛市新建住房销售价格环比均有所下降,其余城市均环比上涨,铜川市环比上涨最高为11.40%。从西安市来看,5月商品住房销售均价为11904元/m²,环比上涨0.96%,具体见表3-5-3。

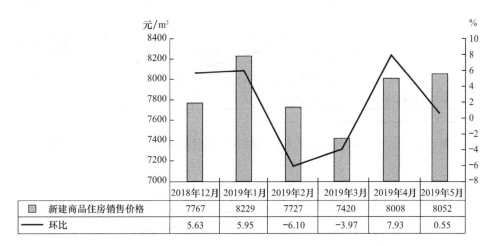

图3-5-4 2018年12月—2019年5月全省商品住房当月销售价格及增速情况

5月全省各地市新建商品住房平均销售价格及涨幅情况　　　　表3-5-3

| 城市 | 价格位次 | 平均价格（元/m²） | 同比涨幅（%） | 环比涨幅（%） |
| --- | --- | --- | --- | --- |
| 西安市 | 1 | 11904 | 11.53 | −0.96 |
| 咸阳市 | 2 | 7119 | 18.63 | 10.53 |
| 延安市 | 3 | 5761 | 36.52 | 4.52 |
| 安康市 | 4 | 5347 | 23.57 | 6.71 |
| 榆林市 | 5 | 5267 | 3.72 | 0.19 |
| 杨凌 | 6 | 5138 | 34.47 | 5.61 |
| 韩城市 | 7 | 5126 | 27.73 | 5.21 |
| 汉中市 | 8 | 5107 | 26.85 | 0.33 |
| 宝鸡市 | 9 | 4867 | 17.56 | 1.63 |
| 渭南市 | 10 | 4662 | 21.66 | 4.60 |
| 铜川市 | 11 | 4513 | 31.88 | 11.40 |
| 商洛市 | 12 | 3882 | 25.67 | −7.94 |

## 五、商品住房去化周期保持稳定

截至5月底,陕西省商品住房累计待售面积为3260.18万m²,同比上涨12.9%,陕西省商品住房去化周期为9.31个月,较2019年4月末增加0.11个月。如图3-5-5、图3-5-6所示。

从各地市来看,全省12个城市中商品住房去化周期大于12个月的城市有宝鸡市、咸阳市、铜川市、渭南市和榆林市,分别为14.11个月、12.38个月、12.99个月、13.13个月和13.86个月;安康市去化周期最小,为6.81个月,如表3-5-4所示。

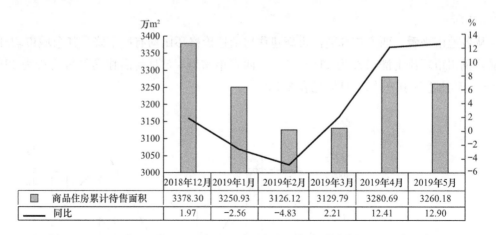

图 3-5-5　2018 年 12 月—2019 年 5 月陕西省商品住房累计待售面积及同比情况

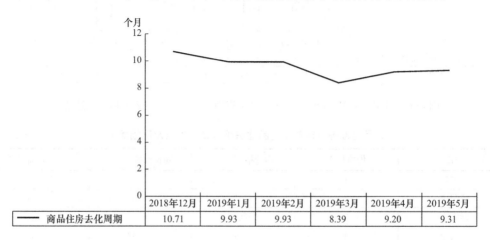

图 3-5-6　2018 年 12 月—2019 年 5 月全省商品住房去化周期情况

截至 5 月底全省各地市商品住房累计待售面积及去化周期情况　　　表 3-5-4

| 地区 | 待售面积 | | 增幅与2018年同期相比升降百分点 | 占全省比重（%） | 去化周期（个月） |
|---|---|---|---|---|---|
| | 总量（万 m²） | 同比增速（%） | | | |
| 陕西省 | 1695.94 | −4.26 | 14.00 | — | 9.31 |
| 西安市 | 725.11 | −17.52 | 28.11 | 42.76 | 6.85 |
| 宝鸡市 | 173.31 | −0.01 | −20.82 | 10.22 | 14.11 |
| 咸阳市 | 167.66 | −10.54 | −26.68 | 9.89 | 12.38 |
| 铜川市 | 19.08 | −36.29 | −100.85 | 1.13 | 12.99 |
| 渭南市 | 143.23 | −0.99 | −43.43 | 8.45 | 13.13 |
| 延安市 | 32.46 | 21.03 | 79.34 | 1.91 | 11.45 |
| 榆林市 | 94.25 | 68.76 | 22.67 | 5.56 | 13.86 |
| 汉中市 | 147.61 | 23.89 | 23.26 | 8.70 | 8.96 |
| 安康市 | 105.03 | 33.66 | 38.38 | 6.19 | 6.81 |
| 商洛市 | 36.33 | 0.72 | −31.02 | 2.14 | 7.74 |
| 杨　凌 | 31.51 | 21.19 | −18.37 | 1.86 | 9.47 |
| 韩城市 | 20.36 | 41.78 | 46.49 | 1.20 | 7.25 |

# 陕西省 2019 年上半年房地产市场运行分析报告

2019 年上半年，全省房地产市场呈现开发投资增速放缓、商品房销售面积有所回落、住房价格有所上涨、商品住房去化周期稍有增大的运行态势。

## 一、基本情况

### （一）房地产开发投资增速放缓但仍保持高位运行

2019 年上半年，全省房地产累计完成开发投资 1544.04 亿元，较 2018 年同期增长 4.50%，增速比 2018 年同期下降 4.83 个百分点，如图 3-6-1 所示。

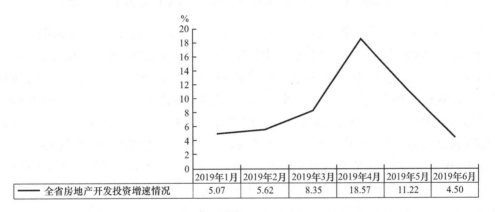

图 3-6-1　2019 年 1—6 月全省房地产累计完成开发投资增速情况

分用途来看，上半年房地产累计开发投资总量中，商品住房累计完成开发投资 1193.11 亿元，较 2018 年同期增长 2.5%，增速比 2018 年同期下降 11.1 个百分点，占房地产累计完成开发投资总量的 77.27%。

分区域来看，房地产开发投资仍呈现较为明显的不均衡状态。西安市（不含西咸新区）上半年房地产累计开发投资 794.78 亿元，占全省投资总量的 51.48%，较 2018 年同期下降 1.90%，增速比 2018 年同期下降 2.54 个百分点，具体见表 3-6-1。

上半年全省各地市累计完成房地产开发投资情况　　　　表 3-6-1

| 地区 | 房地产开发投资完成额 | | 增速与 2018 年同期相比升降百分点 | 占全省比重（%） |
| --- | --- | --- | --- | --- |
| | 总量（万元） | 同比增速（%） | | |
| 陕西省 | 15440431 | 4.50 | −4.83 | — |
| 西安市 | 7947797 | −1.90 | −2.54 | 51.47 |
| 宝鸡市 | 616500 | 3.92 | −50.56 | 3.99 |
| 咸阳市 | 628848 | −26.35 | −48.54 | 4.07 |

续表

| 地区 | 房地产开发投资完成额 | | 增速与2018年同期相比升降百分点 | 占全省比重（%） |
|---|---|---|---|---|
| | 总量（万元） | 同比增速（%） | | |
| 铜川市 | 185390 | 63.26 | 67.62 | 1.20 |
| 渭南市 | 504881 | 29.01 | 32.80 | 3.27 |
| 延安市 | 327274 | −48.19 | −94.40 | 2.12 |
| 榆林市 | 204044 | 9.71 | −8.58 | 1.32 |
| 汉中市 | 636495 | 73.40 | 116.98 | 4.12 |
| 安康市 | 613445 | 26.11 | 11.53 | 3.97 |
| 商洛市 | 208930 | 4.08 | −26.06 | 1.35 |
| 杨 凌 | 101000 | 17.80 | −4.68 | 0.65 |
| 西咸新区 | 3403370 | 116.50 | 8.51 | 22.04 |
| 韩城市 | 62458 | −13.97 | −52.68 | 0.40 |

### （二）施工面积小幅增长，新开工面积增长减缓，竣工面积呈增长态势

2019年上半年，全省商品房累计施工面积17693.32万 $m^2$，较2018年同期增长5.10%，增速比2018年同期提高5.60个百分点，其中西安市累计施工面积8281.73万 $m^2$，占全省施工总量的46.81%；全省商品住房累计施工面积14957.13万 $m^2$，较2018年同期增长0.46%，增速比2018年同期下降1.08个百分点；商品房累计新开工面积2196.10万 $m^2$，较2018年同期上涨5.59%，增速比2018年同期下降13.37个百分点。受西安、延安等地新开工面积下降的影响，累计新开工面积虽有所增长，但较2018年同期增速有明显回落。

2019年上半年，全省商品房累计竣工面积1217.44万 $m^2$，较2018年同期下降15.41%，其中西安市累计竣工面积393.99万 $m^2$，占全省竣工总量的32.36%；全省商品住房累计竣工面积1054.83万 $m^2$，较2018年同期下降13.93%。如图3-6-2所示。受西安、延安等地竣工面积下降的影响，全省房地产累计竣工面积虽有所增长，但较2018年同期增速有明显回落。

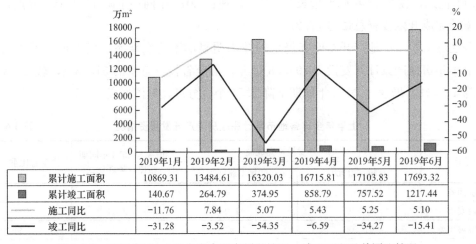

图3-6-2　2019年1—6月全省房地产累积施工、竣工面积及其同比情况

## （三）商品房销售面积有所回落

2019年1—6月全省商品房当月销售波动较为明显。其中，6月份商品房销售面积为387.85万 $m^2$，较5月下降2.60%，如图3-6-3所示。2019年上半年全省商品房累计销售面积为2328.57万 $m^2$，较2018年同期下降7.33%，较2019年第一季度增加1185.84万 $m^2$。因2018年土地供应不足，造成今年西安、咸阳等地新批准预售住房上市量短缺，加之铜川、延安、商洛等城市购房者出现观望情绪，全省销量继续较2018年有所下降。

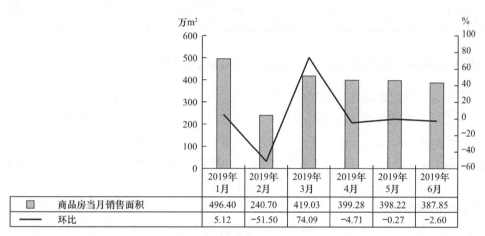

图3-6-3　2019年1—6月全省商品房当月销售面积及环比情况

分区域来看，上半年全省除西安、咸阳、铜川、延安和商洛以外，其他城市商品房累计销售面积均同比增长。其中，榆林市销量同比增速最大，为73.18%。西安市商品房累积销售面积占全省比重最多，占比为46%，具体见表3-6-2。

分用途看，上半年全省商品住房累计待售面积为3359.6万 $m^2$，较2018年同期上涨13.93%；全省二手房累计交易面积为533.25万 $m^2$，较2018年同期下降18.46。其中，二手住房累计交易面积为489.66万 $m^2$，较2018年同期下降20.36%。受西安、宝鸡、咸阳、铜川和榆林等地交易面积的下降，全省二手房交易情况较2018年同期增速有明显回落。

上半年陕西省各地市商品房（含商品住房）累计销售情况　　表3-6-2

| 地区 | 商品房累计销售面积 | | 其中商品住房累计销售 | | 增速与2018年同期相比升降百分点 | 占全省比重（%） |
|---|---|---|---|---|---|---|
| | 总量（万 $m^2$） | 增速（%） | 总量（万 $m^2$） | 增速（%） | | |
| 陕西省 | 2328.57 | -7.33 | 2035.44 | -6.36 | 4.36 | — |
| 西安市 | 1071.07 | -22.15 | 857.88 | -22.85 | 8.00 | 46.00 |
| 宝鸡市 | 220.75 | 6.61 | 210.67 | 7.07 | -9.22 | 9.48 |
| 咸阳市 | 224.90 | -5.07 | 211.24 | -6.16 | -14.74 | 9.66 |
| 铜川市 | 29.12 | -30.57 | 24.14 | -35.70 | -96.93 | 1.25 |
| 渭南市 | 187.91 | 3.38 | 178.95 | 5.52 | -36.59 | 8.07 |
| 延安市 | 41.83 | -7.21 | 38.47 | -10.49 | 32.80 | 1.80 |
| 榆林市 | 123.74 | 73.18 | 115.06 | 71.27 | 36.39 | 5.31 |

续表

| 地区 | 商品房累计销售面积 | | | | 增速与2018年同期相比升降百分点 | 占全省比重（%） |
|---|---|---|---|---|---|---|
| | 总量（万 m²） | 增速（%） | 其中商品住房累计销售 | | | |
| | | | 总量（万 m²） | 增速（%） | | |
| 汉中市 | 188.19 | 21.93 | 171.91 | 23.77 | 24.01 | 8.08 |
| 安康市 | 127.89 | 27.04 | 121.62 | 30.77 | 30.09 | 5.49 |
| 商洛市 | 42.72 | −4.73 | 40.46 | −8.46 | −11.85 | 1.83 |
| 杨 凌 | 43.49 | 25.37 | 39.47 | 32.90 | −11.58 | 1.87 |
| 韩城市 | 26.96 | 48.46 | 25.57 | 51.03 | 52.93 | 1.16 |

### （四）商品住房销售价格、二手住房价格均稳中有涨

上半年全省新建商品住房销售均价为7965元/m²，二手住房交易均价为7571元/m²。其中6月份，全省新建商品住房销售均价为8357元/m²，较2018年同期下降0.52%，较5月份上涨3.78%，如图3-6-4所示。6月，全省二手住房交易均价8398元/m²，较2018年同期上涨21.66%，较5月份上涨1.49%。受西安、咸阳和杨凌二手房交易均价大幅上涨影响，全省二手房交易均价较2018年同期上涨明显。

从各地市来看，西安、咸阳、铜川、渭南、安康、韩城、延安、榆林、汉中9个城市住房销售价格与上月相比有所上涨，其中西安环比上涨7.87%，安康环比上涨5.14%，波动较大，进入预警范围；宝鸡、杨凌和渭南市3个市（区）住房销售价格与上月相比有小幅下降，如表3-6-3所示。

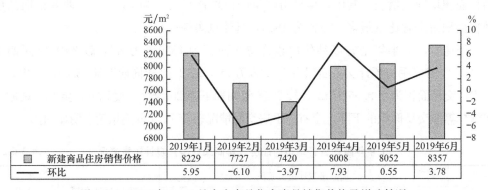

图3-6-4 2019年1—6月全省商品住房当月销售价格及增速情况

6月全省各地市新建商品住房平均销售价格及涨幅情况　　　表3-6-3

| 城市 | 价格位次 | 平均价格（元/m²） | 同比涨幅（%） | 环比涨幅（%） |
|---|---|---|---|---|
| 西安市 | 1 | 12841 | 16.9 | 7.87 |
| 咸阳市 | 2 | 7317 | 9.44 | 2.78 |
| 延安市 | 3 | 5943 | 30.07 | 3.2 |
| 安康市 | 4 | 5622 | 38.20 | 5.14 |
| 韩城市 | 5 | 5364 | 47.48 | 4.6 |
| 榆林市 | 6 | 5282 | 13.10 | 0.28 |
| 汉中市 | 7 | 5210 | 17.71 | 2.0 |

续表

| 城市 | 价格位次 | 平均价格（元/m²） | 同比涨幅（%） | 环比涨幅（%） |
|---|---|---|---|---|
| 杨 凌 | 8 | 5085 | 35.60 | −1.0 |
| 宝鸡市 | 9 | 4747 | 3.99 | −2.47 |
| 铜川市 | 10 | 4717 | 29.23 | 4.52 |
| 渭南市 | 11 | 4516 | −2.65 | −3.13 |
| 商洛市 | 12 | 3938 | 22.87 | 1.44 |

### （五）商品住房去化周期稍有增加

截至 6 月底，全省商品住房库存面积为 3359.63 万 m²，较 2018 年同期上涨 13.93%。全省商品住房去化周期为 9.74 个月，较 2019 年第一季度末增加 1.35 个月，较 5 月底增加 0.43 个月。去化周期自第一季度末以来，呈逐渐增大的态势。如图 3-6-5、图 3-6-6 所示。

从各地市来看，除韩城市外，全省其他城市（区）去化周期均处于大于 6 个月且小于 18 个月的合理范围内，韩城市去化周期为 5.51 个月，进入预警范围，如表 3-6-4 所示。

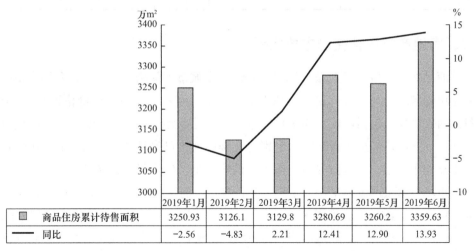

图 3-6-5　2019 年 1—6 月全省商品住房累计待售面积及同比情况

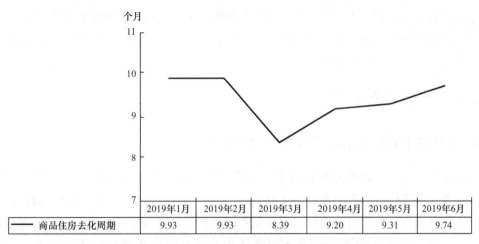

图 3-6-6　2019 年 1—6 月全省商品住房去化周期情况

截至 6 月底全省各地市商品住房累计待售面积及去化周期情况　　表 3-6-4

| 地区 | 待售面积 | | 增幅与 2018 年同期相比升降百分点 | 占全省比重（％） | 去化周期（个月） |
|---|---|---|---|---|---|
| | 总量（万 m²） | 同比增速（％） | | | |
| 陕西省 | 3359.6 | 13.93 | 32.17 | — | 9.74 |
| 西安市 | 1111.39 | −13.68 | −0.56 | 33.08 | 7.18 |
| 宝鸡市 | 487.82 | 60.43 | 72.23 | 14.52 | 14.20 |
| 咸阳市 | 419.18 | 18.13 | 42.33 | 12.48 | 13.08 |
| 铜川市 | 60.06 | 22.95 | 53.16 | 1.79 | 14.02 |
| 渭南市 | 423.36 | 66.57 | 80.23 | 12.60 | 14.28 |
| 延安市 | 90.80 | −22.88 | −16.47 | 2.70 | 11.93 |
| 榆林市 | 234.01 | 2.46 | 33.41 | 6.97 | 13.42 |
| 汉中市 | 274.83 | 63.04 | 100.92 | 8.18 | 9.19 |
| 安康市 | 132.86 | 11.32 | 20.37 | 3.95 | 7.10 |
| 商洛市 | 51.62 | 84.35 | 111.62 | 1.54 | 7.14 |
| 杨凌 | 52.11 | 32.93 | 128.61 | 1.55 | 10.22 |
| 韩城市 | 21.59 | −39.68 | −194.25 | 0.64 | 5.51 |

## 二、房地产市场存在的主要问题

一是商品住宅价格继续上涨。6 月，全省 12 个城市中除杨凌、宝鸡市和渭南市外，新建商品住房销售均价与上月相比均有所上涨。其中，西安市商品住宅价格连续 40 个月上涨，目前西安供地（包括西咸、沣东）供地每亩已屡屡突破 1000 万元/亩，楼面地价已达 6000～7000 元/m²，甚至在高新区的个别地块楼面地价已高达 1.3 万元/m²，在全省房地产市场略显稳中不足。二是西安市土地市场供给不足，住房供给逐渐吃紧。2019 年以来，西安土地市场供给量严重不足，大量房企等待拿地，而城改拆迁推进缓慢，越来越多的房企因为没地开发，逐渐供给量跟不上。近来西安市供给量少，房企缺地，典型如融创地产、中海地产、金地地产，绿地地产因为主城区缺地，主要销售区域已经转移到其他地级市。三是住房交易市场乱象时有发生。上半年西安市个别房地产开发企业存在以"先到先得"形式营造虚假热销、"一房二卖"的违规销售行为，渭南市个别房地产开发企业存在延期交房的违规销售行为；同时存在许多烂尾楼，如西安市汉城湖畔项目、汉城壹号项目、宝鸡市五洲中央公园项目等。

## 三、下一步任务和措施

### （一）调整住房供应结构，保障住房多样需求

有效识别商品房、保障房和其他住房（房改房、集资房、自建房等）需求占比情况，以满足各类人群多样需求为核心原则，对住房供应结构进行统筹规划、合理布局并科学建设。大力培育和发展住房租赁市场，创新租购同权机制，增加租赁住房供应，加强租赁市场管理，有效应对城镇化建设和人才引进带来的住房需求激增，缓解房价连续上涨的

风险。

### (二) 加强房地产市场监测预警分析

有关市（区）政府加强房地产市场日常信息统计分析，做好趋势预判，对房价、成交量、库存等数据异常变化，提前采取措施，确保市场不出现大的波动继续对市场波动明显地区及时预警，联合省调控协调小组办公室成员单位加强对各市调控工作落实情况进行督导检查，防范市场风险，防止市场大起大落，稳定市场预期。

### (三) 动态调整土地供应规划，盘活其他用地库存

严格根据各市的国民经济和社会发展规划，加强经营性用地年度供应计划管理，保持合理、稳定的用地供应规模，有效统筹协调不同区域用地供应。出台鼓励符合条件、运营困难或处于闲置状态的商办用地转型发展长租公寓和养老公寓，缓解商办用地高库存状态。

### (四) 抓紧工程建设项目审批制度改革政策实施，尽快形成有效供应

加快推进工程建设项目审批制度改革。各市（区）要严格贯彻落实国务院办公厅《关于全面开展工程建设项目审批制度改革的实施意见》（国办发〔2019〕11号）和省政府《关于进一步深化工程建设项目审批制度改革的实施方案》（陕政发〔2019〕13号）的要求，特别是落实好工程审批各领域的"减放并转调"各项政策措施。做好工程建设项目审批的提前接入、超前服务，加快出台本市事项清单和流程图，加快整合各部门办理流程，尽快启动工程建设项目网上审批；进一步深化行政审批制度改革。各市（区）要持续深化住建领域"放管服"改革，加快政策落地和项目落地，切实提高政务服务效率。

### (五) 加大房地产市场秩序规范整顿力度，重点监测项目资金状况，及时发现违法违规现象

联合市场监督管理部门继续开展房地产市场乱象治理专项行动，曝光违法违规企业，通报违法违规行为；重点监测"烂尾"楼盘、商品房团购等项目资本金与预售资金的受控与解控过程，及时发现、叫停监管账户异动及商品房团购不规范、违规套取项目资本金或预售资金等行为；加强信用体系建设，建立失信联合惩戒制度，促进企业依法诚信经营。

# 2019 年 7 月陕西省房地产市场运行分析

## 一、房地产开发投资增速略有上升

截至 7 月底，陕西省房地产累计完成开发投资 2004.53 亿元，同比增长 9.87%，增速比 2018 年同期上升 0.08 个百分点，如图 3-7-1 所示。2019 年 7 月投资额较 2019 年 6 月增加 460.48 亿元。

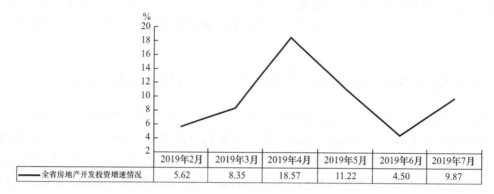

图 3-7-1　2019 年 2—7 月全省房地产累计完成开发投资增速情况

分用途来看，7 月房地产累计开发投资总量中，商品住房累计完成开发投资 1538.92 亿元，同比增长 13.59%，增速比 2018 年同期增长 3.91 个百分点，占房地产累计完成开发投资总量的 76.77%，占比最大。

分区域来看，房地产开发投资仍呈现较为明显的不均衡状态。西安市（不含西咸新区）7 月房地产累计开发投资 950.2 亿元，占全省投资总量的 47.4%，同比下降 8.32%，增幅比 2018 年同期下降 1.32 个百分点，如表 3-7-1 所示。

7 月全省各地市累计完成房地产开发投资情况　　　　表 3-7-1

| 地区 | 房地产开发投资完成额 | | 增速与 2018 年同期相比升降百分点 | 占全省比重（%） |
|---|---|---|---|---|
| | 总量（万元） | 同比增速（%） | | |
| 陕西省 | 20045251 | 9.87 | 0.08 | — |
| 西安市 | 9501969 | -8.32 | -1.32 | 47.40 |
| 宝鸡市 | 971710 | 16.14 | -71.11 | 4.85 |
| 咸阳市 | 1194050 | 17.72 | 12.10 | 5.96 |
| 铜川市 | 197631 | 30.85 | 41.65 | 0.99 |
| 渭南市 | 772339 | 36.01 | 8.45 | 3.85 |
| 延安市 | 474151 | -29.57 | -53.98 | 2.37 |
| 榆林市 | 442574 | 45.69 | 8.71 | 2.21 |

续表

| 地区 | 房地产开发投资完成额 | | 增速与2018年同期相比升降百分点 | 占全省比重（%） |
|---|---|---|---|---|
| | 总量（万元） | 同比增速（%） | | |
| 汉中市 | 808237 | 50.05 | 78.67 | 4.03 |
| 安康市 | 777900 | 37.55 | 25.03 | 3.88 |
| 商洛市 | 228108 | 5.24 | −29.84 | 1.14 |
| 杨　凌 | 168900 | 47.92 | 13.58 | 0.84 |
| 西咸新区 | 4435124 | 57.51 | −93.29 | 22.13 |
| 韩城市 | 72558 | −11.19 | −45.69 | 0.36 |

## 二、施工面积同比增长、竣工面积同比下降

截至7月底，陕西省商品房累计施工面积18497.54万 $m^2$，同比增长1.97%，较2018年同期下降3.98%；商品房累计新开工面积2896.11万 $m^2$，同比增长24.11%，较去年同期增加1.8个百分点。其中，商品住房累计施工面积15631.22万 $m^2$，同比下降1.03%，增幅较2018年同期下降3.37个百分点。

截至7月底，陕西省商品房累计竣工面积1558万 $m^2$，同比下降2.25%，增幅比2018年同期下降1.45%，其中，商品住房累计竣工面积1348.04万 $m^2$，同比下降5.81%，增幅较2018年同期减少5.7个百分点，如图3-7-2所示。

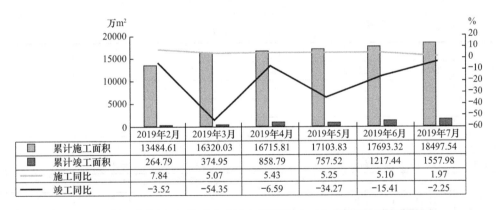

图3-7-2　2019年2—7月全省房地产累积施工、竣工面积及其同比情况

## 三、商品房销售面积较2018年有所上涨，当月销售面积略有上涨

截至7月底，全省商品房当月销售面积为464.26万 $m^2$，环比上涨19.7%，如图3-7-3所示。2019年7月全省商品房累计销售面积为2793.09万 $m^2$，较2018年同期下降4.8%。

从用途上来看，7月全省商品住房累计销售面积为2440.72万 $m^2$，同比下降3.54%，全省二手房累计交易面积为639.84万 $m^2$，同比下降15.56%。其中，二手住房累计交易面积为591.45万 $m^2$，同比下降16.82%。

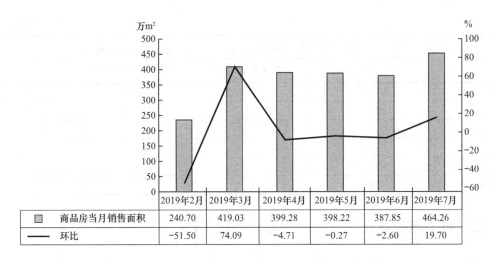

图 3-7-3  2019 年 2—7 月全省商品房当月销售面积及环比情况

分区域看，7 月全省除西安、铜川和延安市以外，其他城市商品房累计销售面积均同比增长。其中，榆林市同比增速最大，为 66.45%。西安市商品房累积销售面积占全省比重最多，占比为 46.05%，具体见表 3-7-2。

7 月陕西省各地市商品房累计销售情况　　　　　　　　　　　　表 3-7-2

| 地区 | 商品房累计销售面积 | | | | 增速与 2018 年同期相比升降百分点 | 占全省比重（%） |
|---|---|---|---|---|---|---|
| | 总量（万 m²） | 增速（%） | 其中商品住房累计销售 | | | |
| | | | 总量（万 m²） | 增速（%） | | |
| 陕西省 | 2793.09 | -4.80 | 2440.72 | -3.54 | 8.74 | — |
| 西安市 | 1286.20 | -19.10 | 1029.58 | -19.37 | 16.96 | 46.05 |
| 宝鸡市 | 256.66 | 6.94 | 244.39 | 7.13 | -12.59 | 9.19 |
| 咸阳市 | 283.40 | 5.40 | 267.69 | 5.53 | -1.31 | 10.15 |
| 铜川市 | 35.38 | -28.81 | 28.89 | -35.63 | -97.36 | 1.27 |
| 渭南市 | 238.36 | 11.81 | 226.04 | 13.80 | -23.84 | 8.53 |
| 延安市 | 48.78 | -24.76 | 44.83 | -27.40 | -5.03 | 1.75 |
| 榆林市 | 143.13 | 66.45 | 134.28 | 65.55 | 27.96 | 5.12 |
| 汉中市 | 215.92 | 15.97 | 196.94 | 17.73 | 15.72 | 7.73 |
| 安康市 | 147.86 | 19.48 | 139.25 | 20.39 | 14.19 | 5.29 |
| 商洛市 | 51.15 | 1.13 | 48.74 | -2.23 | -9.09 | 1.83 |
| 杨凌 | 53.39 | 33.44 | 49.22 | 47.67 | 26.34 | 1.91 |
| 韩城市 | 32.86 | 58.74 | 30.87 | 62.39 | 69.34 | 1.18 |

### 四、商品住房销售价格同比上涨

截至 7 月底，陕西省新建商品住房销售均价为 8536 元/m²，同比上涨 18.03%，环比上涨 2.15%；二手住房交易均价为 8043 元/m²，同比上涨 18.35%，环比下降 4.23%，如图 3-7-4 所示。

从各地市来看，西安、延安、杨凌、宝鸡、汉中、商洛和榆林市新建住房销售价格环比均有所下降，其中商洛市下降最多为 8.41%，其余城市环比上涨，铜川市环比上涨最高为 14.04%。从西安市来看，7 月商品住房销售均价为 12773 元/m²，环比下降 0.53%，具体见表 3-7-3。

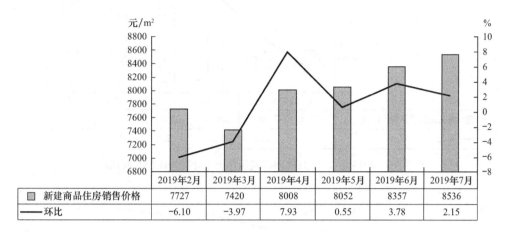

图 3-7-4　2019 年 2—7 月全省商品住房当月销售价格及增速情况

7 月全省各地市新建商品住房平均销售价格及涨幅情况　　　　表 3-7-3

| 城市 | 价格位次 | 平均价格（元/m²） | 同比涨幅（%） | 环比涨幅（%） |
|---|---|---|---|---|
| 西安市 | 1 | 12773.00 | 24.53 | −0.53 |
| 延安市 | 2 | 6724 | 17.27 | −8.10 |
| 铜川市 | 3 | 5799 | 48.69 | 14.04 |
| 杨　凌 | 4 | 5778 | 22.73 | −2.78 |
| 宝鸡市 | 5 | 5454 | 30.92 | −2.99 |
| 韩城市 | 6 | 5297 | 8.43 | 0.28 |
| 汉中市 | 7 | 5141 | 7.53 | −1.32 |
| 咸阳市 | 8 | 5098 | 18.01 | 7.39 |
| 商洛市 | 9 | 4913 | 37.20 | −8.41 |
| 安康市 | 10 | 4888 | 29.21 | 3.63 |
| 榆林市 | 11 | 4500 | 2.76 | −0.35 |
| 渭南市 | 12 | 4000 | 14.19 | 1.57 |

## 五、商品住房去化周期保持稳定

截至 7 月底，陕西省商品住房累计待售面积为 3335.31 万 m²，同比上涨 14.93%，陕西省商品住房去化周期为 9.56 个月，较 2019 年 6 月末减少 0.18 个月，如图 3-7-5、图 3-7-6 所示。

从各地市来看，全省 12 个城市中商品住房去化周期大于 12 个月的城市有宝鸡市、咸阳市、铜川市、渭南市、延安市和榆林市，分别为 16.34 个月、12.02 个月、14.93 个月、12.87 个月、12.75 个月和 14.53 个月；韩城市去化周期最小，为 5.21 个月，如表 3-7-4 所示。

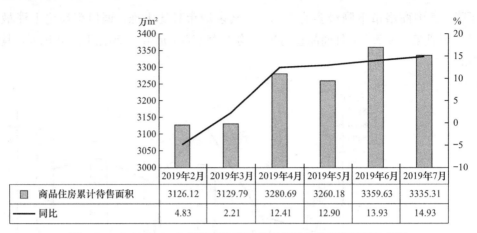

图 3-7-5　2019 年 2—7 月陕西省商品住房累计待售面积及同比情况

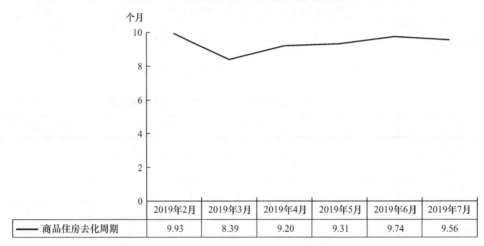

图 3-7-6　2019 年 2—7 月全省商品住房去化周期情况

截至 7 月底全省各地市商品住房累计待售面积及去化周期情况　　表 3-7-4

| 地区 | 待售面积 | | 增幅与 2018 年同期相比升降百分点 | 占全省比重（%） | 去化周期（个月） |
| --- | --- | --- | --- | --- | --- |
| | 总量（万 m²） | 同比增速（%） | | | |
| 陕西省 | 3335.31 | 14.93 | 30.47 | — | 9.56 |
| 西安市 | 1034.65 | −16.03 | −5.61 | 31.02 | 6.66 |
| 宝鸡市 | 564.64 | 81.08 | 88.57 | 16.93 | 16.34 |
| 咸阳市 | 413.32 | 16.92 | 35.48 | 12.39 | 12.02 |
| 铜川市 | 60.76 | 45.00 | 83.32 | 1.82 | 14.93 |
| 渭南市 | 400.88 | 61.82 | 75.91 | 12.02 | 12.87 |
| 延安市 | 83.82 | −31.54 | −34.28 | 2.51 | 12.75 |
| 榆林市 | 259.80 | 16.66 | 49.39 | 7.79 | 14.53 |
| 汉中市 | 274.71 | 39.48 | 64.98 | 8.24 | 9.27 |
| 安康市 | 132.69 | 20.12 | 41.00 | 3.98 | 7.26 |
| 商洛市 | 43.87 | 61.71 | 84.51 | 1.32 | 5.89 |
| 杨　凌 | 44.38 | 79.20 | 174.44 | 1.33 | 7.91 |
| 韩城市 | 21.79 | −35.37 | −222.61 | 0.65 | 5.21 |

# 2019年8月陕西省房地产市场运行分析

## 一、房地产开发投资增速连续上升

截至8月底,陕西省房地产累计完成开发投资2367.06亿元,同比增长13.3%,增速比2018年同期上升7.35个百分点,如图3-8-1所示。2019年8月投资额较2019年7月增加362.54亿元。

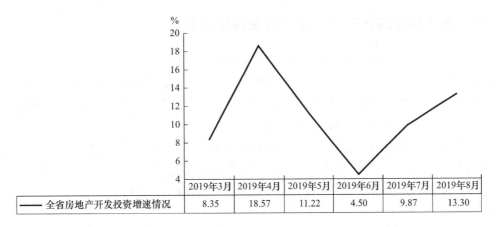

图3-8-1　2019年3—8月全省房地产累计完成开发投资增速情况

分用途来看,8月房地产累计开发投资总量中,商品住房累计完成开发投资1796.52亿元,同比增长10.71%,增速比2018年同期增长0.29个百分点,占房地产累计完成开发投资总量的75.9%,占比最大。

分区域来看,房地产开发投资仍呈现较为明显的不均衡状态。西安市(不含西咸新区)8月房地产累计开发投资1123.49亿元,占全省投资总量的47.46%,同比上涨0.6%,增幅比2018年同期下降15.63个百分点。

8月全省各地市累计完成房地产开发投资情况　　表3-8-1

| 地区 | 房地产开发投资完成额 | | 增速与2018年同期相比升降百分点 | 占全省比重(%) |
|---|---|---|---|---|
| | 总量(万元) | 同比增速(%) | | |
| 陕西省 | 23670608.13 | 13.30 | 7.35 | — |
| 西安市 | 11234859.00 | 0.60 | 15.63 | 47.46 |
| 宝鸡市 | 1212160.00 | 13.22 | −49.32 | 5.12 |
| 咸阳市 | 1381631.55 | 7.21 | −11.58 | 5.84 |
| 铜川市 | 232648.00 | 16.71 | 23.40 | 0.98 |
| 渭南市 | 932529.74 | 41.27 | 33.13 | 3.94 |

续表

| 地区 | 房地产开发投资完成额 | | 增速与2018年同期相比升降百分点 | 占全省比重（%） |
|---|---|---|---|---|
| | 总量（万元） | 同比增速（%） | | |
| 延安市 | 658305.00 | −11.43 | −32.26 | 2.78 |
| 榆林市 | 582150.00 | 31.66 | −30.39 | 2.46 |
| 汉中市 | 897294.84 | 38.12 | 62.38 | 3.79 |
| 安康市 | 957550.00 | 20.92 | −18.60 | 4.05 |
| 商洛市 | 254858.00 | 16.43 | −17.85 | 1.08 |
| 杨 凌 | 189500.00 | 35.18 | 13.28 | 0.80 |
| 西咸新区 | 5054474.00 | 47.55 | −109.73 | 21.35 |
| 韩城市 | 82648.00 | −10.83 | −22.58 | 0.35 |

## 二、施工面积同比下降、竣工面积同比增长

截至8月底，陕西省商品房累计施工面积20682.04万 $m^2$，同比增长8.85%，较2018年同期下降0.19%；商品房累计新开工面积3625.02万 $m^2$，同比增长34.36%，较2018年同期下降4.93个百分点。其中，商品住房累计施工面积16578.06万 $m^2$，同比上涨0.3%，增幅较2018年同期下降5.35个百分点。

截至8月底，陕西省商品房累计竣工面积1736.56万 $m^2$，同比下降7.54%，增幅比2018年同期下降4.69%，其中，商品住房累计竣工面积884.38万 $m^2$，同比下降44.81%，增幅较2018年同期减少37.82个百分点，如图3-8-2所示。

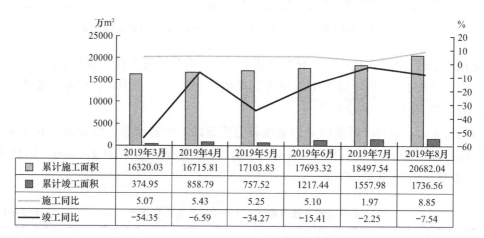

图3-8-2　2019年3—8月全省房地产累积施工、竣工面积及其同比情况

## 三、商品房销售面积较2018年有所上涨，当月销售面积明显下降

截至8月底，全省商品房当月销售面积为413.7万 $m^2$，环比下降10.89%，如图3-8-3所示。2019年8月全省商品房累计销售面积为3207.58万 $m^2$，较2018年同期下降4.55%。

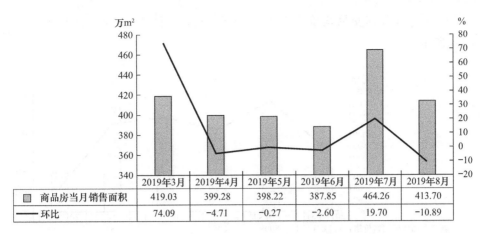

图 3-8-3  2019 年 3—8 月全省商品房当月销售面积及环比情况

从用途上来看，8 月全省商品住房累计销售面积为 2800.57 万 $m^2$，同比下降 3.19%，全省二手房累计交易面积为 732.39 万 $m^2$，同比下降 15.55%。其中，二手住房累计交易面积为 680.04 万 $m^2$，同比下降 14.42%。

分区域看，8 月全省除西安、铜川、延安和商洛市以外，其他城市商品房累计销售面积均同比增长。其中，榆林市同比增速最大，为 72.05%。西安市商品房累积销售面积占全省比重最多，占比为 5.18%，具体见表 3-8-2。

8 月陕西省各地市商品房累计销售情况　　　　表 3-8-2

| 地区 | 商品房累计销售面积 | | | | 增速与2018年同期相比升降百分点 | 占全省比重（%） |
|---|---|---|---|---|---|---|
| | 总量（万 $m^2$） | 增速（%） | 其中商品住房累计销售 | | | |
| | | | 总量（万 $m^2$） | 增速（%） | | |
| 陕西省 | 3207.58 | -4.55 | 2800.57 | -3.19 | 4.75 | — |
| 西安市 | 1449.09 | -19.97 | 1151.27 | -20.64 | 6.54 | 45.18 |
| 宝鸡市 | 306.68 | 10.26 | 292.56 | 10.44 | -4.21 | 9.56 |
| 咸阳市 | 338.86 | 10.99 | 320.06 | 11.07 | 4.55 | 10.56 |
| 铜川市 | 43.37 | -23.58 | 35.66 | -30.58 | -85.92 | 1.35 |
| 渭南市 | 279.21 | 12.64 | 264.17 | 13.80 | -23.21 | 8.70 |
| 延安市 | 56.07 | -24.85 | 51.66 | -26.53 | -5.36 | 1.75 |
| 榆林市 | 170.73 | 72.05 | 161.53 | 72.01 | 49.42 | 5.32 |
| 汉中市 | 247.09 | 12.62 | 224.96 | 14.96 | 12.62 | 7.70 |
| 安康市 | 152.18 | 7.67 | 143.55 | 9.46 | 0.80 | 4.74 |
| 商洛市 | 58.48 | -0.78 | 55.99 | 0.38 | 5.48 | 1.82 |
| 杨凌 | 66.00 | 49.83 | 61.36 | 67.33 | 63.04 | 2.06 |
| 韩城市 | 39.82 | 65.92 | 37.80 | 70.35 | 73.49 | 1.24 |

## 四、商品住房销售价格同比下降

截至 8 月底，陕西省新建商品住房销售均价为 7329 元/$m^2$，同比下降 3.28%，环比下降14.14%；二手住房交易均价为7913元/m²，同比上涨19.24%，环比下降1.62%，如图3-8-4所示。

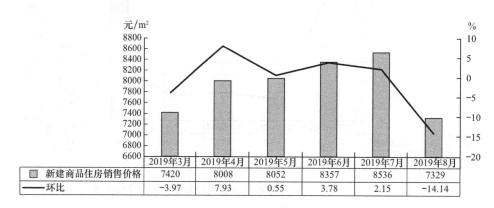

图3-8-4　2019年3—8月全省商品住房当月销售价格及增速情况

从各地市来看，西安、杨凌、汉中、铜川、韩城和宝鸡市新建住房销售价格环比均有所下降，其余城市环比上涨，延安市环比上涨最高为7.75%。从西安市来看，8月商品住房销售均价为11142元/m²，同比下降12.77%，具体见表3-8-3。

8月全省各地市新建商品住房平均销售价格及涨幅情况　　表3-8-3

| 城市 | 价格位次 | 平均价格（元/m²） | 同比涨幅（%） | 环比涨幅（%） |
| --- | --- | --- | --- | --- |
| 西安市 | 1 | 11142 | 3.44 | -12.77 |
| 咸阳市 | 2 | 6949 | 25.43 | 3.35 |
| 延安市 | 3 | 6226 | 26.60 | 7.75 |
| 安康市 | 4 | 5741 | 21.89 | 5.26 |
| 杨　凌 | 5 | 5740 | 57.56 | -1.02 |
| 榆林市 | 6 | 5449 | 5.93 | 2.87 |
| 汉中市 | 7 | 5065 | 26.56 | -1.48 |
| 铜川市 | 8 | 4868 | 30.75 | -0.41 |
| 韩城市 | 9 | 4751 | 19.16 | -3.30 |
| 渭南市 | 10 | 4554 | 0.29 | 1.20 |
| 宝鸡市 | 11 | 4545 | 1.56 | -10.85 |
| 商洛市 | 12 | 4233 | 27.08 | 5.83 |

## 五、商品住房去化周期保持稳定

截至8月底，陕西省商品住房累计待售面积为3310.39万m²，同比上涨16.22%，陕西省商品住房去化周期为9.49个月，较2019年7月末减少0.06个月。如图3-8-5、图3-8-6所示。

从各地市来看，全省12个城市中商品住房去化周期大于12个月的城市有宝鸡市、铜川市、渭南市、延安市和榆林市，分别为15.67个月、14.28个月、12.61个月、12.07个月和13.31个月；韩城市去化周期最小，为3.41个月。

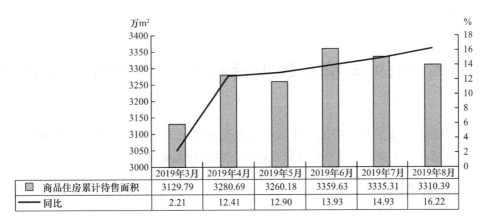

图 3-8-5　2019 年 3—8 月陕西省商品住房累计待售面积及同比情况

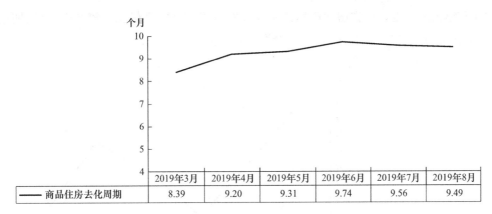

图 3-8-6　2019 年 3—8 月全省商品住房去化周期情况

截至 8 月底全省各地市商品住房累计待售面积及去化周期情况　　表 3-8-4

| 地区 | 待售面积 | | 增幅与2018年同期相比升降百分点 | 占全省比重（%） | 去化周期（个月） |
|---|---|---|---|---|---|
| | 总量（万 m²） | 同比增速（%） | | | |
| 陕西省 | 3310.39 | 16.22 | 32.69 | — | 9.49 |
| 西安市 | 1049.58 | −9.66 | 8.33 | 31.71 | 6.95 |
| 宝鸡市 | 556.30 | 85.59 | 94.76 | 16.80 | 15.67 |
| 咸阳市 | 387.15 | 6.46 | 19.92 | 11.69 | 10.79 |
| 铜川市 | 58.41 | 26.71 | 57.00 | 1.76 | 14.28 |
| 渭南市 | 397.78 | 68.10 | 80.25 | 12.02 | 12.61 |
| 延安市 | 77.61 | −40.33 | −37.53 | 2.34 | 12.07 |
| 榆林市 | 254.00 | 13.20 | 44.36 | 7.67 | 13.31 |
| 汉中市 | 289.13 | 40.54 | 58.77 | 8.73 | 9.77 |
| 安康市 | 141.13 | 36.32 | 57.60 | 4.26 | 8.13 |
| 商洛市 | 37.49 | 49.52 | 43.64 | 1.13 | 4.96 |
| 杨　凌 | 46.47 | 762.47 | 845.43 | 1.40 | 7.33 |
| 韩城市 | 15.34 | −66.80 | −465.84 | 0.46 | 3.41 |

# 陕西省 2019 年第三季度房地产市场运行分析报告

2019 年第三季度，全省房地产市场呈现开发投资波动下降、商品房销售面积持续回落，住房价格有所上涨、商品住房去化周期增大的运行态势。

## 一、基本情况

### （一）房地产开发投资波动下降

2019 年第三季度，全省房地产累计完成开发投资 2708.05 亿元，较 2018 年同期增长 4.75%，增速比 2018 年同期下降 8.65 个百分点，如图 3-9-1 所示。

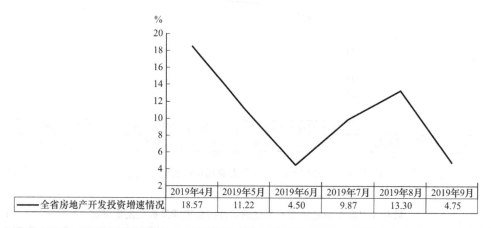

图 3-9-1　2019 年 4—9 月全省房地产累计完成开发投资增速情况

分用途来看，2019 年第三季度房地产累计开发投资总量中，商品住房累计完成开发投资 2182.87 亿元，较 2018 年同期增长 11.82%，增速比 2018 年同期下降 3.68 个百分点，占房地产累计开发投资总量的 80.61%。

分区域来看，房地产开发投资仍呈现较为明显的不均衡状态。西安市（不含西咸新区）第三季度房地产累计开发投资 1272.47 亿元，占全省投资总量的 46.99%，较 2018 年同期下降 11.18%，增速比 2018 年同期下降 5.65 个百分点，具体见表 3-9-1。

第三季度全省各地市累计完成房地产开发投资情况　　表 3-9-1

| 地区 | 房地产开发投资完成额 | | 增速与 2018 年同期相比升降百分点 | 占全省比重（%） |
| --- | --- | --- | --- | --- |
| | 总量（万元） | 同比增速（%） | | |
| 陕西省 | 27080534.99 | 4.75 | −8.65 | — |
| 西安市 | 12724679.00 | −11.18 | −5.65 | 46.99 |
| 宝鸡市 | 1418780.00 | 22.07 | −29.78 | 5.24 |

续表

| 地区 | 房地产开发投资完成额 | | 增速与2018年同期相比升降百分点 | 占全省比重（％） |
|---|---|---|---|---|
| | 总量（万元） | 同比增速（％） | | |
| 咸阳市 | 1537968.10 | 6.09 | −12.28 | 5.68 |
| 铜川市 | 260824.00 | 9.10 | 16.15 | 0.96 |
| 渭南市 | 1105847.01 | 42.39 | 28.46 | 4.08 |
| 延安市 | 841063.00 | −18.26 | −59.64 | 3.11 |
| 榆林市 | 677920.00 | 21.63 | −29.24 | 2.50 |
| 汉中市 | 1002989.88 | 35.53 | 54.58 | 3.70 |
| 安康市 | 977611.00 | 17.70 | −14.26 | 3.61 |
| 商洛市 | 262926.00 | 19.00 | 10.29 | 0.97 |
| 杨 凌 | 215360.00 | 41.22 | 25.70 | 0.80 |
| 西咸新区 | 5958918.00 | 39.74 | −120.00 | 22.00 |
| 韩城市 | 95649.00 | −7.56 | −29.67 | 0.35 |

## （二）施工面积同比增长，竣工面积同比下降

2019年第三季度，全省商品房累计施工面积20295.88万 $m^2$，较2018年同期增长12.71%，增速比2018年同期提高10.31个百分点，其中西安市累计施工面积8953.23万 $m^2$，占全省施工总量的44.11%；全省商品住房累计施工面积17139.78万 $m^2$，较2018年同期增长11.16%，增速比2018年同期上涨13.54个百分点；商品房累计新开工面积4096.96万 $m^2$，较2018年同期上涨27.64%，增速比2018年同期下降6.05个百分点。

2019年第三季度，全省商品房累计竣工面积2008.27万 $m^2$，较2018年同期下降4.44%，其中西安市累计竣工面积811.38万 $m^2$，占全省竣工总量的40.4%；全省商品住房累计竣工面积1767.73万 $m^2$，较2018年同期下降1.24%，如图3-9-2所示。

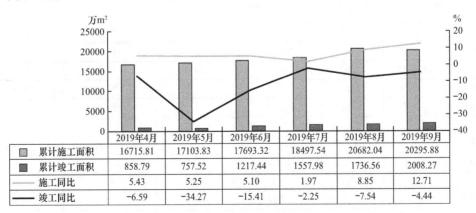

图3-9-2　2019年4—9月全省房地产累积施工、竣工面积及其同比情况

## （三）商品房销售面积较2018年有所上涨，当月销售面积持续回落

2019年4—9月全省商品房当月销售波动较为明显。其中，9月商品房销售面积为371.54万 $m^2$，较5月下降3.47%，如图3-9-3所示。2019年第三季度全省商品房累计销售

面积为 3644.27 万 m²，较 2018 年同期下降 1.64%，较 2019 年上半年增加 1315.7 万 m²。

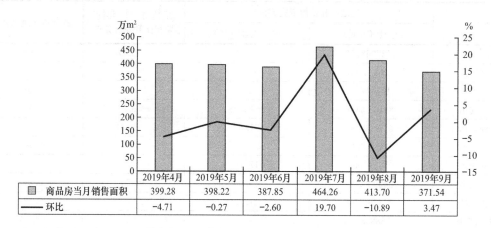

图 3-9-3　2019 年 4—9 月全省商品房当月销售面积及环比情况

从用途上来看，第三季度全省商品住房累计待售面积为 3184.66 万 m²，较 2018 年同期下降 0.03%；全省二手房累计交易面积为 810.23 万 m²，较 2018 年同期下降 12.58%。其中，二手住房累计交易面积为 752.54 万 m²，较 2018 年同期下降 13.07%。

分区域看，第三季度全省除西安、铜川和延安以外，其他城市商品房累计销售面积均同比增长。其中，韩城市销量同比增速最大，为 81.66%。西安市商品房累积销售面积占全省比重最多，占比为 44.36%，具体见表 3-9-2。

第三季度陕西省各地市商品房累计销售情况　　　　表 3-9-2

| 地区 | 商品房累计销售面积 | | | | 增速与2018年同期相比升降百分点 | 占全省比重（%） |
|---|---|---|---|---|---|---|
| | 总量（万 m²） | 增速（%） | 其中商品住房累计销售 | | | |
| | | | 总量（万 m²） | 增速（%） | | |
| 陕西省 | 3644.27 | 1.64 | 1285.46 | −19.02 | −13.92 | — |
| 西安市 | 1616.71 | −18.55 | 327.17 | 12.21 | 32.01 | 44.36 |
| 宝鸡市 | 343.80 | 12.20 | 384.07 | 21.62 | 11.06 | 9.43 |
| 咸阳市 | 406.37 | 21.51 | 40.42 | −28.85 | −34.81 | 11.15 |
| 铜川市 | 49.29 | −21.43 | 305.84 | 17.57 | −31.07 | 1.35 |
| 渭南市 | 325.61 | 17.03 | 57.73 | −24.61 | −60.72 | 8.93 |
| 延安市 | 62.72 | −23.15 | 191.14 | 81.26 | 110.56 | 1.72 |
| 榆林市 | 201.28 | 78.69 | 253.43 | 13.46 | −6.21 | 5.52 |
| 汉中市 | 277.95 | 11.54 | 161.88 | 10.60 | 5.98 | 7.63 |
| 安康市 | 172.95 | 8.60 | 61.13 | 2.90 | −7.90 | 4.75 |
| 商洛市 | 63.78 | 0.57 | 70.77 | 84.97 | 98.63 | 1.75 |
| 杨凌 | 75.99 | 64.87 | 45.62 | 87.04 | 92.32 | 2.09 |
| 韩城市 | 47.83 | 81.66 | 3184.66 | −0.03 | 14.81 | 1.31 |

## （四）商品住房销售价格、二手住房价格均有所上涨

第三季度全省新建商品住房销售均价为 7728 元/m²，二手住房交易均价为 8130/m²。

其中9月，全省新建商品住房销售均价为7318元/m²，较2018年9月下降3.52%，较2019年8月下降0.15%，如图3-9-4所示。9月，全省二手住房交易均价8433元/m²，较2018年9月上涨30.68%，较2019年8月上涨6.57%。

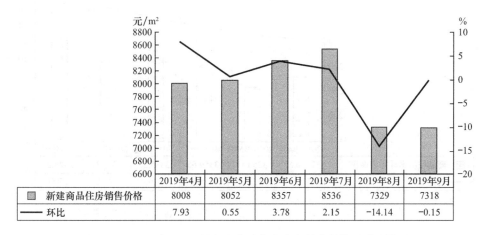

图3-9-4　2019年4—9月全省商品住房当月销售价格及增速情况

从各地市来看，咸阳、延安、杨凌、铜川、汉中和韩城市新建住房销售价格环比有所下降，其中咸阳市下降最多为7.22%，其余城市均环比上涨。从西安市来看，第三季度商品住房销售均价为11702元/m²，其中9月商品住房销售均价为11190元/m²，较2019年8月上涨0.43%，如表3-9-3所示。

9月全省各地市新建商品住房平均销售价格及涨幅情况　　　　表3-9-3

| 城市 | 价格位次 | 平均价格（元/m²） | 同比涨幅（%） | 环比涨幅（%） |
|---|---|---|---|---|
| 西安市 | 1 | 11190 | 1.38 | 0.43 |
| 咸阳市 | 2 | 6447 | 24.72 | −7.22 |
| 延安市 | 3 | 6206 | 20.79 | −0.32 |
| 安康市 | 4 | 6009 | 14.00 | 4.67 |
| 杨　凌 | 5 | 5702 | 45.42 | −0.66 |
| 榆林市 | 6 | 5605 | 2.75 | 2.86 |
| 铜川市 | 7 | 4849 | 28.76 | −0.39 |
| 宝鸡市 | 8 | 4846 | 18.08 | 6.62 |
| 汉中市 | 9 | 4782 | 15.26 | −5.59 |
| 韩城市 | 10 | 4631 | 3.93 | −2.53 |
| 渭南市 | 11 | 4608 | 9.07 | 1.19 |
| 商洛市 | 12 | 4385 | 24.64 | 3.59 |

### （五）商品住房去化周期增大

截至9月底，全省商品住房库存面积为3428.23万m²，较2018年同期上涨15.51%。全省商品住房去化周期为9.62个月，较2019年上半年末减少0.12个月，较2019年8月底增加0.13个月，去化周期自第一季度末以来，呈波动增加的态势。如

图 3-9-5、图 3-9-6 所示。

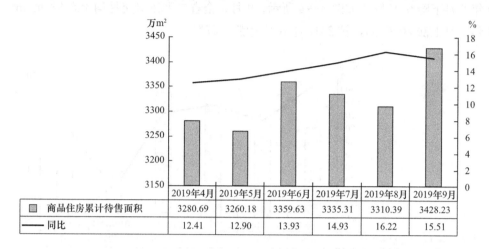

图 3-9-5　2019 年 4—9 月全省商品住房累计待售面积及同比情况

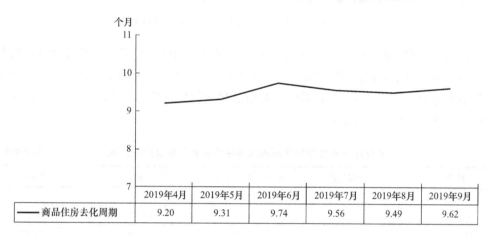

图 3-9-6　2019 年 4—9 月全省商品住房去化周期情况

从各地市来看，全省 12 个城市中商品住房去化周期大于 12 个月的城市有宝鸡市、铜川市、渭南市、榆林市，分别为 15.73 个月、14.53 个月、12.08 个月、12.1 个月；韩城市去化周期最小，为 2.9 个月，如表 3-9-4 所示。

截至 9 月底全省各地市商品住房累计待售面积及去化周期情况　表 3-9-4

| 地区 | 待售面积 | | 增幅与 2018 年同期相比升降百分点 | 占全省比重（%） | 去化周期（个月） |
| --- | --- | --- | --- | --- | --- |
| | 总量（万 m²） | 同比增速（%） | | | |
| 陕西省 | 3428.23 | 15.51 | 25.82 | — | 9.62 |
| 西安市 | 1127.31 | −6.36 | 7.39 | 32.88 | 7.48 |
| 宝鸡市 | 569.09 | 86.12 | 92.14 | 16.60 | 15.73 |
| 咸阳市 | 425.44 | 12.82 | 17.02 | 12.41 | 10.94 |
| 铜川市 | 58.61 | 44.15 | 27.68 | 1.71 | 14.53 |
| 渭南市 | 394.86 | 36.51 | 28.86 | 11.52 | 12.08 |

续表

| 地区 | 待售面积 | | 增幅与2018年同期相比升降百分点 | 占全省比重（％） | 去化周期（个月） |
|---|---|---|---|---|---|
| | 总量（万 $m^2$） | 同比增速（％） | | | |
| 延安市 | 71.55 | −42.21 | −50.14 | 2.09 | 11.16 |
| 榆林市 | 249.11 | 9.14 | 38.46 | 7.27 | 12.10 |
| 汉中市 | 299.44 | 43.19 | 58.46 | 8.73 | 10.09 |
| 安康市 | 137.30 | 19.76 | 34.63 | 4.00 | 7.80 |
| 商洛市 | 32.33 | 30.10 | 59.24 | 0.94 | 4.21 |
| 杨凌 | 48.79 | 63.89 | 138.34 | 1.42 | 6.98 |
| 韩城市 | 14.40 | −67.29 | −380.23 | 0.42 | 2.90 |

## 二、房地产市场存在的主要问题

### （一）房地产开发投资波动下降，市场观望情绪明显

"6·20限购"升级之后，西安市限购区价格管控几乎全线"零涨幅"。9月全省房地产开发投资额波动下降至第三季度最低，市场观望情绪明显，热度降低，外围区域销售受阻，市场分化明显。

### （二）房地产市场乱象丛生

9月省住房和城乡建设厅聚焦群众反映的房地产开发企业和住房租赁中介机构违法违规行为主要包括延期交房、强行交房等违规交房行为以及发布虚假房源信息、违规收费、恶意克扣押金租金、威胁恐吓承租人等，特发布《全省房地产开发企业信用信息管理暂行办法》和《住房租赁中介机构乱象相关问题整治实施方案》。

## 三、下一步任务和措施

### （一）房地产市场监测分析，稳定市场预期

按照稳地价、稳房价、稳预期的调控目标，加强房地产市场日常信息统计分析，做好趋势预判。并积极联系宣传、网信部门，做好舆情监测和引导管控工作，正面引导舆论，防止不实炒作，稳定市场预期。

### （二）加大房地产市场秩序规范整顿力度

联合相关部门继续开展房地产市场乱象治理专项行动，曝光违法违规企业，通报违法违规行为，加强信用体系建设，建立失信联合惩戒制度，促进企业依法诚信经营。

# 2019年10月陕西省房地产市场运行分析

## 一、房地产开发投资增速放缓

截至10月底,全省房地产累计完成开发投资3043.82亿元,较2018年同期增长4.51%,增速比2018年同期下降7.34个百分点,如图3-10-1所示。

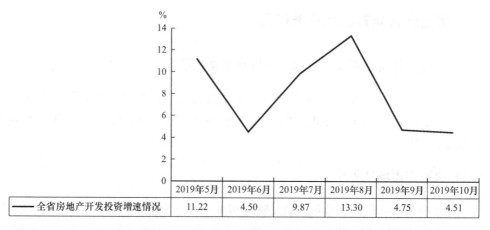

图3-10-1 2019年5—10月全省房地产累计完成开发投资增速情况

按用途来看,截至10月底房地产累计开发投资总量中,商品住房累计完成开发投资2571.36亿元,较2018年同期增加6.30%,增速比2018年同期减小14.23个百分点,占房地产累计完成开发投资总量的84.48%,占比最大。

按区域来看,房地产开发投资仍呈现较为明显的不均衡状态。截至10月底,西安市房地产累计开发投资1357.68亿元,占全省投资总量的44.60%,较2018年同期下降2%,增幅比2018年同期上升3.34个百分点(表3-10-1)。

截至10月底全省各地市累计完成房地产开发投资情况　　表3-10-1

| 地区 | 房地产开发投资完成额 | | 增速与2018年同期相比升降百分点 | 占全省比重(%) |
| --- | --- | --- | --- | --- |
| | 总量(万元) | 同比增速(%) | | |
| 陕西省 | 30438223 | 4.51 | −7.34 | — |
| 西安市 | 13576799 | −2.00 | 3.34 | 44.60 |
| 宝鸡市 | 1952587 | 21.08 | −49.22 | 6.41 |
| 咸阳市 | 1808051 | 14.69 | 13.81 | 5.94 |
| 铜川市 | 279117 | 5.96 | 11.12 | 0.92 |
| 渭南市 | 1380664 | 61.34 | 67.12 | 4.54 |
| 延安市 | 1056961 | −19.69 | −62.01 | 3.47 |

续表

| 地区 | 房地产开发投资完成额 | | 增速与2018年同期相比升降百分点 | 占全省比重（%） |
|---|---|---|---|---|
| | 总量（万元） | 同比增速（%） | | |
| 榆林市 | 798170 | 15.00 | −30.95 | 2.62 |
| 汉中市 | 1098030 | 35.85 | 59.22 | 3.61 |
| 安康市 | 1107466 | 27.59 | 4.57 | 3.64 |
| 商洛市 | 269793 | 7.30 | −12.68 | 0.89 |
| 杨 凌 | 234000 | 42.68 | 27.24 | 0.77 |
| 韩城市 | 116649 | 11.00 | −9.56 | 0.38 |

## 二、施竣工面积同比上升

截至10月底，全省商品房累计施工面积20649.5万 $m^2$，较2018年同期增加12.91%，增幅比2018年同期增加11.78%；商品房累计新开工面积4716.4万 $m^2$，较2018年同期增长16.2%，增幅比2018年同期下降5.53个百分点。其中，商品住房累计施工面积17341万 $m^2$，较2018年同期增加10.80%，增幅比2018年同期上升14.58个百分点。

截至10月底，全省商品房累计竣工面积2353.5万 $m^2$，较2018年同期增加0.59%，增幅比2018年同期上升1.86个百分点。其中，商品住房累计竣工面积2049万 $m^2$，较2018年同期下降0.59%，增幅比2018年同期上升2.17个百分点（图3-10-2）。

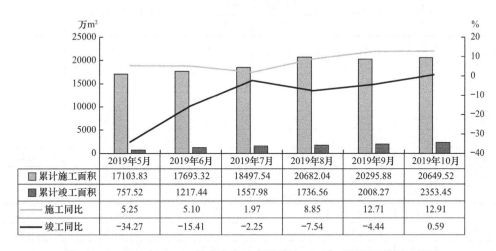

图 3-10-2　2019年5—10月全省房地产累计施工、竣工面积及其同比情况

## 三、商品房当月销售面积有所下降

2019年5—10月全省商品房当月销售波动较为明显，10月商品房销售面积为399.51万 $m^2$，较上月下降6.32%，如图3-10-3所示。

按用途上来看，截至10月底，全省商品住房累计销售面积为3566.64万 $m^2$，较2018年同期增长0.84%，全省二手房累计交易面积为897.42万 $m^2$，较2018年同期下降

10.4%。其中，二手住房累计交易面积为831.72万 m²，较2018年同期下降11%。

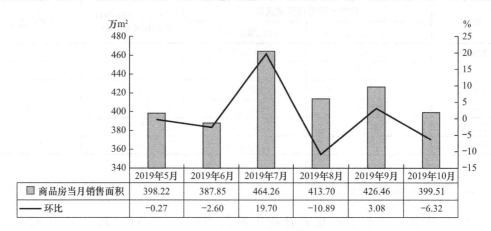

图3-10-3  2019年5—10月全省商品房当月销售面积及环比情况

按区域看，截至10月底，全省除西安、铜川、延安、商洛以外，其他城市商品房累计销售面积均同比增长。其中，韩城市较2018年同期增速最大，为104.95%。西安市商品房累计销售面积占全省比重最多，占比为43.69%，具体见表3-10-2。

截至10月底全省各地市商品房累计销售情况　　　　　表3-10-2

| 地区 | 商品房累计销售面积 | | | | 增速与2018年同期相比升降百分点 | 占全省比重（%） |
|---|---|---|---|---|---|---|
| | 总量（万 m²） | 增速（%） | 其中商品住房累计销售 | | | |
| | | | 总量（万 m²） | 增速（%） | | |
| 陕西省 | 4079.41 | -1.15 | 3566.64 | 0.84 | -16.51 | — |
| 西安市 | 1782.32 | -18.83 | 1417.13 | -18.80 | -19.34 | 43.69 |
| 宝鸡市 | 377.94 | 12.60 | 359.92 | 12.68 | 2.32 | 9.26 |
| 咸阳市 | 439.79 | 18.77 | 414.92 | 19.63 | 12.67 | 10.78 |
| 铜川市 | 52.78 | -20.93 | 43.49 | -27.49 | -63.92 | 1.29 |
| 渭南市 | 371.01 | 21.19 | 348.22 | 21.56 | -17.41 | 9.09 |
| 延安市 | 72.63 | -19.91 | 66.91 | -19.89 | 5.92 | 1.78 |
| 榆林市 | 235.34 | 84.93 | 223.34 | 87.13 | 68.11 | 5.77 |
| 汉中市 | 308.62 | 8.09 | 279.83 | 8.88 | -0.66 | 7.57 |
| 安康市 | 229.11 | 27.82 | 214.79 | 30.52 | 15.46 | 5.62 |
| 商洛市 | 68.91 | -23.15 | 66.17 | -22.21 | -32.88 | 1.69 |
| 杨　凌 | 82.62 | 62.38 | 76.86 | 80.59 | 62.75 | 2.03 |
| 韩城市 | 58.34 | 100.34 | 55.05 | 104.95 | 112.02 | 1.43 |

## 四、商品住房销售价格环比上升

10月，全省新建商品住房销售均价为7553元/m²，较2018年同期增加3.52%，环比增长3.21%，如图3-10-4所示。10月，全省二手住房交易均价为8153元/m²，较2018年同期上涨26.64%，环比下降3.32%。

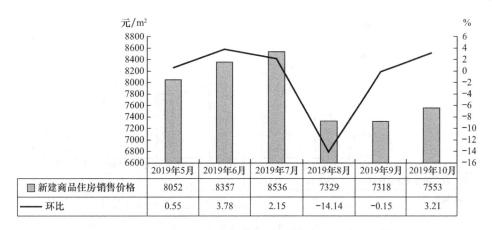

图 3-10-4　2019 年 5—10 月全省商品住房当月销售价格及增速情况

按各地市来看，2019 年 10 月，除西安市、延安市、安康市、宝鸡市、韩城市、商洛市新建住房销售价格环比有所下降，其余城市均环比上涨。从西安市来看，10 月商品住房销售均价为 11128 元/m²，环比下降 0.55%，如表 3-10-3 所示。

10 月份全省各地市新建商品住房平均销售价格及涨幅情况　　　　表 3-10-3

| 城市 | 价格位次 | 平均价格（元/m²） | 同比涨幅（%） | 环比涨幅（%） |
| --- | --- | --- | --- | --- |
| 西安市 | 1 | 11128 | 5.91 | −0.55 |
| 咸阳市 | 2 | 7334 | 28.80 | 13.76 |
| 延安市 | 3 | 6014 | 12.12 | −3.09 |
| 杨　凌 | 4 | 5745 | 51.82 | 0.75 |
| 榆林市 | 5 | 5709 | 13.75 | 1.86 |
| 安康市 | 6 | 5373 | 0.77 | −10.58 |
| 铜川市 | 7 | 5036 | 40.24 | 3.86 |
| 汉中市 | 8 | 4876 | 8.65 | 1.97 |
| 宝鸡市 | 9 | 4788 | 16.33 | −1.20 |
| 渭南市 | 10 | 4682 | 5.69 | 1.61 |
| 韩城市 | 11 | 4620 | −0.82 | −0.24 |
| 商洛市 | 12 | 3905 | 10.16 | −10.95 |

## 五、商品住房去化周期减小

截至 10 月底，全省商品住房累计可售面积为 3414.43 万 m²，较 2018 年同期增加 13.17%，如图 3-10-5 所示。全省商品住房去化周期 9.51 个月，较 2019 年 9 月减小 0.10 个月，如图 3-10-6 所示。

从各地市来看，10 月大多数城市去化周期略有减小，但差异较大，全省 12 个城市中商品住房去化周期大于 12 个月的城市有宝鸡市和铜川市，分别为 15.82 个月、14.38 个月；韩城市去化周期最小，为 2.60 个月，如表 3-10-4 所示。

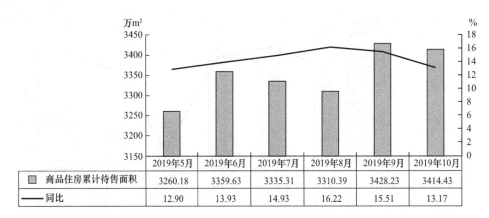

图 3-10-5　2019 年 5—10 月全省商品住房累计可售面积及同比情况

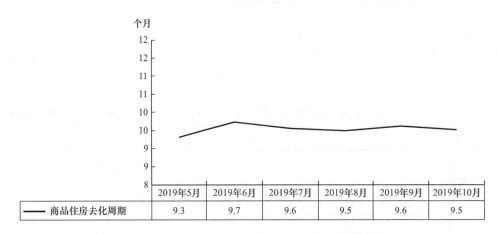

图 3-10-6　2019 年 5—10 月全省商品住房去化周期情况

截至 10 月底全省各地市商品住房累计可售面积及去化周期情况　　　　表 3-10-4

| 地区 | 可售面积 | | 增幅与 2018 年同期相比升降百分点 | 占全省比重（%） | 去化周期（个月） |
| --- | --- | --- | --- | --- | --- |
|  | 总量（万 m²） | 同比增速（%） |  |  |  |
| 陕西省 | 3414.43 | 13.2 | 22.91 | — | 9.51 |
| 西安市 | 1105.39 | −11.28 | −0.68 | 32.37 | 7.44 |
| 宝鸡市 | 578.64 | 97.26 | 108.14 | 16.95 | 15.82 |
| 咸阳市 | 437.34 | 12.55 | 17.94 | 12.81 | 11.25 |
| 铜川市 | 57.90 | 39.21 | 74.74 | 1.70 | 14.38 |
| 渭南市 | 390.68 | 32.58 | 20.62 | 11.44 | 11.48 |
| 延安市 | 71.11 | −39.42 | −51.16 | 2.08 | 10.77 |
| 榆林市 | 221.86 | −6.80 | 19.48 | 6.50 | 10.03 |
| 汉中市 | 298.11 | 27.13 | 31.87 | 8.73 | 10.26 |
| 安康市 | 157.25 | 49.43 | 65.27 | 4.61 | 7.67 |
| 商洛市 | 28.75 | 19.69 | 90.32 | 0.84 | 4.82 |
| 杨凌 | 53.00 | 75.02 | 143.32 | 1.55 | 7.42 |
| 韩城市 | 14.40 | −61.87 | −185.88 | 0.42 | 2.60 |

# 2019年11月陕西省房地产市场运行分析

## 一、房地产开发投资增速加快

截至11月底,全省房地产累计完成开发投资3469.87亿元,较2018年同期增长7.34%,增速比2018年同期下降4.16个百分点,如图3-11-1所示。

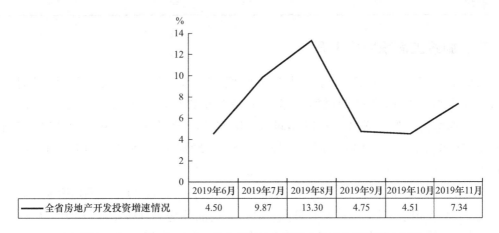

图3-11-1　2019年6—11月全省房地产累计完成开发投资增速情况

按用途来看,截至11月底,房地产累计开发投资总量中,商品住房累计完成开发投资2907.09亿元,较2018年同期增加8.71%,增速比2018年同期减小16.92个百分点,占房地产累计完成开发投资总量的83.78%,占比最大。

按区域来看,房地产开发投资仍呈现较为明显的不均衡状态。截至11月底,西安市房地产累计开发投资1573.68亿元,占全省投资总量的45.35%,较2018年同期下降11.6%,增幅比2018年同期下降4.62个百分点,如表3-11-1所示。

截至11月底全省各地市累计完成房地产开发投资情况　　表3-11-1

| 地区 | 房地产开发投资完成额 | | 增速与2018年同期相比升降百分点 | 占全省比重(%) |
|---|---|---|---|---|
| | 总量(万元) | 同比增速(%) | | |
| 陕西省 | 34698683 | 7.3 | −4.16 | — |
| 西安市 | 15736830 | −11.6 | −4.62 | 45.35 |
| 宝鸡市 | 2377341 | 39.43 | −52.40 | 6.85 |
| 咸阳市 | 1949044 | 15.82 | 15.05 | 5.62 |
| 铜川市 | 293195 | −0.33 | 2.37 | 0.84 |
| 渭南市 | 1683156 | 64.96 | 63.47 | 4.85 |

续表

| 地区 | 房地产开发投资完成额 | | 增速与2018年同期相比升降百分点 | 占全省比重（%） |
|---|---|---|---|---|
| | 总量（万元） | 同比增速（%） | | |
| 延安市 | 1206961 | 7.20 | −28.39 | 3.48 |
| 榆林市 | 899470 | 8.1 | −40.57 | 2.59 |
| 汉中市 | 1160936 | 27.61 | 47.63 | 3.35 |
| 安康市 | 1480772 | 46.2 | 24.50 | 4.27 |
| 商洛市 | 290428 | −2.39 | −43.25 | 0.84 |
| 杨　凌 | 249000 | 32.07 | 10.43 | 0.72 |
| 韩城市 | 134649 | 9.9 | −26.36 | 0.39 |

## 二、施竣工面积同比上升

截至11月底，全省商品房累计施工面积21364.6万 $m^2$，较2018年同期增加15.14%，增幅比2018年同期增加13.79%；商品房累计新开工面积5351.3万 $m^2$，较2018年同期增长47%，增幅比2018年同期上升26.54个百分点。其中，商品住房累计施工面积17936万 $m^2$，较2018年同期增加12.96%，增幅比2018年同期上升16.41个百分点。

截至11月底，全省商品房累计竣工面积3401.7万 $m^2$，较2018年同期增加43.14%，增幅比2018年同期上升56.09个百分点。其中，商品住房累计竣工面积2289万 $m^2$，较2018年同期增加55.12%，增幅比2018年同期上升65.92个百分点（图3-11-2）。

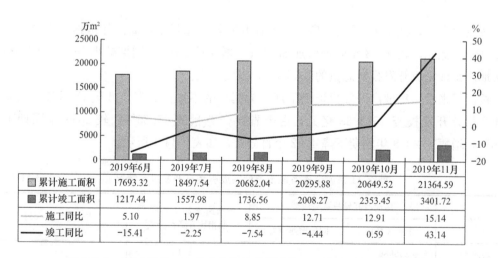

图3-11-2　2019年5—10月全省房地产累计施工、竣工面积及其同比情况

## 三、商品房当月销售面积有所上升

2019年6—11月全省商品房当月销售面积波动较为明显，11月商品房销售面积为409.81万 $m^2$，环比增加2.58%，如图3-11-3所示。

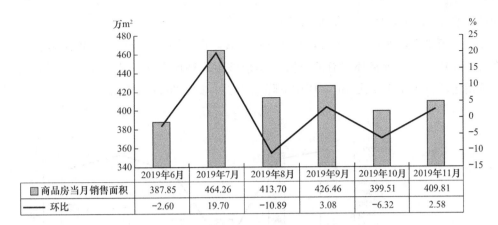

图 3-11-3　2019 年 6—11 月全省商品房当月销售面积及环比情况

按用途上来看，截至 11 月底，全省商品住房累计销售面积为 3895.85 万 m²，较 2018 年同期增长 0.34%。全省二手房累计交易面积为 987.91 万 m²，较 2018 年同期下降 9.4%。其中，二手住房累计交易面积为 913.18 万 m²，较 2018 年同期下降 9%。

按区域看，截至 11 月底，全省除西安、铜川、延安、商洛以外，其他城市商品房累计销售面积均同比增长。其中，韩城市较 2018 年同期增速最大，为 94.3%。西安市商品房累计销售面积占全省比重最多，占比为 43.87%，具体见表 3-11-2。

截至 11 月底全省各地市商品房累计销售情况　　　　表 3-11-2

| 地区 | 商品房累计销售面积 | | 其中商品住房累计销售 | | 增速与 2018 年同期相比升降百分点 | 占全省比重（%） |
|---|---|---|---|---|---|---|
| | 总量（万 m²） | 增速（%） | 总量（万 m²） | 增速（%） | | |
| 陕西省 | 4468.57 | -1.51 | 3895.85 | 0.34 | -17.11 | — |
| 西安市 | 1960.5 | -18.7 | 1551.27 | -18.8 | -19.79 | 43.87 |
| 宝鸡市 | 426.88 | 14.9 | 407.2 | 15.4 | 5.64 | 9.55 |
| 咸阳市 | 481.6 | 19.9 | 454.22 | 20.8 | 17.40 | 10.78 |
| 铜川市 | 58.05 | -17.8 | 47.09 | -25.1 | -47.48 | 1.30 |
| 渭南市 | 413.96 | 23.96 | 388.14 | 24.09 | -12.59 | 9.26 |
| 延安市 | 80.78 | -18.9 | 74.76 | -17.0 | 1.66 | 1.81 |
| 榆林市 | 253.76 | 74.1 | 239.9 | 74.4 | 56.63 | 5.68 |
| 汉中市 | 331.15 | 2.8 | 299.43 | 2.9 | -7.15 | 7.41 |
| 安康市 | 226.78 | 16.11 | 211.8 | 18.2 | 5.08 | 5.08 |
| 商洛市 | 76.06 | -19.89 | 73.2 | -18.15 | -25.09 | 1.70 |
| 杨　凌 | 90.7 | 62.8 | 83.84 | 78.6 | 63.59 | 2.03 |
| 韩城市 | 68.41 | 94.3 | 65.01 | 98.3 | 95.50 | 1.53 |

## 四、商品住房销售价格环比增速下降

11 月，全省新建商品住房销售均价为 7609 元/m²，较 2018 年同期增加 0.10%，环比增长 0.74%，如图 3-11-4 所示。11 月，全省二手住房交易均价 8179.65 元/m²，较 2018

年同期上涨 23.78%，环比上升 0.33%。

按各地市来看，2019 年 11 月，除西安市、咸阳市、杨凌、汉中市、铜川市、韩城市、商洛市新建住房销售价格环比有所下降，其余城市均环比上涨。从西安市来看，11 月商品住房销售均价为 11164 元/m²，环比下降 2.96%，如表 3-11-3 所示。

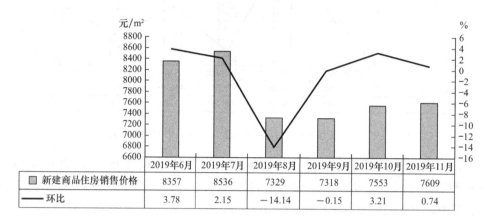

图 3-11-4  2019 年 6—11 月全省商品住房当月销售价格及增速情况

11 月全省各地市新建商品住房平均销售价格及涨幅情况  表 3-11-3

| 城市 | 价格位次 | 平均价格（元/m²） | 同比涨幅（%） | 环比涨幅（%） |
| --- | --- | --- | --- | --- |
| 西安市 | 1 | 11164 | 11.0 | -2.96 |
| 咸阳市 | 2 | 7024 | 20 | -4.22 |
| 延安市 | 3 | 6204 | 12.15 | 3.16 |
| 榆林市 | 4 | 5862 | 16.55 | 2.69 |
| 杨 凌 | 5 | 5617 | 20.72 | -2.2 |
| 安康市 | 6 | 5472 | 14.24 | 1.85 |
| 宝鸡市 | 7 | 4952 | 21.94 | 3.42 |
| 渭南市 | 8 | 4742 | 11.27 | 1.29 |
| 汉中市 | 9 | 4634 | -2.89 | -4.96 |
| 铜川市 | 10 | 4515 | 13.62 | -10.34 |
| 韩城市 | 11 | 4406 | -20.32 | -4.6 |
| 商洛市 | 12 | 3891 | -4.76 | -0.35 |

## 五、商品住房去化周期增大

截至 11 月底，全省商品住房累计可售面积为 3602.1 万 m²，较 2018 年同期增加 14.4%，如图 3-11-5 所示。全省商品住房去化周期 10.1 个月，较 2019 年 10 月增加 0.6 个月，如图 3-11-6 所示。

从各地市来看，11 月大多数城市去化周期略有增大，但差异较大，全省 12 个城市中商品住房去化周期大于 12 个月的城市有宝鸡市、咸阳市和铜川市，分别为 15.9 个月、13.4 个月、14.8 个月；韩城市去化周期最小，为 2 个月，如表 3-11-4 所示。

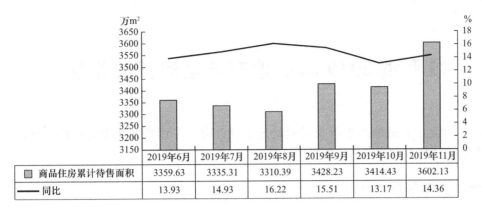

图 3-11-5　2019 年 6—11 月全省商品住房累计可售面积及同比情况

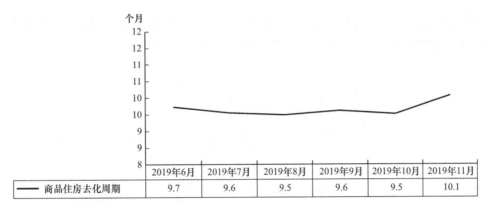

图 3-11-6　2019 年 6—11 月全省商品住房去化周期情况

截至 11 月底全省各地市商品住房累计可售面积及去化周期情况　　表 3-11-4

| 地区 | 可售面积 | | 增幅与2018年同期相比升降百分点 | 占全省比重（%） | 去化周期（个月） |
|---|---|---|---|---|---|
| | 总量（万 m²） | 同比增速（%） | | | |
| 陕西省 | 3602.1 | 14.4 | 17.37 | — | 10.1 |
| 西安市 | 1181.29 | −9.74 | −7.88 | 32.79 | 8.1 |
| 宝鸡市 | 601.88 | 90.72 | 97.31 | 16.71 | 15.9 |
| 咸阳市 | 532.84 | 31.0 | 29.80 | 14.79 | 13.4 |
| 铜川市 | 60.60 | 16.16 | 36.73 | 1.68 | 14.8 |
| 渭南市 | 397.32 | 33.92 | 15.24 | 11.03 | 11.3 |
| 延安市 | 64.41 | −41.87 | −50.44 | 1.79 | 9.6 |
| 榆林市 | 221.33 | −6.06 | 14.98 | 6.14 | 10.1 |
| 汉中市 | 316.25 | 22.9 | 15.19 | 8.78 | 11.4 |
| 安康市 | 137.88 | 19.8 | 24.81 | 3.83 | 7.2 |
| 商洛市 | 25.45 | 90.60 | 182.40 | 0.71 | 4.1 |
| 杨　凌 | 51.34 | 140.93 | 178.87 | 1.43 | 7.0 |
| 韩城市 | 11.55 | −55.86 | −41.32 | 0.32 | 2.0 |

# 陕西省 2019 年房地产市场运行分析报告

2019 年，全省房地产市场呈投资增速下降、商品房销售面积上升，销售价格下降、商品住房去化周期增大的运行态势。

## 一、基本情况

### （一）房地产开发投资增速下降

截至 12 月底，全省房地产累计完成开发投资 3831.80 亿元，较 2018 年同期增长 6.6%，增速比 2018 年同期下降 3.7 个百分点，如图 3-12-1 所示。

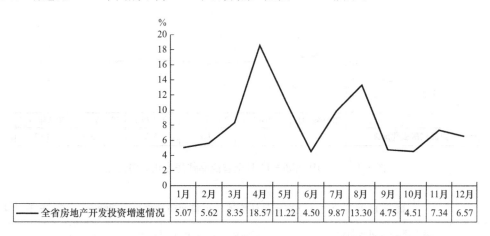

图 3-12-1　2019 年 1—12 月全省房地产累计完成开发投资增速情况

按用途来看，截至 12 月底房地产累计开发投资总量中，商品住房累计完成开发投资 3182.10 亿元，较 2018 年同期增加 8.5%，增速比 2018 年同期减小 12.8 个百分点，占房地产累计完成开发投资总量的 83.04%，占比最大。

按区域来看，房地产开发投资仍呈现较为明显的不均衡状态。截至 12 月底，西安市房地产累计开发投资 1723.68 亿元，占全省投资总量的 44.98%，较 2018 年同期下降 15.5%，增幅比 2018 年同期下降 9.9 个百分点。

截至 12 月底全省各地市累计完成房地产开发投资情况　　表 3-12-1

| 地区 | 房地产开发投资完成额 | | 增速与 2018 年同期相比升降百分点 | 占全省比重（%） |
|---|---|---|---|---|
| | 总量（万元） | 同比增速（%） | | |
| 陕西省 | 38317959.6 | 6.6 | −3.75 | — |
| 西安市 | 17236830 | −15.5 | −9.90 | 44.98 |
| 宝鸡市 | 2682594 | 45.11 | 14.41 | 7.00 |

续表

| 地区 | 房地产开发投资完成额 | | 增速与2018年同期相比升降百分点 | 占全省比重（%） |
|---|---|---|---|---|
| | 总量（万元） | 同比增速（%） | | |
| 咸阳市 | 2131976 | 15.86 | 9.67 | 5.56 |
| 铜川市 | 324875 | 3.19 | 4.12 | 0.85 |
| 渭南市 | 2173537 | 87.17 | 81.01 | 5.67 |
| 延安市 | 1206961 | 7.20 | −28.39 | 3.15 |
| 榆林市 | 1131755 | 27.2 | −13.55 | 2.95 |
| 汉中市 | 1325327 | 20.85 | 31.51 | 3.46 |
| 安康市 | 1628053 | 26.1 | −13.12 | 4.25 |
| 商洛市 | 317503 | 0.86 | −41.37 | 0.83 |
| 杨 凌 | 270000 | 39.51 | 29.55 | 0.70 |
| 韩城市 | 151649 | 16.1 | −25.54 | 0.40 |

## （二）施竣工面积同比下降

截至12月底，全省商品房累计施工面积21874.7万 m²，较2018年同期增加14.94%，增幅比2018年同期增加16.6%；商品房累计新开工面积5717.3万 m²，较2018年同期增长37.4%，增幅比2018年同期上升28.6个百分点。其中，商品住房累计施工面积18835万 m²，较2018年同期增加15.37%，增幅比2018年同期上升20.3个百分点。

截至12月底，全省商品房累计竣工面积3076.4万 m²，较2018年同期下降0.86%，增幅比2018年同期上升11.7个百分点。其中，商品住房累计竣工面积2730万 m²，较2018年同期减小2.19%，增幅比2018年同期上升12.8个百分点（图3-12-2）。

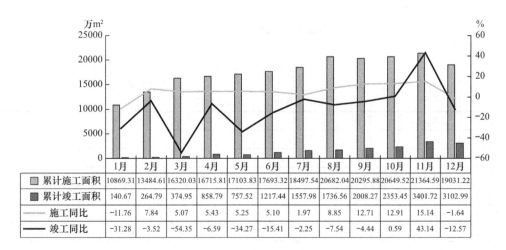

图3-12-2　2019年1—12月全省房地产累计施工、竣工面积及其同比情况

## （三）商品房当月销售面积有所上升

2019年1—12月全省商品房当月销售面积波动较为明显，其中12月商品房当月销售

量最大，为 484.05 万 $m^2$，环比上涨 18.1%，2 月商品房当月销售量最小，为 240.70 万 $m^2$，环比下降 50.17%，如图 3-12-3 所示。

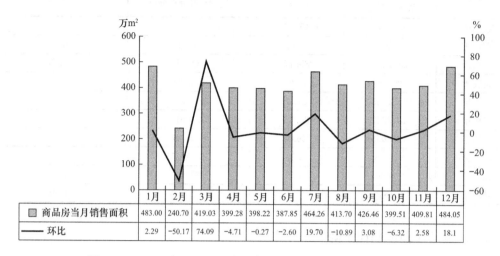

图 3-12-3　2019 年 1—12 月全省商品房当月销售面积及环比情况

按用途上来看，截至 12 月底，全省商品住房累计销售面积为 4292.71 万 $m^2$，较 2018 年同期增长 0.35%，全省二手房累计交易面积为 1085.16 万 $m^2$，较 2018 年同期下降 6.2%。其中，二手住房累计交易面积为 998.27 万 $m^2$，较 2018 年同期下降 6%。

按区域看，截至 12 月底，全省除西安、铜川、延安、商洛以外，其他城市商品房累计销售面积均同比增长。其中，韩城市较 2018 年同期增速最大，为 89.5%。西安市商品房累计销售面积占全省比重最多，占比为 43.51%，具体见表 3-12-2。

截至 12 月底全省各地市商品房累计销售情况　　　　表 3-12-2

| 地区 | 商品房累计销售面积 | | | | 增速与2018年同期相比升降百分点 | 占全省比重（%） |
|---|---|---|---|---|---|---|
| | 总量（万 $m^2$） | 增速（%） | 其中商品住房累计销售 | | | |
| | | | 总量（万 $m^2$） | 增速（%） | | |
| 陕西省 | 4952.82 | -1.13 | 4292.71 | 0.35 | -17.69 | — |
| 西安市 | 2155.19 | -19.0 | 1685.99 | -20.1 | -42.00 | 43.51 |
| 宝鸡市 | 499.61 | 18.8 | 472.29 | 18.5 | 8.14 | 10.09 |
| 咸阳市 | 535.68 | 26.0 | 505.4 | 26.8 | 27.44 | 10.82 |
| 铜川市 | 63.86 | -13.6 | 51.1 | -21.2 | -29.82 | 1.29 |
| 渭南市 | 457.17 | 23.91 | 429.89 | 24.07 | -14.32 | 9.23 |
| 延安市 | 91.99 | -14.2 | 83.86 | -12.5 | 1.47 | 1.86 |
| 榆林市 | 276.91 | 61.8 | 258.86 | 60.4 | 48.42 | 5.59 |
| 汉中市 | 371.96 | 2.7 | 334.42 | 2.6 | -10.15 | 7.51 |
| 安康市 | 240.85 | 12.82 | 225.22 | 15.0 | 2.11 | 4.86 |
| 商洛市 | 82.51 | -20.69 | 79.46 | -12.18 | -24.56 | 1.67 |
| 杨　凌 | 96.6 | 59.8 | 89.52 | 74.1 | 61.46 | 1.95 |
| 韩城市 | 80.53 | 89.5 | 76.7 | 99.9 | 83.63 | 1.63 |

## （四）商品住房销售价格环比下降

全省全年新建商品住房销售均价为7790元/m²。其中12月，全省新建商品住房销售均价为7340元/m²，较2018年同期下降9.92%，环比下降3.54%，如图3-12-4所示。12月份，全省二手住房交易均价8363元/m²，较2018年同期上涨23.62%，环比上升2.24%。

按各地市来看，2019年12月，除安康市、延安市、商洛市、宝鸡市、韩城市、杨凌新建住房销售价格环比有所下降，其余城市均环比上涨。从西安市来看，12月商品住房销售均价为11430元/m²，环比上涨2.38%，如表3-12-3所示。

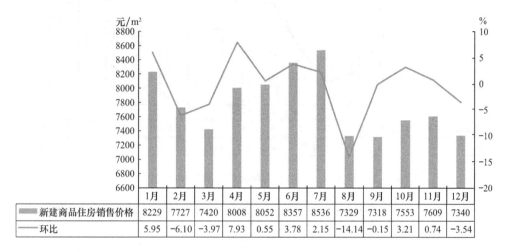

图3-12-4　2019年1—12月全省商品住房当月销售价格及增速情况

12月全省各地市新建商品住房平均销售价格及涨幅情况　　　表3-12-3

| 城市 | 价格位次 | 平均价格（元/m²） | 同比涨幅（%） | 环比涨幅（%） |
| --- | --- | --- | --- | --- |
| 西安市 | 1 | 11430 | −1.8 | 2.38 |
| 安康市 | 2 | 6541 | 50 | −6.88 |
| 渭南市 | 3 | 6240 | 15.94 | 0.58 |
| 汉中市 | 4 | 6046 | 19.99 | 3.13 |
| 榆林市 | 5 | 5673 | 37.82 | 1.0 |
| 延安市 | 6 | 5265 | 15.46 | −3.79 |
| 咸阳市 | 7 | 4902 | 4.08 | 5.79 |
| 铜川市 | 8 | 4770 | 9.63 | 0.58 |
| 商洛市 | 9 | 4641 | 3.68 | −6.29 |
| 宝鸡市 | 10 | 4333 | 0.42 | −4.04 |
| 韩城市 | 11 | 4254 | −21.19 | −3.5 |
| 杨　凌 | 12 | 3749 | −22.58 | −3.65 |

## （五）商品住房去化周期增大

截至12月底，全省商品住房累计可售面积为3748.5万m²，较2018年同期增加

11%，如图 3-12-5 所示。全省商品住房去化周期 10.5 个月，较 2019 年 11 月增加 0.4 个月，如图 3-12-6 所示。

从各地市来看，12 月大多数城市去化周期略有增大，但差异较大，全省 12 个城市中商品住房去化周期大于 12 个月的城市有宝鸡市、咸阳市、铜川市和延安市，分别为 15.1 个月、13.6 个月、15.1 个月、13.9 个月；韩城市去化周期最小，为 2.3 个月，见表 3-12-4。

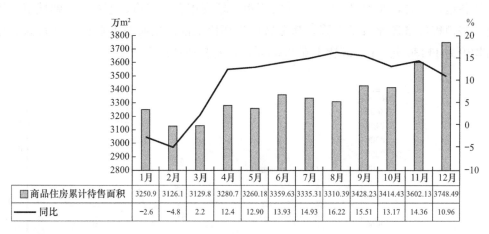

图 3-12-5  2019 年 1—12 月全省商品住房累计可售面积及同比情况

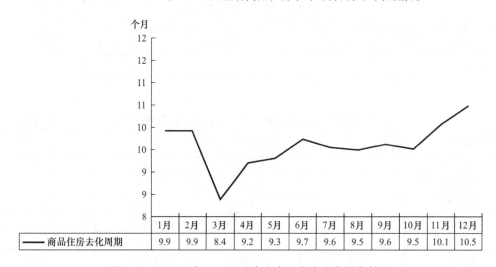

图 3-12-6  2019 年 1—12 月全省商品住房去化周期情况

截至 12 月底全省各地市商品住房累计可售面积及去化周期情况　　　表 3-12-4

| 地区 | 可售面积 | | 增幅与2018年同期相比升降百分点 | 占全省比重（%） | 去化周期（个月） |
|---|---|---|---|---|---|
| | 总量（万 m²） | 同比增速（%） | | | |
| 陕西省 | 3748.5 | 11.0 | 8.99 | — | 10.5 |
| 西安市 | 1231.71 | −14.39 | −14.42 | 32.86 | 8.8 |
| 宝鸡市 | 592.34 | 67.21 | 63.20 | 15.80 | 15.1 |
| 咸阳市 | 572.90 | 28.9 | 15.16 | 15.28 | 13.6 |
| 铜川市 | 64.24 | 7.72 | 18.46 | 1.71 | 15.1 |

续表

| 地区 | 可售面积 | | 增幅与2018年同期相比升降百分点 | 占全省比重（%） | 去化周期（个月） |
|---|---|---|---|---|---|
| | 总量（万 $m^2$） | 同比增速（%） | | | |
| 渭南市 | 400.43 | 27.72 | 13.75 | 10.68 | 11.2 |
| 延安市 | 97.36 | −7.37 | −11.71 | 2.60 | 13.9 |
| 榆林市 | 242.50 | 5.45 | 22.32 | 6.47 | 11.2 |
| 汉中市 | 302.36 | 14.9 | −2.95 | 8.07 | 10.8 |
| 安康市 | 158.94 | 34.1 | 27.33 | 4.24 | 8.5 |
| 商洛市 | 19.80 | 602.13 | 692.26 | 0.53 | 3.0 |
| 杨 凌 | 50.92 | 163.70 | 198.86 | 1.36 | 6.8 |
| 韩城市 | 15.00 | −47.62 | −39.97 | 0.40 | 2.3 |

## 二、房地产市场存在的主要问题

### （一）去化压力较大

2019年1—12月，全省去化周期先减后增，3月最低为8.4个月，此后波动上涨，12月达到最大为10.5个月，较2019年11月增加0.4个月。去化压力逐步增大。

### （二）房地产开发投资存在下降风险

截至12月底，全省房地产累计完成开发投资3831.80亿元，较去年同期增长6.6%，增速比2018年同期下降3.7个百分点。据统计，截至2019年12月5日，该年破产的房地产企业数量达400余家，其中，截至第三季度，万科负债最高为1.39万亿元，绿地第三季度负债率达88%，在上市公司中排名第八。企业存在融资困难的问题，致使投资热情下降。

### （三）房地产开发企业存在违规销售行为

省住房和城乡建设厅印发的《关于2019年下半年房地产市场乱象典型案例的通报》中对36家房地产企业的违规行为进行了通报，乱象主要集中在未取得商品房预售许可证擅自销售商品房、未执行销售现场公示制度、延期交房、"一房多卖"、捂盘惜售、恶意炒作、加价销售、违规收取购房诚意金等违法违规行为。

## 三、下一步任务和措施

### （一）做好土地供应计划，保障土地供需均衡，稳妥化解局部性、结构性存量风险

科学编制年度住宅、商业和办公用地供应计划，保持合理、稳定的用地供应规模，并以去化周期为基准，适时调整土地供应计划，遏制增量、积极处置存量，防止因土地供应量大幅波动而引发房价大起大落的问题。

## （二）加强统计监测，稳定住房消费

各市、区要保持房地产市场平稳，全面准确了解本辖区内房地产市场情况。加快商品房销售审批，保证住房供应。对符合上市条件的商品房要加快预售许可审批速度，简化办事程序，缩短审批时限，尽快形成有效供应。

## （三）加大房地产市场秩序规范整顿力度，及时发现违法违规现象

各市、区房地产主管部门要进一步提高认识，加大部门联合执法检查力度，把打击侵害群众利益违法违规行为作为整治房地产市场乱象工作的重中之重，对无证销售、投机炒房、捂盘惜售、物业乱收费、房地产"黑中介"、恶意克扣押金租金等房地产乱象严厉打击，并予以曝光，为全省营造良好的市场环境，切实维护人民群众的合法利益。

## （四）结合短期长期调整政策，有效加快长效机制构建

出台供需两端协同调控政策，加强用地规划、土地供应管理，结合金融、财税、户籍等诸多保障政策，多视角、多举措、多维度确保住房的供需结构性平衡，加快长效机制建设。处理好短期调控政策措施与长效机制的衔接，保证政策的连续性和稳定性，促进房地产市场健康平稳发展。

# 第四篇
# 2019 年全国及陕西省房地产市场资讯

# 2019年1月房地产市场动态

## 一、全国房地产重要资讯盘点

### (一) 住房和城乡建设部再增5城开展集体用地建租赁住房试点

1月11日,住房和城乡建设部办公厅、自然资源部办公厅印发《自然资源部办公厅住房和城乡建设部办公厅关于福州等5个城市利用集体建设用地建设租赁住房试点实施方案意见的函》,同意福州、南昌、青岛、海口、贵阳等5个城市利用集体建设用地建设租赁住房试点实施方案。这意味着,通过试点实施方案的城市已扩大至18个城市,省级层面则新增了江西、海南、山东、贵州,拓展至15个省市。

### (二) 国家发展改革委加快推进老旧小区和老年家庭适老化改造

1月29日,国家发展改革委召开专题新闻发布会。会上指出,将重点考虑加快推进老旧小区和老年家庭适老化改造,鼓励有条件的地方对家装电梯等给予补贴。加强城市养老设施建设,提升养老服务的供给水平,加大城市养老服务的用地供给,规划建设一批、改建扩建一批养老服务机构。

### (三) 多地制定"一城一策"楼市政策方案

1月14日,福建省十三届人大二次会议政府工作报告指出,福州、厦门将编制房地产"一城一策"实施方案,落实稳地价、稳房价、稳预期。坚持租购并举,推进棚户区改造,加强共有产权住房和租赁房建设,培育住房租赁市场,完善住房保障体系。

1月18日,浙江省住房和城乡建设工作会议指出,杭州、宁波将研究制订房地产"一城一策"方案,在有条件的城市开展共有产权房政策探索。

1月24日,成都市政府工作报告指出,2019年成都将坚持"房子是用来住的,不是用来炒的"的定位,完善住房保障体系,积极解决好住房"刚需""刚改"问题,并将研究实行"一城一策"的方案。

1月24日,长沙市宣布召开长沙市住房和城乡建设局2019年工作会议,会上提到将开展"一城一策"试点,努力让刚需人群有房可住、买得起房。

### (四) 雄安新区:产权住房以共有产权为主 严控房价

1月24日,中央发布《关于支持雄安新区全面深化改革和扩大开放的指导意见》。意见指出,坚持房子是用来住的、不是用来炒的定位,落实职住平衡,推动雄安新区居民实现住有所居。针对多层次住房需求建立多主体供应、多渠道保障、租购并举的住房制度,个人产权住房以共有产权房为主。严禁大规模开发商业房地产，严控周边房价，严加防范炒地炒房投机行为。

## 二、陕西省内房地产重要资讯

### （一）陕西加快绿色生态居住小区建设

1月11日，陕西省住房和城乡建设厅发布《关于加强绿色生态居住小区建设的通知》，以深入贯彻《陕西省民用建筑节能条例》，提升绿色生态居住小区规划建设水平，提高绿色生态居住小区的性能品质、舒适感。文件指出：要坚持高标准建设绿色生态居住小区；加强绿色集成技术的应用；加强绿色生态小区建设管理。

### （二）陕西两会坚持分类指导有效防控房地产领域风险

1月27日，陕西省召开第十三届人民代表大会第二次会议。在关于全省的房地产市场中提到，2019年将坚持分类指导，推动房地产市场平稳健康发展，有效防控房地产领域风险。同时指出，打好防范化解重大风险攻坚战。实行政府举债负面清单制、举债终身问责制和债务问题倒查机制，实施债务全口径动态监测，坚决遏制增量、积极处置存量，确保全省政府隐性债务有序下降。

### （三）安康调整公积金政策，优先保障刚需群体

2019年1月1日起，安康市对公积金提取和贷款政策进行了紧缩调整，以确保资金安全平稳运行，让有限的资金精准地投放到刚需人群。此次紧缩调整明确指出：停止装修提取，提取手续时限缩至两年内；停止装修贷款，个贷次数不得超两次；防范安全风险，规范资金划拨账户。

### （四）西安新建社区开发商需配套建设养老服务设施

1月7日，西安出台《西安市养老服务设施布局规划（2018—2030年）》，规定城市新建社区养老服务设施按照每百户20平方米的标准由开发商配套建设，由规划、建设、民政等部门验收，产权移交街办统筹管理。老城区和已建居住（小）区无养老服务设施或现有设施未达标的，由区县政府协调街办按照每百户$15m^2$的标准，通过购买等方式完善社区养老服务设施。

### （五）西安房管局再行开展商品房检查　增五项新内容

1月14日，西安房管局发布《关于开展2018年度商品房在售项目检查工作的通知》，再行开展对全市范围内在售商品房项目进行为期半月的大检查。此次检查新增五项全新内容：一是畸高价格，人为制造房源紧张；二是更改预售合同、变更购房人投机炒作；三是售楼现场规划总平图、房产测绘成果报告公示；四是及时网签和限时办理合同备案；五是物业用房等设施归属、交付使用条件、违约责任的规定等。

## （六）西安加快地下空间规划建设 3 年开建 2 万个地下车位

1月18日，西安市人民政府办公厅印发《关于进一步加强西安市城市地下空间规划建设管理工作的实施意见》《西安市城市地下空间规划建设利用三年行动方案》。要求加快地下空间规划建设，目标到2020年底，启动600万 $m^2$ 以上单建式地下空间项目、3000万 $m^2$ 以上结建式地下空间项目。同时，三年行动方案要求，三年开工建设2万个地下停车位、建设6个P+R（驻车换乘）地下停车场等项目、每年启动3个景区地下停车场项目。同时明确，新建建筑地下开发，不少于两层，并鼓励多层开发，对超标建设的泊车位并向社会开放的，可免收土地价款及城市配套费。

# 2019年2月房地产市场动态

## 一、全国房地产重要资讯盘点

### (一) 国家税务总局推进房地产交易备案共享,"双合同"违规操作将无处遁形

2月20日,国家税务总局发布《关于2019年开展"便民办税春风行动"的意见》,提及将推动多部门信息共享提高征管效率。2019年税务部门将继续强化与房地产管理部门协作,积极推进房地产交易合同网签备案信息、不动产登记信息共享,整合房地产交易、办税、办证业务流程,推动实施跨部门业务联办。此次意见对网签备案信息和不动产登记信息共享的强调,对"双合同"等违规操作敲响了警钟。

### (二) 住房和城乡建设部:房地产将正式告别"公摊面积"

2月23日,住房和城乡建设部发布38项住建领域全文强制性工程建设规范公开征求意见的通知,其中住宅规范提出,住宅建筑应以套内使用面积进行交易,城镇新建住宅建筑应全装修交付,四层及四层以上住宅建筑或超过9m的新建住宅建筑应设电梯等。这是住房和城乡建设部首次在官方文件中明确提出房屋应由套内面积来进行交易,意味着房地产将正式告别"公摊面积",一定程度上有利于消费者权益的保护。

### (三) 山东省:拟调整住房租赁补贴保障范围,新就业无房职工有望获租房补贴

2月13日,山东省住房和城乡建设厅公布《关于进一步推进城镇住房保障家庭租赁补贴工作的指导意见(征求意见稿)》,拟将符合住房保障条件的城镇中等偏下收入住房困难家庭、新就业无房职工、稳定就业外来务工人员纳入住房租赁补贴的保障范围,以家庭为单位实施保障。在保障方式方面,各地要结合保障对象实际需求,分类确定保障方式,也可结合公共租赁住房房源空置情况和保障对象意愿,灵活落实保障措施。

### (四) 多城出台落户新政,降低人才落户门槛

2月11—15日,南京、常州、西安3城发布文件调整落户条件,降低人才落户门槛。自2019年以来,已有海口、广州、大连、常州、西安、南京6城发布了落户新政,其中,海口发布引进人才住房保障细则,购房补贴最高6万元/年;广州本科学历不超过40周岁即可落户;大连出台积分落户新规,取消房屋办落户后3年内不得转让;常州降低购房投靠准入门槛;西安本科学历落户不受年龄限制;南京3月起将实施积分落户新办法,放宽社保缴纳门槛。

### (五) 合肥、武汉降低二套房贷利率,阜阳取消限价

2月22日,合肥部分银行在"限贷"上释放出利好,对于首套房贷款已结清的买家,

在购买二套房时仍执行首套利率,从而降低购房者的成本。近期武汉部分银行也调整了个人房贷利率政策,执行"认贷不认房",即首套已结清的,二套仍执行首套房贷利率。此外,据阜阳市国土资源局消息,自2019年起,土地出让时的限价条款均被取消,这意味着住宅备案价格不受土地出让限制,房企可根据市场价格自行调整。

## 二、陕西省内房地产重要资讯

### (一)陕西房地产新规施行,未取得资质证书不得从事房地产开发

2月22日起,《陕西省房地产开发企业资质管理办法》正式施行,省住房城乡建设行政主管部门负责全省开发企业的资质管理工作,县级以上地方人民政府房地产开发主管部门负责本行政区域内开发企业的资质管理工作。开发企业资质等级分为一级、二级、三级、四级四个资质等级。未取得房地产开发资质等级证书(以下简称资质证书)的企业,不得从事房地产开发经营业务。

### (二)西安落户升级:本科不限年龄,新增投资创业、社保落户

2月13日,西安市政府网站发布《西安市人民政府办公厅关于进一步放宽我市部分户籍准入条件的通知》,对部分户籍准入条件进行调整。主要内容有:①全国高等院校在校学生(教育部学信网在册人员),均可迁入本市落户;②本科(含)以上学历落户不受年龄限制;③凡符合专业人才标准、技能人才标准的人员,均可迁入本市落户;④凡在西安市依法注册登记并正常经营的市场主体,其法定代表人、员工和个体经营者可迁入本市落户;⑤西安市户籍人员,均可申请其直系亲属投靠落户;⑥在西安市拥有合法固定住所和在西安市居住生活并缴纳社保的人员均可落户。

### (三)西安两会:今年建保障房4万套,落户40万人

2月15日,西安市人大十六届四次会议开幕,西安市代市长李明远作政府工作报告。报告对于2019年的各项重点工作任务的呈现清晰明确。其中指出,2019年西安目标GDP增长7.8%左右;年内新建保障性住房4万套,实施老旧住宅小区综合改造200万㎡;出台新一轮中小学、幼儿园布局规划,启动新建中小学34所、幼儿园54所,确保新增中小学学位8万个、幼儿园学位2万个以上;加快地铁5、6、9号线等在建工程进度,启动轨道交通建设三期规划,确保1号线二期开通试运营;城乡人均可支配收入分别增长7%、8%。

### (四)西安将分配29407套公租房

2月22日,西安市住房保障工作领导小组办公室下发关于住房保障有关问题的通告,通告明确西安市不再新立项租赁型保障房(含廉租房、公租房),统一按公租房进行立项,住宅用地的20%将用于公租房建设,建设方式包括商品住房配建、集中新建、购改租等形式。2019年计划分配公租房项目15个29407套。

# 2019年3月房地产市场动态

## 一、两会房地产重要资讯盘点

### (一) 两会楼市：落实城市主体责任促进平稳发展

3月5日，国务院总理李克强代表国务院向十三届全国人大二次会议作政府工作报告，其中关于房地产方面的工作部署，报告指出：更好解决住房问题，落实城市主体责任，改革和完善住房市场体系和保障体系，促进房地产市场平稳发展。继续推进保障性住房建设和棚户区改造，保障困难群众基本居住需求。健全地方税体系，稳步推进房地产税立法。深入推进新型城镇化，坚持以中心城市引领城市群发展。

### (二) 房地产税立法三进政府报告，2019年将落实制定

3月8日，在十三届全国人大第二次会议上，全国人大常务委员会委员长栗战书指出：2019年将"集中力量落实好党中央确立的重大立法事项，包括审议民法典，制定房地产税法等"都要加紧工作，确保如期完成。此前的3月5日，国务院总理李克强在政府工作报告中表示，健全地方税体系，稳步推进房地产税立法。这是房地产税第三次写入政府工作报告，前两次分别为2014年：做好房地产税、环境保护税立法相关工作；2018年：稳妥推进房地产税立法。

### (三) 住房和城乡建设部部长：坚持房住不炒，防止大起大落

3月12日，全国两会第四场"部长通道"中，住房和城乡建设部部长王蒙徽在接受记者采访谈及房地产时指出：2019年，将坚决落实党中央、国务院的部署，稳妥实现房地产市场平稳发展的长效机制工作方案，具体做到五个坚持。第一，坚持房子是用来住的，不是用来炒的；第二，坚持完善住房市场体系和住房保障体系；第三，坚持落实城市主体责任，因城施策、分类指导；第四，坚持调结构、转方式，大力培育和发展租房租赁市场，重点是要解决新市民的住房租赁问题；第五，要保持政策的连续性和稳定性，防止大起大落。

## 二、全国房地产重要资讯盘点

### (一) 山东：稳地价稳房价，青岛等制定"一城一策"方案

3月4日，山东省人民政府发布了文件《关于推动"六稳"工作落地见效的若干意见》，推进中央关于稳就业、稳金融、稳外贸、稳外资、稳投资、稳预期的主旨。其中，在房地产方面文件提到，以稳地价、稳房价为目标，保持房地产市场平稳健康发展，落实

房地产调控城市主体责任制，济南、青岛要科学制定"一城一策"实施方案。

### （二）天津严控外地购房贷款，海南实施史上最严调控

3月4日，天津出台异地公积金购房政策：要求在外地缴存住房公积金职工申请个人住房公积金贷款的，应支付不低于购房全部价款60%的首付款，贷款额度不高于其申请贷款时住房公积金账户余额的10倍，贷款最高限额40万元。3月7日，从全国人大海南省代表团会议了解到，海南正在有效调控房地产市场，促进产业结构转型升级。实施全域限购等史上最严房地产市场调控，正式取消全省2/3市县的GDP、固定资产投资等考核，确保各市县不为单纯追求GDP增速而盲目投资项目，有效地防止了炒房炒地和房价大起大落。

### （三）深圳再降房贷利率，上海下调房产交易税费

3月7日，深圳主要银行下调个人住房贷款利率。其中四大行的首套房贷利率调整为基准利率上浮5%，二套房贷利率调整为基准利率上浮10%。同期，上海下调房屋交易相关税费。其中个人出售房屋增值税附加由11%下调为6%，增值税及附加一共为5.3%，以缴税时间为准。个人非居住用房网签合同日期在2019年1月1日之后的，印花税减半由万分之5调整为万分之2.5，下调时间自2019年3月7日起实施。

### （四）石家庄零门槛落户，郑州上调购房贷款额度

3月18日，石家庄出台城镇落户限制实施意见，取消在城区、城镇落户"稳定住所、稳定就业"迁入条件限制，在石家庄市全面放开城区、城镇落户，群众仅凭居民身份证、户口簿就可落户。3月22日，河南住房资金管理中心发布通知，夫妻双方均在省直中心连续正常缴存住房公积金6个月以上，郑州市区内购买首套住房，满足住房公积金贷款条件，最高贷款额度由原来的60万元调整为80万元，其他情况贷款额度由原来的40万元调整为60万元。

### （五）海南放宽购房限制，外地可购一套，享同等信贷

3月29日，海南省住房和城乡建设厅、省委人才发展局联合出台《关于完善人才住房政策的补充通知》，从购房资格和信贷支持两方面对原人才住房政策进行完善。该通知明确，未在海南落户的引进人才在海南购买唯一住房，以及已在海南落户的引进人才在海南购房，申请商业性个人住房贷款的首付比例，均享受本省户籍居民家庭同等待遇。限购方面，未落户但符合标准的各类人才，在海南无住房的本人可购买1套。

## 三、陕西省内房地产重要资讯

### （一）陕西小区不建配套幼儿园不得办理竣工验收手续

3月20日，陕西省发布《城镇小区配套幼儿园治理工作方案》。方案指出在6月底前，

完成已经建成、需要办理移交手续的配套幼儿园治理工作。通知要求对未规划配套幼儿园、有完整规划但建设不到位的城镇小区,将依据通过补建、改建或就近新建、置换、购置等方式配建规模相适应的配套幼儿园。对缓建、缩建、停建和不建配套幼儿园的在建城镇小区,将严格对标整改,在整改到位之前,不得办理竣工验收手续。

### (二) 全省保障性住房工作会议在西安召开

3月20日,全省保障性住房工作会议在西安召开,总结2018年全省保障性住房建设管理工作,安排部署2019年工作任务。会议指出,2018年,全省住房保障系统按照中省相关工作部署,紧密结合年度目标任务,有计划、有步骤、有措施、有成效地推进各项工作。会议要求,2019年要围绕公租房分配、公租房资产管理、棚改建设、棚改管理、创新小区治理模式、把讲政治贯穿于住房保障工作始终等六个方面做好重点工作。

### (三) 陕西物业服务管理拟出新规 规范物业收费

3月28日,陕西省发布《陕西省物业服务收费管理办法(征求意见稿)》。该办法对物业服务收费原则、标准、计费方式等作出了明确说明。其中服务收费方面,对房屋进行装修时,物业服务企业不得收取装修押金等其他费用。利用、占用共用部位、共用设施设备从事广告、出租等经营活动,须经业主大会或者专有部分占建筑物总面积1/2以上且占总人数1/2以上的业主同意后方可实施,所得收入全部归属业主所有。

### (四) 西安:3万套公租房获批,共有产权房售价5折起

3月21日,西安住房保障工作领导小组办公室发布关于住房保障有关问题的通告,通告显示2019年全市计划分配公租房项目15个、约29407套,同时不再新立项租赁型保障房(含廉租房等),统一按公租房进行立项,计划4年筹建20万套。同时将大力推进共有产权住房建设,届时将按市场价格的50%~80%销售,实行政府与购房人按份共有产权的形式,面向在本市无自有住房且5年内无住房登记信息和交易记录的本市居民和各类人才供应的政策性商品住房。

# 2019年4月房地产市场动态

## 一、全国房地产重要资讯盘点

### (一) 首批公募REITs即将推出，首选一线城市及雄安

4月3日，国务院发展研究中心证券化REITs课题组秘书长王步芳表示，公募REITs（房地产信托投资基金）首批试点产品近期将推出。据了解，证监会第一批试点城市包括北上广深以及雄安和海南（楼盘）等；底层资产方面，长租公寓、基础设施资产、公共服务设施资产、经营性物业以及证监会认可的其他资产等都为选项。

### (二) 国家发展改革委：全面取消落户限制　放宽落户条件

4月8日，国家发展改革委印发《2019年新型城镇化建设重点任务》，要求继续加大户籍制度改革力度，城区常住人口100万～300万的Ⅱ型大城市要全面取消落户限制；城区常住人口300万～500万的Ⅰ型大城市要全面放开放宽落户条件，全面取消重点群体落户限制；允许租赁房屋的常住人口在城市公共户口落户。持续深化利用集体建设用地建设租赁住房试点，扩大公租房和住房公积金制度向常住人口覆盖范围。

### (三) 自然资源部发布供地"五类"调控目标

4月17日，自然资源部发出通知，调整确定2019年住宅用地供应"五类"（显著增加、增加、持平、适当减少、减少直至暂停）调控目标。其中，消化周期在36个月以上的，应停止供地；18～36个月的，要适当减少供地；12～18个月的，维持供地持平水平；6～12个月的，要增加供地；6个月以下的，要显著增加并加快供地。实现因城施策、分类调控目标，保持住宅用地供应稳定，引导市场预期，促进房地产用地市场平稳健康发展。

### (四) 国家及各省市发布住房公积金新制度

4月12日，中央国家机关住房资金管理中心发布《关于调整住房公积金个人住房贷款政策进一步优化服务有关问题的通知》，提出进一步实施差别化贷款政策，住房套数认定标准由"认房不认贷"调整为"认房认贷"。同时调整首付款比例为：购买经济适用住房的，首付20%；购买经济适用住房之外首套住房的，首付30%；购买二套住房的，首付60%。同时，二套住房贷款最高额度由80万元降至60万元。

4月3日，安徽省发布2019年住房公积金工作要点。目标实现缴存住房公积金600亿元，净增住房公积金开户数20万户。同时指出，将继续扩大住房公积金制度覆盖面，逐

步建立自愿缴存机制的目标，加大各地推进灵活就业人员自主缴存的力度。加大对中低收入家庭和新市民租房购房的支持力度，并严厉打击骗提骗贷住房公积金的现象。

4月10日，佛山市住房公积金管理中心发布《佛山市住房公积金住房抵押贷款办法》，根据该办法，佛山住房公积金最高可贷额从40万元/人提高到50万元/人，对建筑面积超过144m² 的普通住宅，由原来的不予发放贷款，调整为可按144m² 以内部分的房款计算可贷款额，同时，对第三套由原来的"停止向购买第三套及以上住房的职工发放贷款"，变更为"职工能申请两次住房公积金贷款"。

4月28日，深圳市住房公积金管理中心发布《深圳市住房公积金提取管理规定（征求意见稿）》和《关于进一步规范住房公积金贷款业务有关事项通知（征求意见稿）》，新规对原提取、贷款政策进行了微调，主要包括租房提取额度将进行差异化安排、骗提职工将被现值提取以及实施联合惩戒，限制交易类和共有产权类住房将可申请公积金贷款等。

### （五）各地市相继出台人才购房补助

4月18日，呼和浩特印发《大学毕业生安居工程（试点）实施办法》，提出具有普通全日制本科及以上学历的应往届毕业生（往届3年及以内），可半价买房；采取按揭或公积金贷款的，首付比例最低可按20%支付。

4月21日，宁波发布最新人才新政，将面向高层次人才、基础人才等五大类人才提供不同梯度的补助政策，其中，安家补助额度为15万~800万元，而购房补贴规定为"购房总额20%，最高20万~60万元"。

4月22日，广州市正式实施《广州市引进人才入户管理办法实施细则》，明确取消硕士研究生、博士研究生学历、高级职称人员以及择业期内的留学人员入户的社保参保年限限制，只需在广州市先引进单位有参保记录，无须连续缴纳社保满6个月以上。

4月23日，苏州吴中区消息，决定每年提供一定数量房源面向优质高科技企业和高层次人才定向优惠出售；符合购房条件的企业或个人经认定后给予优购房实际销售价格20%~30%不等的折扣奖励，最快的房源将在2019年下半年推出。

## 二、陕西省内房地产重要资讯

### （一）陕西省自然资源厅暂停受理建设用地报件

4月23日，据陕西省自然资源厅给省政务服务中心下发的《关于暂停受理建设用地报件》公函中透露，因陕西省2019年度新增建设用地计划，目前国家还尚未下达，以及按照国土资源部的相关法规（具体是《土地利用年度计划管理办法》），在国家未下达本年度用地计划之前，可按照上一年度下达计划的20%预支使用，截至目前，已达到了预支20%的上限，故要求暂停全省市（区）建设用地报件的工作，待国家下达全省年度新增建设用地计划后在受理。

### （二）西安1574套公租房公开摇号进行分配

4月2日，西安市保障性住房管理中心将对百花家园、丰和坊等14个公共租赁住房小区 1574 套公租房，通过摇号方式进行分配。本次公租房分配将采取电脑程序随机摇号、一次性确定每户家庭具体房号的方式进行。本次摇号优先保证享受公共租赁住房最低租金标准（2.89元/月建筑面积平方米）家庭的住房分配；享受公租住房标准家庭将在剩余房源中进行摇号分配。如果分配对象数量大于房源数量，有部分分配对象会轮空，轮空家庭可参加下次公租房分配。

### （三）西安收紧公积金贷款　暂停外地购房提取

4月23日，西安住房公积金管理中心发布《关于启动资金流动性风险防控一级响应的通知》，决定从2019年5月13日起，实施资金流动性风险防控一级响应措施，具体内容有：①暂停西安地区（含西咸新区）以外购房提取公积金；②调整公积金额度，对余额大于2万元的，倍数由之前的18倍降为15倍；对余额小于2万的，最高贷款额度统一下调5万元；③调整公积金贷款首付比例，144m²以上和144m²以下的首套和二套，首付比例统一提升10%。同时，购买精装修房屋首付款比例不低于40%。

### （四）铜川市开展房地产市场乱象治理行动

4月27日，铜川市住房和城乡建设局下发《关于在全市开展房地产市场乱象治理工作的通知》，决定在全市开展打击侵害群众利益违法违规行为治理房地产市场乱象行动。该通知明确，本次全市房地产市场乱象治理工作从4月至12月底，整治对象为全市范围内的房地产开发企业、房地产经纪机构、物业服务企业。重点针对投机炒房行为、房地产开发企业违法违规行为、房地产经纪机构违法违规行为、物业服务企业违法违规行为、虚假房地产广告等五大类违法违规行为进行全覆盖排查整治。

### （五）汉中市住房保障工作会议顺利召开

4月29日，汉中市住房保障工作会议召开，梳理总结全市住房保障工作，安排部署保障性住房、城市重点项目建设以及脱离实际造景造湖排查治理各项工作。会议要求，全市各级各部门要坚持目标导向和问题导向，精准施策，强力攻坚，做好公租房建设管理、棚户区改造、审计问题整改等工作，切实把住房保障这项民生工程抓实抓好、抓出成效。

# 2019年5月房地产市场动态

## 一、全国房地产重要资讯盘点

### （一）国家发展改革委：放宽落户不等于放松房地产调控

5月6日，国家发展改革委发展战略和规划司司长陈亚军，在就建立健全城乡融合发展体制机制和政策体系有关情况举行的新闻发布会上说，要把握好对农业转移人口市民化意义的认识，更要把握好政策内涵。放开放宽除个别超大城市外的城市落户限制，不能片面理解为是抢人大战，更不等于放松房地产调控。同时强调，房子是用来住的、不是用来炒的这个定位必须坚持、不能动摇，城市既要满足刚性和改善性住房需求，同时又要坚决避免投机者借机"钻空子"。

### （二）公租房将免征房产税、增值税等7类税种

5月10日，财政部、国家税务总局印发《关于公共租赁住房税收优惠政策的公告》，明确提到支持公租房建设和运营的7项有关税收优惠政策。该公告称，对公租房建设期间用地及公租房建成后占地，免征城镇土地使用税；对公租房经营管理单位免征建设、管理公租房涉及的印花税；对公租房经营管理单位购买住房作为公租房，免征契税、印花税；对公租房租赁双方免征签订租赁协议涉及的印花税；对符合地方政府规定条件的城镇住房保障家庭从地方政府领取的住房租赁补贴，免征个人所得税；对公租房免征房产税。对经营公租房所取得的租金收入，免征增值税。

### （三）住房租赁条例年内立法

5月11日，国务院办公厅发布了《关于印发国务院2019年立法工作计划的通知》，其中在围绕提高保障和改善民生水平方面，该计划披露将由住房和城乡建设部需负责起草《城镇住房保障条例》《住房租赁条例》等，标志着租赁住房启动立法。

### （四）三部门接连点名房地产，房企融资环境难言宽松

5月20日，银保监会印发相关工作通知，对2019年银行保险机构整治工作进行部署。其中，房地产融资乱象被单独点名，随后，银保监会新闻发言人肖远企公开表示，要坚决避免房地产和金融资产泡沫。此外，央行方面在5月10日称，房地产调控和房地产金融政策的取向没有发生改变，央行将继续严格遵循"房住不炒"的定位，落实好差别化住房信贷政策，继续做好房地产市场资金管理的相关工作。同时，住房和城乡建设部亦对房价涨幅过快、房地产市场趋热的10个城市分别于4月19日和5月18日进行了两次预警。

## （五）多城楼市调控接连表态：严格落实房住不炒

5月14日，济南发布通知，进一步规范商品房销售行为，指出须一次性公开房源信息并于10日内开盘销售，不得给购房人提供虚假销售信息等；5月14日，杭州房管局发布官宣文章，指出杭州将一如既往地与党中央、国务院、省委省政府保持高度一致，坚持房子是用来住的、不是用来炒的定位；5月14日，合肥房管局发布官宣文章，指出合肥市继续稳地价、稳房价、稳预期，按市住保房管局紧急通知要求，依法严肃查处"哄抬房价""价外加价""捂盘惜售""虚假宣传""强制搭售"等违法违规行为。

## 二、陕西省内房地产重要资讯

### （一）省住房和城乡建设厅要求进一步加强商品房预售管理工作

5月31日，省住房和城乡建设厅印发《关于进一步加强商品房预售管理工作的通知》。要求从四个方面进一步加强商品房预售管理工作：一是严格商品房预售许可审批，二是严格执行商品房预售许可的公开公示制度，三是加强事中事后监管，四是加大自查检查。

### （二）安康按信用评级缴纳公积金按揭贷款保证金

自5月1日起，安康市住房公积金管理中心对市域内房地产开发企业开展信用评级，按照评级区分缴纳按揭贷款保证金，缴纳比例从原来执行的贷款发放额的10%降至最低3%。信用评级为AAA、AA、A或信用不良四个等级，且各房地产开发企业公积金按揭贷款保证金的缴纳比例与信用评级等级挂钩。AAA、AA、A级信用评级分别按公积金贷款发放额的3%、4%、5%缴纳保证金，信用不良或贷款逾期率超过1‰的，停止按揭贷款合作。评级实行一年一评、动态管理，如年中出现逾期率增长过快、客户投诉增多等情况，经核实可对信用评级进行适时调整。

### （三）西安：加强居住区配套公办学校建设

5月6日，西安市《关于加强西安市居住区配套公办义务教育阶段学校和幼儿园建设管理工作若干意见》印发，明确居住区户数在1500户及以上的，应规划建设幼儿园；居住区户数在3000户及以上的，应规划建设小学；居住区3万人口的区域，规划设置一所初中。同时，该意见还指出为加强监督管理，新建商品房小区，在配套的义务教育阶段学校、幼儿园达到交付条件后，才可开展商品房预售活动。

### （四）全国公租房工作座谈会在宝鸡市召开

5月9日，全国公租房工作座谈会在宝鸡市召开。会议围绕加强公租房建设和管理，交流经验，分析形势，研究问题，并对下一步工作进行动员和部署。会议要求，要尽力而为、量力而行、因地制宜做好公租房工作。坚持以人民为中心的发展思想，进一步规范发展公租房；摸清保障需求，分类实施精准保障；人口流入量多、公租房需求大的大中城市，要切实增加公租房供给；加快推进公租房租赁补贴，满足困难群众多样化的住房需求；积极推行政府购买公租房运营管理服务，推进住房保障领域信用体系建设，不断提升公租房管理能力和服务水平。

**（五）西安将启用新版《商品房买卖合同》**

为进一步规范商品房交易行为，西安市 5 月 28 日起启用新版《商品房买卖合同》。在新版合同中，涉及面积差异产生的税费承担、交付条件和违约赔偿、房企应出示和备注文件等至少 10 类以上的不同。其中，增加了预测面积与实测面积差异的税费事项说明；对不能满足交付约定条件的，买受人有权拒绝接收，由此产生的逾期交付责任由出卖人承担。此外，还规定出卖人不得以缴纳相关税费或者签署物业管理文件作为买受人查验和办理交付手续的前提条件。

陕西省房地产业发展研究报告（2019）

# 2019年6月房地产市场动态

## 一、全国房地产重要资讯盘点

### （一）国务院加快老旧小区改造，市场规模可比拟棚改

6月19日，国务院常务会议部署推进城镇老旧小区改造。会议认为，加快改造城镇老旧小区，群众愿望强烈，是重大民生工程和发展工程。会议确定，一要抓紧明确改造标准和对象范围，今年开展试点探索，为进一步全面推进积累经验；二要加强政府引导，压实地方责任，加强统筹协调，发挥社区主体作用，尊重居民意愿，动员群众参与。重点改造建设小区水电气路及光纤等配套设施，有条件的可加装电梯，配建停车设施，促进住户户内改造并带动消费。

### （二）东莞土地竞拍新政限定土拍价格

6月6日，东莞市发布《东莞市国土资源网上交易达到上限后的终次报价规则》。该规则显示，网上报价达到上限后，交易系统暂停接受新的报价，转为通过网上最终一次性报价方式（以下简称"终次报价"），以终次报价中最接近所有终次报价平均价的原则确定竞得入选人的竞价方式，其所报价格确定为该宗地最终报价。规则指出，对竞自持、竞配建等设定上限的国土资源网上挂牌交易，需要通过终次报价确定竞得入选人的，适用本规则。

### （三）多地市出台人才住房政策

6月13日，大连市出台《大连市人才住房保障实施细则》，解决高层次人才、城市发展紧缺人才、新就业或自主创业高校毕业生的住房保障问题。规定高层次人才住房保障采取发放安家费方式，最高标准为500万元，吸引人才到大连创业就业。该细则规定安家费的标准为：尖端人才500万元，领军人才260万元，高端人才120万元，青年才俊30万元。

6月21日，三亚市发布《三亚市人才住房保障实施细则》，将通过提供保障性住房、人才公寓、住房货币补贴三种方式予以人才住房保障。细则显示，40岁以下全日制硕士毕业生及35岁以下全日制本科毕业生均在为保障对象。针对大师人才、杰出人才和领军人才的人才公寓免租金入住，工作满一定年限且做出相应贡献的，赠送一定产权份额。

### （四）多地市整治房地产市场

6月19日，海口市住房和城乡建设局印发《关于进一步规范商品房销售行为的通知》，从源头上遏制并规范违规销售商品住房行为。通知要求，海口各房地产开发企业、房地产经纪机构在商品房销售过程中严禁出现捆绑销售行为，商品房销售不得捆绑车位、装修包等产品；严禁以任何形式收取购房指标费等购房合同约定价格之外的费用。

6月25日，南宁多部门召开全市房地产开发企业教育约谈会，首次约谈全市120家房企，查找目前房地产销售市场存在的问题，提出将重点整治捂盘惜售、炒买炒卖、违规代理、哄抬房价等房地产市场等乱象，加强房地产开发业主的安全主体责任。

## 二、陕西省内房地产重要资讯

### （一）西安购房审查：违规将被取消5年购房资格

6月4日，西安市房产交易管理中心发布《关于购房资格审查的声明》，通过提供虚假资料骗取购房资格的个人，一经查实，注销当事人网签合同，并取消购房人家庭成员在西安市5年内的购房资格。

### （二）西安七部门联手集中整治房地产市场乱象

6月5日，西安市住建、市场监督、住房公积金、税务、公安、银行、金融等七部门联合下发通知，从即日起至2019年年底前深入开展房地产市场集中整治，维护购房者合法权益，促进房地产市场平稳健康发展。此次对房地产市场乱象的治理工作，将重点检查房企、经纪机构、虚假广告宣传等行为。据悉，2019年以来已对15家房企暂停房屋网签销售，对4家房企进行暂停房屋网签及新申请预售许可。

### （三）西安限购升级　进一步遏制投机性购房

6月20日，西安市发布《关于进一步加强住房市场调控管理的通知》，进一步加强调控，升级限购政策。该通知规定，从市外迁入户籍的居民家庭，在本市住房限购区域范围内购买商品住房或二手住房的，应落户满1年，或在本市连续缴纳12个月的社会保险，而非本市户籍居民家庭在本市住房限购区域范围内无住房且能够提供5年以上（含5年）个人所得税或社会保险证明的，方可购1套商品住房或二手住房。同时，将临潼区纳入住房限购范围，严格执行我市住房限购政策。

### （四）西安培育发展住房租赁市场

6月24日，西安印发《关于培育和发展住房租赁市场的实施意见》，该意见从供给端与需求端同时发力，围绕培育住房租赁多元化市场供应主体、增加租赁住房市场供应和鼓励住房租赁消费三个方面实施。其中指出，可将不低于5%的共有产权房用地调整为租赁住房用地，同时允许将闲置商业用房等按规定改建为租赁住房，要求逐步实现"租购同权"的社会保障机制。

### （五）西安共有产权房、经适房、限价房资格审核开启

6月27日，西安市印发《关于开展共有产权住房购房资格审核有关问题的通知》，规定从2019年7月1日起，西安市将开展共有产权住房购房资格审核工作，全面停止经济适用住房、限价商品住房购房资格审核的申请受理。在此之前已受理的，仍按原标准、原程序进行审核。此外，对于存量经济适用住房、限价商品住房，西安市将实行轮候与摇号相结合的分配制度。

# 2019年7月房地产市场动态

## 一、全国房地产重要资讯盘点

### (一)国务院规范土地二级市场

7月6日,国务院办公厅印发《关于完善建设用地使用权转让、出租、抵押二级市场的指导意见》,从完善转让规则、完善出租管理、完善抵押机制、创新运行模式、健全服务体系等五个方面提出19条意见完善土地二级市场。力求建立产权明晰、市场定价、信息集聚、交易安全、监管有效的土地二级市场,形成一、二级市场协调发展、规范有序、资源利用集约高效的现代土地市场体系。

### (二)中央支持住房租赁试点确定16城

7月18日,住房和城乡建设部网站公示了2019年中央财政支持住房租赁市场发展试点入围城市名单。入围城市名单是按照竞争性评审得分,排名前16位的城市进入2019年中央财政支持住房租赁市场发展试点范围,按行政区划序列排列分别是:北京、长春、上海、南京、杭州、合肥、福州、厦门、济南、郑州、武汉、长沙、广州、深圳、重庆、成都。

### (三)土地增值税拟立法 集体房地产纳入征税范围

7月29日,财政部公布《土地增值税法(征求意见稿)》,向社会公开征求意见。这意味着土地增值税将启动立法进程,从《土地增值税暂行条例》上升为法律。与条例相比,"征求意见稿"主要有以下变化:集体房地产纳入征税范围;税收优惠政策调整,增加地方政府对普通住宅、集体房地产享受减免税的权限;明确纳税义务发生时间和申报纳税期限,清算环节由应清算与可清算合并为应清算;征收管理模式变为后续管理。

### (四)杭州再次放宽公租房申请家庭收入标准

7月2日,浙江省杭州市住房保障和房产管理部门发布的《关于调整杭州市市本级公共租赁住房收入准入标准及货币补贴申领手续的通告》明确,市本级公租房准入再次放宽收入标准,申请家庭上年度人均可支配收入标准从低于56276元调整至低于61172元。同时规定,市本级公租房货币补贴将不再发放给房屋出租人,而是直接按月发放至申请人的银行账户,这对广大公租房申请家庭来说,将更加便利。

### (五)深圳规范城中村规模化改造和租赁经营行为

7月4日,深圳市住房和建设局公布《关于规范住房租赁市场稳定住房租赁价格的意见（征求意见稿）》，面向社会征求意见。针对城中村规模化租赁存在改造后租金上涨，并带动周边租金上涨预期的现象，将规范城中村规模化改造和租赁经营行为，设置租赁企业准入门槛和改造流程、要求，引导租赁企业按照承租人的消费结构和支付能力供应适宜的租赁房源，并提出保护承租人权益的措施要求。

### （六）苏州扩大限售范围 提高限购社保个税年限

7月24日，苏州调控加码，限售范围由苏州工业园区全域、苏州高新区部分重点区域扩大至苏州全市，其中一手住宅购房人自取得不动产权证之日起满3年后方可转让；二手住房通过市场交易购房人新取得不动产权证满5年后方可转让。同时提高限购的社保或个税年限，其中非本市户籍居民家庭在苏州市区、昆山市、太仓市范围内申请购买第1套住房时，应提供自购房之日起前3年内在苏州市范围内连续缴纳2年及以上个人所得税缴纳证明或社会保险缴纳证明。

## 二、陕西省内房地产重要资讯

### （一）陕西落实住房城乡领域稳投资工作

7月18日，陕西省住房和城乡建设厅发布《关于进一步做好住房城乡建设领域稳投资相关工作的通知》，出台了14项稳投资举措。该通知主要包括两方面的内容：一是加快商品房销售审批和预售供应；二是加快棚户区改造进度，确保"旧改"年底开工。并要求认真分析研究稳投资工作重点，全面抓好稳投资工作，推动全省稳投资稳预期目标的顺利实现。

### （二）陕西加快智慧健康养老产业发展

7月22日，省工业和信息化厅、省民政厅、省卫生健康委员会正式印发《陕西省智慧健康养老产业发展实施方案》。提出到2022年，全省基本形成覆盖全生命周期的智慧健康养老产业体系，建立3至5个智慧健康养老应用示范基地，引进和培育8至10家具有示范引领作用的行业领军企业，打造一批智慧健康养老服务品牌；健康管理、居家养老等智慧健康养老服务基本普及，智慧健康养老产业发展环境不断完善。

### （三）西安公积金贷款：需连续足额缴存12个月 最高贷65万元

7月15日，陕西省住房资金管理中心发布《关于明确贷款审核有关政策的通知》，对个人住房公积金贷款申请过程的贷款金额、缴存时间等方面进行明确规定。公积金贷款额度方面，借款人单人连续足额缴存住房公积金的，贷款额度最高不超过50万元；借款人及配偶同时连续足额缴存住房公积金的，贷款额度最高不超过65万元。贷款资格审查方面，借款人需在申请贷款近12个月按月、连续、足额缴存住房公积金，配偶公积金缴存不正常的，如账户状态正常，认可缴存基数，但不参与贷款额度计算。

### (四) 榆林多部门联合开展房地产市场专项检查

7月26日,榆林市住房和城乡建设局联合市自然资源和规划局、市市场监管局、市税务局、市公安局,对全市在建在售房地产项目进行执法检查。检查组重点对售楼现场公示、准售房源公示、合同条款、房地产广告情况及是否存在捂盘惜售、囤积房源等违法违规行为进行了检查,对存在公示材料不规范、公示内容不完整问题的项目要求立即整改,对存在违法违规行为的项目,将进一步开展调查取证,依法处置,同时加大曝光力度。

# 2019年8月房地产市场动态

## 一、全国房地产重要资讯盘点

### （一）住房和城乡建设部：保障房立法是"房住不炒"的具体体现

8月15日，住房和城乡建设部发表《努力实现让全体人民住有所居——我国住房保障成就综述》。住房和城乡建设部相关负责人表示，将加快推动住房保障立法，明确国家层面住房保障顶层设计和基本制度框架，夯实各级政府住房保障工作责任，同时为规范保障房准入使用和退出提供法律依据。

### （二）央行新发放商业个人住房贷款利率调整

8月25日，央行公布《关于新发放商业性个人住房贷款利率调整的公告》，其要点如下：新发按揭定价为"LPR+点"，即自2019年10月8日起，新发放商业性个人住房贷款利率以最近一个月相应期限的贷款市场报价利率为定价基准加点形成。加点数值应符合全国和当地住房信贷政策要求，体现贷款风险状况，合同期限内固定不变。

### （三）全国人大常委会通过修改土地管理法、城市房地产管理法的决定

8月26日，十三届全国人大常委会第十二次会议审议通过《中华人民共和国土地管理法》修正案，自2020年1月1日起施行。在符合规划（工业或者商业等经营性用途）、依法登记、2/3以上集体经济组织成员同意的三个条件情形下，可以通过出让、出租等方式交由农村集体经济组织以外的单位或个人直接使用，同时使用者在取得农村集体建设用地之后还可以通过转让、互换、抵押的方式进行再次转让。

### （四）江西坚决查处取缔住房租赁"黑中介"，8月底开展自查，逐一建立台账

8月5日，江西省住房和城乡建设厅要求严肃查处违法违规住房租赁中介行为，坚决查处和取缔一批"黑中介"。此次专项整治重点查处住房租赁中介机构和从业人员8个方面违法违规行为，并要求8月底前市、县住房和城乡建设（房管）部门要组织租赁中介机构和从业人员立即开展自查，并对本地区租赁中介机构和从业人员情况进行检查，逐一建立台账。及时将未备案的中介机构名单向社会公开，发布交易风险提示，提醒群众审慎选择租赁中介机构。

### （五）上海非沪籍共有产权保障住房申请全面启动

8月21日，上海已在16个区全面启动非沪籍共有产权保障住房申请咨询及受理工作，

计划于2019年9月底之前完成。本次共有产权保障住房扩围，聚焦常住人口中在上海本市创业、稳定就业的人员尤其是各类人才、青年职工，重点解决持证年限较长、学历层次高、符合本市产业发展导向、为上海经济社会发展作出贡献的居住证持证人住房困难问题，此举将进一步加大共有产权保障住房供应。

## 二、陕西省内房地产重要资讯

### （一）陕西：新修订《陕西省物业服务收费管理办法》

8月8日，新修订的《陕西省物业服务收费管理办法》公布。主要内容有以下第三方面：一是明确物业服务收费项目内涵及计费方式。将电梯、景观等共用共有设施设备运行维护检测费用纳入物业服务成本，不再由物业公司另行收取。二是明确物业服务收费的管理方式。成立业主大会之前的住宅小区（多层、高层）、保障性住房、房改房、老旧住宅的物业服务费和停车服务费实行政府指导价，由各市、县依据办法并结合实际制定具体实施细则（标准）。三是明确物业服务收费行为规范与监督管理。坚决取消物业公司强制向业主收取的公摊耗能费、砸墙费、垃圾清运费、有偿服务费等不合理的自定收费项目。

### （二）陕西省住房和城乡建设厅召开全省房地产市场矛盾排查化解处置座谈会

8月26日，省住房和城乡建设厅党组书记、厅长韩一兵主持召开全省房地产市场矛盾排查化解处置座谈会。会议要求，一是要建立问题台账，开展拉网式排查，有效遏制房地产市场领域违法违规行为。二是要加强部门协作配合，联合相关部门进行专项整治，做好矛盾纠纷处置工作，切实维护人民群众合法权益。三是要落实调控政策，坚持因城施策、分类指导，加强预售资金监管，防止出现楼盘"烂尾"。四是要开展日常巡查，强化市场监管。加快制定房地产企业信用评价管理办法，对失信房地产企业，相关部门共同实施联合惩戒，并将房地产企业信用信息与"信用陕西"相关联后向社会公示，促进房地产企业依法诚信经营。

### （三）西安市住房和城乡建设局发布住房租赁十条禁令

8月17日，西安市住房和城乡建设局发布住房租赁方面十条禁令。内容包括：不得在房屋租赁过程中采取威胁恐吓等暴力手段驱逐承租户，恶意克扣租金押金；不得强制诱骗租客使用"租金贷"，不得在签订租赁合同前收取定金或设置其他条件；不得采用"高收低出"等高风险经营模式抢占房源，扰乱住房租赁市场秩序；不得将违法建筑，不符合安全、防灾等工程建设强制性标准，违反规定擅自改变房屋使用用途的房屋出租；不得将厨房、卫生间、阳台和地下储藏室出租供人员居住；不得向无合法证件、来历不明的人员出租住房；未经协商一致，不得在租赁期限内单方面提高租金标准；不得发布虚假房源信息、企业资质信息、人员信息等相关信息；营业执照注册登记经营范围未包含"房屋租赁"等相关内容的，不得从事住房租赁业务；不得为不符合租赁条件的房屋提供经纪服务。

### (四)临潼意向登记平台正式公布上线

6月20日起,临潼区加入西安限购区域范围,8月25日,临潼意向登记平台正式上线,与西安城六区、长安区、沣东新城形成4大楼盘登记窗口,将来,临潼将与西安其他限购区域同步。随后,临潼区新推售房源将以登记摇号的方式销售,与西安其他限购区域同步。从房价公示到预售证获批,再到意向登记,临潼楼市的房源信息将更加透明。

# 2019年9月房地产市场动态

## 一、全国房地产重要资讯盘点

### （一）中央地方政策齐发，严防资金违规流入房地产

9月10日，中国人民银行党委书记、中国银保监会主席郭树清强调，对部分交叉金融产品流入房地产领域，以及车险市场乱象等问题果断采取监管措施，做到立查立改、即知即改。9月11日，中国银保监会首席风险官、办公厅主任肖远企在银保监会通气会上表示，当前监管部门着力压降通过表外资金违规绕道流入房地产的行为。地方层面，北京、浙江银保监近期发文，要求银行机构加强个人消费贷款用途管控，强调"严禁用于支付购房首付款或偿还首付款借贷资金"，严禁贷款资金违规流入楼市或其他投资性领域。

### （二）国土空间规划"多规合一"将加快实现

9月20日，在国新办发布会上自然资源部副部长赵龙提出：本轮机构改革将主体功能区规划、土地利用规划、城乡规划等融合为统一的国土空间规划，实现"多规合一"。按相关部署，国土空间规划领域集中推进两项改革：第一项是改革规划许可和用地审批，推进"多审合一、多证合一"；第二项是改革国土空间规划审查报批制度。

### （三）多地开展住房租赁中介机构乱象专项整治

9月2日，山西省住房和城乡建设厅公布第一批住房租赁中介机构违法违规问题清单，落实《山西省住房租赁中介机构乱象专项整治工作方案》。山西省住房和城乡建设厅明确，要通过部门联合执法，纠正和查处发布虚假房源信息、威胁恐吓承租人等违法违规问题，积极督促整改，坚决取缔一批"黑中介"，整顿规范住房租赁市场秩序，引导住房租赁中介机构守法诚信经营，切实维护广大群众合法权益。

9月18日，芜湖市住房和城乡建设局根据安徽省住房和城乡建设厅等6部门制定的《关于开展住房租赁中介机构乱象专项整治方案》的要求，出台了中介机构乱象专项整治方案。方案明确了要严厉打击九项违规经纪行为，市住房和城乡建设局将进一步完善住房租赁监管制度、畅通投诉举报渠道、查处违法违规行为等有效措施，着力解决市场乱象，切实规范住房租赁市场，提高住房租赁服务水平。

### （四）多地发布住房公积金贷款新政

9月10日，贵州省住房资金管理中心发布《贵州省住房资金管理中心关于调整住房公积金部分贷款政策的通知》，对省直住房公积金部分贷款政策进行调整，其中，取消了二

套住房公积金贷款时间限制，并调整了住房公积金贷款购买二手房的首付比例。

9月25日，江苏省无锡市住房公积金管理中心发布《关于进一步规范和改进我市住房公积金政策的意见》，旨在对现行住房公积金政策及执行标准进行规范与调整。主要涉及以下内容：认房又认贷；调整公积金贷款首付比例；降低贷款额度。

9月27日，武汉住房公积金管理中心出台新的《武汉新建商品房住房公积金个人住房贷款实施细则》和《武汉存量房住房公积金个人住房贷款实施细则》，在公积金贷款第二套住房认定、公积金贷款年限等方面进行了调整。

## 二、陕西省内房地产重要资讯

### （一）陕西省住房公积金领域"扫黑除恶、治理乱象"工作推进会召开

9月2日，省住房和城乡建设厅召开全省住房公积金管理中心主任座谈会，对全省住房公积金领域"扫黑除恶、治理乱象"工作作了进一步安排部署。会议对扫黑除恶专项斗争开展以来的工作进行了总结通报，在肯定成绩的同时，坚持问题导向，针对公积金使用方面伪造虚假资料、骗提骗贷等各种乱象，提出了进一步加大排查惩处力度，严格规范管理，认真执行业务标准，加强部门联动等措施，集中打击整治，强化风险隐患管控，不断净化全省住房公积金行业环境。

### （二）陕西省房地产研究会媒体委员会成立

9月4日，陕西省房地产研究会房地产媒体委员会成立暨授牌仪式在西安富力开远城项目举行。该委员会的成立，旨在聚合陕西省内主流媒体影响力和权威性，在信息传播方式不断更新的大背景下，正确宣传国家涉房政策、房地产行业发展趋势、市场特征，引导行业健康良性发展，给广大市民购房置业提供及时准确的行业资讯和置业指导。

### （三）陕西省房地产企业信用等级记入企业档案

9月6日，陕西省住房和城乡建设厅印发《陕西省房地产开发企业信用信息管理暂行办法》，旨在进一步规范房地产市场秩序，提高房地产开发企业诚信经营意识，构建诚实守信的市场环境，促进房地产市场持续、稳定、健康发展。办法指出，开发企业信用等级分为一、二、三、四级，分别对应优秀、良好、一般、差四类差异化标注管理。此外，开发企业信用信息记入开发企业信用档案，纳入陕西省房地产开发企业信用信息管理系统监督。

### （四）西安1.29万套公租房可分配入住，符合条件可申请

9月9日，从西安市保障性住房管理中心获悉，有14个公共租赁住房小区已达到分配入住条件，共计1.29万套房源，符合条件的可就近报名申请。此次分配对象为截至2018年10月30日，经过两级审批、两次公示、六部门联审，取得公共租赁住房实物配租资格（不限租金标准）且目前仍然符合实物配租条件的轮候家庭。

### （五）渭南召开市区房地产企业座谈会

9月18日，渭南市房地产交易管理所日前召开了市区房地产企业座谈会，听取各开发企业对当前渭南房地产工作的意见和建议，旨在切实提高营商环境，提高办事效率。会上介绍了渭南主城区房地产市场今年以来市场运行情况。随后各房地产开发企业就在办理预售审批、网签备案、预售资金监管等各项业务工作方面存在的问题及意见建议进行座谈交流。

# 2019年10月房地产市场动态

## 一、全国房地产重要资讯盘点

### (一) 扬州公积金新政　贷款最高限额恢复至50万元

10月8日，江苏省扬州住房公积金管理中心发布关于《恢复住房公积金贷款最高限额的通知》。通知称，为充分发挥住房公积金的作用，帮助城镇中低收入职工解决住房困难，支持刚性住房需求，决定从2019年10月15日起，将扬州市住房公积金贷款最高限额从35万元恢复至50万元（单职工缴存住房公积金的，最高限额从21万元恢复至30万元）；将住房公积金贷款还贷能力系数由目前的0.3上调为0.5，其他贷款使用政策不变。

### (二) 北京：五部门联合发文规范互联网租房信息发布

10月10日，市住房和城乡建设委员会同市场监督管理局、市互联网信息办公室、市通信管理局、市公安局发布《关于规范互联网发布本市住房租赁信息的通知》，自2019年11月1日起施行。通知明确，房地产经纪机构和住房租赁企业要先亮明身份，方可在互联网交易平台发布本市住房租赁信息，若出现3次以上违规发布房源的行为，将不得再通过互联网交易平台发布本市住房租赁房源信息。

### (三) 石家庄将在全市推开"红色物业"建设

10月17日，从召开的石家庄市"金牌红色物业"命名动员大会上获悉，针对老旧小区物业服务管理水平不高问题，该市将全面推广"红色物业"，以此破解老旧小区治理难问题。到2019年11月底，实现至少50家以上老旧小区选聘引入"红色物业"；到2020年底，实现"红色物业"对全市城市社区物业服务全覆盖。建立完善物业企业党组织，打造"红色物业"，全面提升老旧小区治理水平。

### (四) 北京市将物业管理纳入社区治理体系

10月22日，市司法局、市住房和城乡建设委员会公布《北京市物业管理条例（草案）》并面向社会公开征求意见。草案首次提出，本市物业管理纳入社区治理体系，对于不具备成立业主大会条件或具备成立业主大会条件但因各种原因未成立的住宅小区，可以组建物业管理委员会。此外，商品房小区的物业服务费实行市场调节价，不得以"只售不租"为由拒绝向本小区业主出租停车位。

### （五）广州南沙：共有产权住房可贷款，满 8 年可申请上市交易

10 月 23 日，广州南沙区正式发布《广州南沙新区试点共有产权住房管理实施细则》。根据细则，南沙区共有产权住房分为面向本区城镇户籍中低收入住房困难家庭供应的共有产权保障性住房，和面向区域内重点发展领域紧缺型人才、港澳青年供应的共有产权人才住房两类。按照要求：购房人自核准产权登记之日起未满 5 年的，不允许转让房屋产权份额；满 5 年而未满 8 年的，可通过内循环方式流转房屋产权份额等；满 8 年的，可按相关规定上市转让房屋产权。

## 二、陕西省内房地产重要资讯

### （一）陕西推进城镇老旧小区改造

10 月 12 日，陕西省住房和城乡建设厅会同陕西省发展和改革委员会、陕西省财政厅印发《关于推进全省城镇老旧小区改造工作的实施意见》，旨在精准施策，基本完成城市、县城老旧小区改造任务。老旧小区改造内容主要包含小区面貌改观、房屋功能改善、基础设施改造及居住环境改优四个方面。若居民有出资改造强烈意愿的，可自行增加部分改造项目一并实施。

### （二）陕西确定个人住房贷款利率下限

10 月 18 日，陕西省出台《市场利率定价自律机制关于个人住房贷款利率的决议》，对全省各地市商业性个人住房贷款利率下限做了规定。决议明确，西安市首套商业性个人住房贷款利率不得低于相应期限 LPR 利率（目前 5 年期为 4.8%），二套商业性个人住房贷款利率不得低于相应期限 LPR 加 70 个基点（目前 5 年期为 5.5%）；陕西省除西安市以外的地区，首套商业性个人住房贷款利率不得低于相应期限 LPR 利率，二套商业性个人住房贷款利率不得低于相应期限 LPR 加 60 个基点（目前 5 年期为 5.4%）。

### （三）多地市整治住房租赁中介机构侵害群众利益行为

10 月 14 日，从西安市住房和城乡建设局获悉，今年年底前住建、市场监管、公安、税务局、金融、人行等多部门将联合开展住房租赁中介机构乱象专项整治。根据专项行动工作方案，本次专项整治工作的整治对象为全市范围内的住房租赁中介机构。结合近期南京乐伽公司、左旗公司所暴露出的问题，重点整治住房租赁中介机构违规经营、违规出租住房、违规分割出租、发布虚假租赁信息、违规提供"租金贷"、违规提供经纪服务等违法违规行为。

10 月 28 日，铜川市住房和城乡建设局、市互联网信息办、市公安局和市市场监督管理局四部门联合印发《铜川市住房租赁中介机构乱象专项整治工作方案》。本次专项整治将成立市住房租赁中介机构乱象专项整治工作专班，对象为从事住房租赁居间业务和托管业务的房地产中介机构，从事住房租赁经营业务的住房租赁企业。与此同时，公布了住房

租赁中介机构专项整治举报电话，接受群众投诉举报，做到"有举必查、违规必处、违法必究"。

### （四）宝鸡住房和城乡建设局再安排再部署再推进物业管理行业乱象治理工作

10月26日，宝鸡市住房和城乡建设局组织召开了市区物业管理突出问题专项整治工作会议。会议要求，一是要发挥物业管理部门牵头作用，积极会同公安、城市管理、市场监督等部门按照各自职责，定期开展联合执法进小区活动，依法查处小区内违法建设、破坏绿地、噪音油烟扰民、占道经营等各种违法违规行为。二是要严管，要采取月检查、季通报等形式，加大监督检查力度，健全物业管理"红黑榜"和"曝光台"，加大惩戒、曝光的层级和力度。三是做好服务，要树立服务为先的理念，提升化解矛盾问题的本领。

### （五）西安：货币化安置"拆迁户"享受征收一套购买一套政策

10月28日，西安市住房和城乡建设局发布《关于国有土地上房屋被征收人购买商品住房相关事项的通知》。指出，在西安市住房限购区域范围内，选择货币补偿的房屋被征收人可在两年内以居民家庭（夫妻双方及其未成年子女）为单位，自12月1日起按照"征收一套购买一套"的原则，购买新建商品住房或二手住房。

# 2019年11月房地产市场动态

## 一、全国房地产重要资讯盘点

### （一）住房和城乡建设部等六部门通报整治住房租赁中介机构乱象违法违规典型案例

11月5日和26日，住房和城乡建设部、国家发展改革委、公安部、市场监管总局、银保监会、中央网信办六部门分别通报了整治住房租赁中介机构乱象第一批共7起、第二批共6起违法违规典型案例。六部门将继续深入开展整治住房租赁中介机构乱象工作，并以此为契机，把"当下改"和"长久立"结合起来，把建章立制和解决问题统一起来，从加强房源信息发布管理、规范住房租赁合同、公开租赁服务收费、建设租赁服务平台、建立纠纷调处机制等方面研究制定整顿规范住房租赁市场秩序文件，巩固深化专项整治成果。

### （二）南京宣布2020年人才购买商品房办法

11月7日，南京市政府召开新闻发布会，宣布《2020年南京市人才购买商品住房办法（试行）》从2020年1月1日起施行。办法明确了商品住房的供应对象、供应房源及供应方式、申请流程和监督管理。相对于以往人才购买商品房政策，本次出台的办法具有以下特点：服务对象扩大；房源筹集广泛；人才购房优先。

### （三）深圳为刚需住房提供优惠礼包

11月11日，深圳落实国家减税降赋，出台楼市重大利好：容积率在1.0以上、单套建筑面积在144$m^2$以下的房子变为普通住宅，满两年可免征增值税。深圳市住房和城乡建设局则特别强调，此次调整普通住房标准，并不影响深圳的房地产调控政策。深圳市仍然严格执行2016年以来的限购、限贷、限售、限价等政策，"稳地价、稳房价、稳预期"工作仍在有条不紊推进中。

### （四）贵州出台公租房新政加大住房保障力度

11月14日，贵州省住房和城乡建设厅等4部门联合发布《关于进一步规范发展公租房的实施意见》，旨在完善住房保障政策，进一步规范发展公租房，更好地发挥住房保障在解决群众住房问题中的"补位"作用。意见明确，将加大对新市民的保障力度，重点保障环卫、公交等公共服务行业以及重点发展产业符合条件的青年教师、青年医生等新就业无房职工、城镇稳定就业的外来务工人员。同时，优先将复员退伍军人（特别是伤病残退役军人）、优抚对象、建档立卡贫困户等符合条件的家庭纳入公租房保障。

### (五) 北京公租房违规行为纳入人民银行征信系统

11月19日，北京市住房和城乡建设委员会与人民银行征信管理部门签订《关于金融信用信息基础数据库采集公租房违规信息的合作备忘录》，首次将公租房违规家庭信息纳入金融体系征信平台。据相关负责人介绍，公租房只能用于符合条件的申请家庭自住，对于存在转租转借、空置、擅自装修等违规使用的家庭，房屋行政管理部门除依据《公共租赁住房管理办法》等规定予以行政处罚外，还将其处罚信息纳入人民银行征信系统。

## 二、陕西省内房地产重要资讯

### (一) 西安高新出台政策　商办类建筑不得改为公寓

11月15日，西安市高新区行政审批服务局发布《关于商务办公类建筑审批要求的告知函》，明确商务办公类建筑项目建设规划方案的具体要求。告知函指出，要严格按照土地出让合同约定的规划用地及建筑功能进行设计，不得擅自变更建筑功能，设计"类住宅"方案。此外，不得采用住宅套型式设计，且最小分隔单元不宜小于300m²。

### (二) 西安市召开"三改一通一落地"新闻发布会

11月20日，西安市召开"三改一通一落地"工作会议。会议指出，2021年6月前将完成绕城高速以内80%以上老旧小区、42个棚户区、599条背街小巷的改造，58条断头路的打通，主城区道路以及老旧小区通信架空线和89条路段253.8km电力架空线落地等，每项方案都实行工作项目化、时间节点化、任务责任化。

### (三) 杨凌示范区召开房地产中介机构专项整治工作会议

11月26日，示范区住房和城乡建设局联合示范区网信办、公安局、市场监管局召开全区房地产中介机构专项整治工作会议。会议传达学习了住房和城乡建设部关于加强房地产中介管理促进行业健康发展的意见精神，安排了示范区住房租赁中介专项整治工作。据悉，本次专项整治为期4个月，主要从整治住房租赁中介机构乱象、纠正和查处发布虚假房源信息、违规收费、恶意克扣押金租金、威胁恐吓承租人等几个方面开展，着力解决群众最关心、最直接、最现实的利益问题，确保专项整治工作取得成效。

### (四) 多地住房和城乡建设局召开房地产开发企业信用信息建设培训会

11月26日，榆林市住房和城乡建设局召开榆林市房地产开发企业信用信息建设培训会。培训会上，榆林市住房和城乡建设局围绕如何做好房地产市场诚信评价监管平台建设进行了动员；榆林市信用办结合"信用榆林"建设情况对房地产开发企业诚信经营提出了具体要求；省住房和城乡建设厅房地产市场监管处对《陕西省房地产开发企业信用信息管理暂行办法》进行了解读；西安通软软件科技有限公司对《陕西省房地产市场诚信评价监管平台》的主要功能、使用和操作流程进行了系统讲解。会议还对规范商品房销售现场信息公开公示、规范房地产市场销售等工作进行了安排部署。

11月27日,延安市住房和城乡建设局组织召开《进一步规范房地产市场秩序的意见》和《延安市商品房预售资金监管办法》宣贯暨全市房地产开发企业信用信息系统培训会。会议要求,要抓紧做好商品房预售资金监管准备工作,12月1日起全面启动。要立即开展房地产开发企业信用信息的采集、认定、录入、披露和使用管理等工作,提高企业诚信经营意识,构建诚实守信市场环境。要以贯彻落实该意见、办法和房地产开发企业信用体系建设为抓手,全力推动延安市房地产市场规范健康发展。

# 2019年12月房地产市场动态

## 一、全国房地产重要资讯盘点

### （一）住房和城乡建设部：房地产经纪机构不得赚取住房出租差价

12月13日，住房和城乡建设部、国家发展和改革委员会等六部门发布《关于整顿规范住房租赁市场秩序的意见》，其中要求规范租赁服务收费，房地产经纪机构不得赚取住房出租差价，住房租赁合同期满承租人和出租人续约时，不得再次收取佣金。住房租赁合同期限届满时，除冲抵合同约定的费用外，剩余租金、押金等应当及时退还承租人。

### （二）佛山市完善人才住房政策

继11月29日佛山出台《佛山市人力资源和社会保障局佛山市住房和城乡建设局关于进一步完善人才住房政策的补充通知》，12月4日，佛山市住房和城乡建设局发布《关于进一步完善人才住房政策的补充通知》操作指南，明确了购房申请流程、提交材料等细则。细则指出，工作材料提供劳动合同、聘用合同、个人城镇职工社会保险参保材料、个人所得税纳税记录4个材料之一即可购房。

### （三）北京：互联网不是法外之地 10家经纪机构发布不实房源被查处

针对房源发布顽疾，市住房和城乡建设委执法部门持续运用"发布主体＋房源合规性检查＋公众参与"的互联网房源综合治理模式，开展"周周查"行动，严厉打击互联网不实房源，切实保障群众合法权益。12月6日，市住房和城乡建设委执法部门联合朝阳房管局，海淀房管局、丰台房管局、昌平住房和城乡建设委继续开展房源合规性检查，线上线下联动，从主流互联网平台抽取房源信息现场实地逐项比对核实。共计10家违规发布房源信息的房地产经纪机构被查处。

### （四）江西：加快实施公租房租赁补贴，将新市民纳入

12月18日，江西省住房和城乡建设厅联合省发展改革委员会、省财政厅、省自然资源厅、省民政厅下发《关于加强城镇保障性住房管理工作的指导意见》，进一步完善城镇基本住房保障体系，加大住房保障力度，提升保障性住房运营管理服务水平。意见指出，要加快实施公租房租赁补贴，将城镇中等偏下收入住房困难家庭和新就业无房职工、在城镇稳定就业的外来务工人员等新市民纳入公租房租赁补贴范围，结合市场租金水平和财力水平，并根据保障对象的收入水平分档确定补贴标准。

## （五）北京市保障房资格申请实现"零证明"，弄虚作假者五年内不得申请保障房

12月30日，北京市住房和城乡建设委员会印发《关于进一步简化保障性住房申请手续的通知》，取消保障房申请的全部纸质证明。如发现保障房申请家庭弄虚作假，5年内不允许该家庭申请各类保障性住房资格。此外，该通知要求，进一步精简保障房申报材料。保障房申请家庭不再提供现居住地或户籍所在地房屋的不动产登记证书，以及本人及家庭成员工作单位出具的收入及住房证明。即本市申请保障房资格自此实现"零证明"，申请家庭无须为盖章往返奔波，真正实现"只要跑一趟"。

## 二、陕西省内房地产重要资讯

### （一）安康公积金汉滨区管理部规范评估机构房产估值业务

为确保二手房贷款稳妥发放，12月10日，安康市住房公积金经办中心汉滨区管理部与在市住房公积金经办中心备案的评估机构进行座谈交流，对房产估值业务进行规范提升。会上，汉滨区管理部对评估机构合法开展评估业务进行了明确，要求评估人员必须到房屋现场进行具体核实了解，确保估值切合实际，并须按照市场化的方法要求提供评估报告，对装修部分在评估报告中做出详细说明，让评估报告经得起时间的检验，为该管理部在审批贷款时提供决策依据。

### （二）西安市商品房销售行为诚信信息平台启用

12月5日，西安市商品房销售行为诚信信息平台启用，购房人可登录平台进行购房评价或咨询投诉。房地产开发企业应对咨询投诉问题进行调查处理，并在5个工作日内通过企业平台端进行回复。无法按时回复的，应及时向该局说明原因，未按时回复且未说明原因的，将予以暂停网签销售处理。房地产开发企业组织人员提交虚假评价信息的，一经查实将暂停网签销售，并作为典型案例曝光处理。

### （三）西安住房和城乡建设局发布《西安市商品房预售资金监督管理办法》

12月13日，西安市住房和城乡建设局发布《西安市商品房预售资金监督管理办法（征求意见稿）》，征求意见建议时间12月14—31日。从西安市住房和城乡建设局获悉，为保障购房人合法权益，防范房地产市场风险，该局拟对商品房预售资金实行全额、全程监管，明确购房款必须交存监管专户。

### （四）西安市发布公积金贷款新政，1月开始正式执行

12月19日，西安住房公积金管理中心对外发布了新版《西安市住房公积金缴存实施细则》《西安市住房公积金贷款实施细则》《西安市住房公积金行政执法实施细则》，三个新细则自2020年1月1日起施行。在公积金贷款方面，细则规定贷款最长期限不得超过30年；购买自住普通住房的，贷款额度不超过所购买住房合同总价款的70%。

**（五）安康市住房和城乡建设局多措并举力促房地产市场平稳健康发展**

12月25日，安康市住房和城乡建设局召开房地产市场平稳健康发展座谈会，全面落实中央"三稳"要求，规范市场秩序和经营主体行为，促进安康市房地产市场平稳健康发展。会议指出，房地产开发企业要提高认识，严格落实中央"三稳"要求，积极配合政府研究制定房地产市场调控政策，共同促进房地产市场平稳健康发展。要加强自律，认真配合整治工作，进一步规范经营行为，全面开展自查自纠，加强从业人员的法规培训和业务培训，加强施工现场管理，强化质量管控，及时化解不稳定因素。

# 附件1　房地产市场风险概念界定

房地产市场风险的概念　　　　　　　　　　　　　　　　　　　　表1

| 概念来源 | 定义 |
| --- | --- |
| 百度百科 | 房地产市场风险是指在房地产交易变现所需的期间内，由房地产市场价格、供求关系等因素的变化以及房屋价格与借款人收入之间的情况变化而形成的交易市值发生负面变化的风险 |
| 王大港．新常态下中国城市房地产风险评价及调控策略研究[D]．北京交通大学，2017 | 指新常态下由于宏观调控以及房地产市场等因素而导致的房地产供求出现严重矛盾，导致房地产普遍性的价格严重上涨，从而造成个人、企业和社会财富损失 |
| 王晨欣．资源型城市房地产市场风险及对地区经济的影响研究[D]．西安建筑科技大学，2017 | 指在市场交易的进程中，由于内部体系及政策等外部因素的变化而使房地产市场供需之间产生严重不平衡，迫使房地产市场价格在较短时间内发生较大的起伏而产生的风险 |
| 席枫著，房地产市场管理，南开大学出版社，2015.2 | 房地产市场风险是指政策因素、货币因素、房地产市场价格、供求结构、借款人收入等宏微观因素改变所引起的房地产市值出现负面变化的风险 |
| 黄慧著，中国房地产业SCP范式及市场风险的研究，东北大学出版社，2014.10 | 房地产市场的风险通常是指房地产泡沫。纵观各国房地产市场投资的潮涨潮落，房地产市场风险一般表现为价格变化、投资增长变化、房屋空置与短缺 |
| 崔立群主编；郭端云、朱玉、吴海、杨洁、陈容副主编，经济金融指标解读，南京大学出版社，2013.7 | 所谓房地产市场风险，是指影响房地产市场的多种因素，这些因素的作用难以或无法预料、控制。因为这些因素的不确定性，使得房地产业变成典型的高风险产业，使得投资房地产的市场风险作为一种客观存在的现象 |

# 附件 2 外省防范化解房地产市场风险的相关措施

其他省市防范化解房地产市场风险的相关措施表

表 2

| 风险 | 发布省份 | 发布时间 | 发布单位 | 发布背景 | 政策名称 | 措施 |
|---|---|---|---|---|---|---|
| 防范化解市场秩序不规范影响社会稳定的风险隐患 | 湖南省 | 2018.5 | 湖南省住房和城乡建设厅 | 虚假房源、烂尾楼、房地产非法集资频发、房地产市场风险隐患排查 | 《湖南省住房和城乡建设厅关于加强房地产市场风险隐患排查的通知》 | 严肃查处房地产开发企业发布虚假房源信息和广告、以及房地产中介机构和经纪人员发布虚假房源信息、造谣、传谣以及炒作不实信息误导消费者等十种违法违规行为,充分利用网签资格,重点审核资质、重点审核资质等十种措施。对人失信联合惩戒名单至清出市场等措施,持续整顿房地产开发、销售、中介行为 |
| | 四川省 | 2018.8 | 四川省人民政府办公厅 | 房地产出现开发企业和中介机构捂盘惜售、哄抬房价、虚假广告、制造购房恐慌、协助规避限购贷款措施等违法违规行为 | 《四川省人民政府办公厅关于进一步做好当前房地产市场调控工作的通知》 | 对房地产开发企业和中介机构违法违规行为,要采取公开曝光、暂停网签、行政处罚、停止开展金融信贷合作、限制参与土地竞买等措施依法处理。建立失信联合惩戒体系、完善市场监测机制。加强房地产市场监测分析,对商品住房价格波动等情况及时预警并做好预案。结合不同区域发展、住房供需常状况等,实施分区分类调控 |
| | 广东省 | 2018.5 | 广东省人民政府办公厅 | 为做好实施《珠江三角洲地区改革发展规划纲要(2008—2020年)》工作,确保珠三角"九年大跨越"各项任务顺利完成 | 《实施珠三角规划纲要2017年重点工作任务》 | 制定落实省房地产市场专项整治实施方案,开展房地产市场专项整治行动,加大房地产市场监管力度,依法从严查处虚假宣传、哄抬房价、捂盘销售等违法违规行为 |
| | 重庆市 | 2018.5 | 重庆市国土资源和房屋管理局 | 贯彻关于"房住不炒"和重庆市委五届四次全会精神,按照住建部约谈城市要求,以重庆市政府实施和超前调控的要求,系统调控和巩固和扩大调控成效,坚决制止和查处扩大违法违规行为 | 《重庆市国土房管局关于开展市场秩序专项整治促进房地产业健康发展的通知》 | 主要针对开发企业11类和房地产中介机构9类违法违规行为,其中重点整治违规收取"茶水费""指标费",以及预留相关房源、内部房源的行为 |

237

续表

| 风险 | 发布省份 | 发布时间 | 发布单位 | 发布背景 | 政策名称 | 措施 |
|---|---|---|---|---|---|---|
| 防范化解市场秩序不规范影响社会稳定的风险隐患 | 上海市 | 2005.3 | 上海市人民政府 | 上海房地产市场全年需求总量约2600万平方米,可供上市面积将达3000万平方米,盈余400万平方米。从求供大于供向供给大于求转化 | 上海市人民政府关于当前加强房地产市场调控促进房地产市场持续健康发展的若干意见 | 完善存量房交易信息服务平台,提升服务能级。优化办理流程,提高办事效率,为市民提供房源挂牌、服务"一条龙"服务;加强对存量房市场的监管、合同签署、资金监管、产权登记的"一条龙"服务;保障交易安全,提升规模经营和规范信息平台,引导房地产中介企业依托信息平台和规范服务水平 |
| | 成都市 | 2017.11 | 成都市人民政府办公厅 | 为进一步加强我市房地产市场调控工作,强化涉稳风险防范能力及化解市场风险水平,促进我市房地产行业健康稳定发展 | 《成都市人民政府办公厅关于加强房地产领域风险防范工作的意见》 | 强化房地产广告内容监管。严肃查处对规划或建设中的交通、商业、卫生、文化教育设施以及其他市政条件作误导宣传,承诺升学值或投资回报,为人住者办理户口、就业、升学等事项,违反国家有关价格管理规定等违法行为 |
| | 深圳市 | 2018.8 | 深圳市人民政府 | 为深入贯彻习近平新时代中国特色社会主义思想,全面落实党的十九大关于加快建立多主体供应、多渠道保障、租购并举的住房制度的部署,系统构建面向2035年的住房供应与保障体系 | 《关于深化住房制度改革加快建立多主体供给多渠道保障租购并举的住房供应与保障体系的意见(征求意见稿)》 | (一)完善住房规划和用地供应机制。(二)强化基本住房保障。(三)普安居型商品房制度。(四)完善实施人才安居工程。(五)建立人才住房和安居型商品房封闭流转制度。(六)大力发展住房租赁市场,促进房地产市场平稳健康发展。(七)推进公共租赁住房和公共住房安居型商品房供给分配管理。(八)加大住房货币补贴和住房金融创新力度。(九)加大住房保障。(十)全面提升住房品质和物业服务水平 |
| 防范房价上涨过快的风险 | 天津市 | 2018.6 | 天津市人民政府 | 为贯彻落实《国务院办公厅关于继续做好房地产市场调控工作的通知》(国办发〔2013〕17号),按照保持房价基本稳定的原则,继续做好房地产市场宏观调控的成果,促进房地产市场健康有序发展 | 《进一步做好房地产市场调控工作的通知》 | 要求加强购房人购房资格审查。对不符合调控政策规定的,不予办理相关购房手续。坚决遏制投机炒房。对擅自放松购房条件的,将严格追责问责。此外,还要求住房库存紧张的地区要加大加快土地供应等 |
| | 上海市 | 2016.3 | 上海市人民政府 | 上海住房价格指数涨幅已明显收窄,但总体来看,房价仍在不断上涨 | 《关于进一步完善本市住房保障和房地产市场体系促进房地产市场平稳健康发展的若干意见》 | 一、建立联席会议负责指导、协调、推进全市的房地产市场监管工作。二、加大住房用地供应力度。三、强化市场监督检查。四、实行差别化住房信贷政策。五、从严执行住房限购政策。六、从严市场监管,从严执法。将价格应、推进廉租住房和公共租赁住房并轨运行,促上市工作。七、多渠道开展执法检查。八、做好产权有产权保障住房建设。多渠道增加人才公寓住房供应和供后管理。九、加快推进旧区改造和"城中村"改造 |

238

续表

| 风险 | 发布省份 | 发布时间 | 发布单位 | 发布背景 | 政策名称 | 措施 |
|---|---|---|---|---|---|---|
| 商办库存周期大带来的风险 | 苏州市 | 2017.1 | 苏州市人民政府 | 苏州市区的商业办公明显过多饱和，引起苏州市政府重视 | 《关于加快引导推进苏州市区商业办公用房去库存工作的意见（试行）的通知》 | 一、对用地规划政策进行调整，从源头上确保产品符合市场需求（尤其是商改住如果能加快实施规模实施）。二、从促进销售和利用目的出发，制定具体措施的有效补助推进政策，在地价上差后能尽快入市（通过调整报批规划方案、调整业态、减免规费、增配燃气入户、新产业政策支持、政府回购、社会资本收购兼并、降低交易成本等这些具体措施政策） |
| | 福建省 | 2016.7 | 福建省人民政府 | 福建各地商业办公房库存去化缓慢。为保持和促进福建省房地产市场稳定健康发展 | 《福建省人民政府办公厅关于加快推化解商业办公房地产库存的通知》 | 一、适时对局部加快进行规划调整。二、大力发展房屋租赁市场。支持房地产开发销售向租售并举、先租后售等模式转变。三、支持商业办公企业转变经营模式。多渠道消化库存商品房 |
| | 合肥市 | 2017.11 | 合肥市人民政府 | 合肥商业市场存量高达425万方，以包河区为例，商业地产库存去化周期达到131个月。办公市场接近0。办公市场供应已经接近于不足和新增供应已经接近0。但是部分区域商办去化压力较大，去化周期较长 | 《合肥市人民政府办公厅关于加快推进合肥市住房租赁试点工作的通知》 | 一、用于居住的40年公寓，可以改民用电。产权到期不收回，改租赁住房，可享受民用水电气，并且可以落户，就近入学。人转让非住宅可按1%核定征收个人所得税 |
| | 北京市 | 2018.1 | 北京市人民政府 | 北京东西城的房地产新增量已经处于去化末期，基本库存和新增供应已经接近0。但是部分区域商办去化压力较大 | 《北京市新增产业的禁止和限制目录》 | 商办库存压力较大地区禁止新建酒店、写字楼等大型公建项目，以平衡市场的供需结构 |
| 防范房地产投资大幅下滑的风险 | 安徽省 | 2017.5 | 安徽省人民政府 | 为深入推进五大发展行动计划，充分利用国内外各类经济要素，加快培育发展新动能，切实以开放以促改革、促发展 | 《安徽省人民政府关于进一步做好招商引资工作的意见》 | 维护公平竞争市场环境。坚持依法办事。依法依规惩处故意刁难投资者、吃拿卡要，勒索企业"公开""公正"，严禁以检查为名干扰企业正常生产经营，严格落实"双随机一公开"，认真履行依法和完善程序作出的政策承诺和签订的各类合同，不得以政府换届、相关负责人更替等理由毁约，提升政府的公信力和执行力。加强信用体系建设。强化对企业诚信经营的激励约束 |
| | 湖南省 | 2017.9 | 湖南省人民政府 | 为加快推进湖南从"内陆大省"向"开放强省"转变的重要举措，为贯彻《国务院关于大力对外开放积极利用外资若干措施的通知》精神，结合湖南实际推出 | 《湖南省人民政府关于积极推进招商引资工作的通知》（湘政发[2017]28号） | 推动引资引智有机结合。大力实施"美聚计划"，在平台建设、人才管理、待遇分配、创业基金、服务保障等方面先试先行，为外籍投资人员和高层次人才来湘提供出入境便利措施。创新招商方式。市县和省级以上各类开发园区要结合本地实际，针对性、高密度、高频度地开展专题招商推介和项目对接活动。鼓励各地采取委托招商、中介招商、产业链招商等方式开展专题委托招商，大力开展点招商和以商招商、借助互联网和大数据平台、建立式招商信息平台，实现网络化、高效化招商 |

续表

| 风险 | 发布省份 | 发布时间 | 发布单位 | 发布背景 | 政策名称 | 措施 |
|---|---|---|---|---|---|---|
| 防范房地产投资大幅下滑的风险 | 西宁市 | 2016.12 | 西宁市人民政府 | 为进一步做好全市招商引资工作,全面提高对外开放水平,推动全市经济社会持续健康发展 | 《西宁市创新方式开展专题招商工作方案》 | 成立工作机构,切实履行好"第一责任人、第一实践人、第一推进人"的责任,推行领导带头作用,及时协调解决房地产业招商引资工作中遇到的困难和问题,强化服务意识,全面做好各项投资项目事前、事中、事后各项服务工作 |
| | 广东省 | 2017.5 | 广东省人民政府 | 广东省政府将防范房地产市场风险列入了珠三角2017重点工作任务之中,"首付贷"等贷款产品是《通知》的针对对象 | 《实施珠三角规划纲要2017年重点工作任务》 | 坚持分类调控,开展房地产市场专项整治行动,建立资金链断裂项目台账,鼓励推行现房销售制度以及严禁各类金融产品用于购房首付款。同时,严格加强商品房市场监管 |
| 防范高杠杆融资影响金融稳定的风险隐患 | 成都市 | 2017.11 | 成都市人民政府 | 为进一步加强成都市房地产领域涉房风险防控,强化源头治理,提高风险防范能力及化解水平,促进成都市房地产行业健康稳定发展 | 《成都市人民政府办公厅关于加强房地产领域风险防范工作的意见》 | 加大非法集资防范处置工作力度,协调金融机构在任何交易中具有分析识别大额可疑资金转出转入,对房地产企业、中介机构账户交易分析进行分散转让,集中转出、近期批量小额转出等特征的资金异动进行识别,及时发现提醒示大挥手,防止风险积累。发现同题时应及时并处理,规范商业、办公用房的分割转让行为,应当有合建筑设计规范要求,减少任何形式虚拟、画线等无实体属的形式进行分割和转让,切实防范非法集资隐患 |
| | 湖南省 | 2018.5 | 湖南省住房和城乡建设厅 | 湖南省《通知》,要求各市州住房和城乡建设房地产开发、销售、房地产中介的行为,并对房地产业中的非法集资行为及"烂尾"楼盘进行全面整治 | 《关于加强房地产市场销售与预售控过程的通知》 | 对于非法集资行为、重点监测烂尾楼盘、商品房团购购及在任建在售楼盘项目资金与预售资金的受控与运作过程,借预资金、借贷资金运作方式,非法集资集资行为等要关心。非法非法集资行业对危害及严重后果,宣传渠道和方式,加强对房地产风险识别能力,提高社会公众的风险意识和风险识别能力,切实防范非法集资风险 |
| 防止土地溢价率过高风险 | 福建省 | 2016.1 | 福建省人民政府 | 个别热点地块溢价率过高,为防止地王、楼王出现的"熔断机制" | 《关于进一步加强房地产市场土地调控的通知》 | 完善土地公开出让方式,土地拍卖时,可现场中止出让,竞价、采取"限地价、竞房价、竞配建"等方式来出让土地 |
| | 苏州市 | 2016.8 | 苏州市国土资源局 | 出现"日光盘"的过热现象,区域分化较大或出现局部区域过热 | 《苏州市区国有建设用地使用权网上挂牌出让公告》 | 对定价地块,设定最高报价,对报价超过最高报价的,竞价结果无效 |
| | 珠海市 | 2016.1 | 珠海市房地产市场调控联席会议办公室 | | 《关于执行调控政策操作细则的通知》 | 经营性用地竞买保证金将由原来的30%调整为50%。当住宅用地到达最高限价,如果土地竞价超过的溢价率超过出让起始价及最高限价后,转为按照住宅建筑面积的0.1%为增长幅度进行竞买。规定住宅用地转为可配建保障性住房面积,竞价保障性住房用地原则按照保障性住房建筑总功能总面积最多者为竞得人 |